Bastiaan Baan

Von der Naturreligion zum Sakrament

Bastiaan Baan

Von der Naturreligion zum Sakrament

Kultusformen von der Steinzeit bis zur Gegenwart

Aus dem Niederländischen von Conrad Schaefer

 Verlag Urachhaus

Die niederländische Originalausgabe erschien 2010 unter dem Titel
Bronnen van cultisch handelen bei Uitgeverij Christofoor, Zeist / NL.

ISBN 978-3-8251-7695-2
Erschienen 2012 im Verlag Urachhaus
www.urachhaus.com

Umschlagabbildung: Caspar David Friedich, Kreuz im Wald (um 1836)
Umschlaggestaltung: U. Weismann
Gesamtherstellung: Freiburger Graphische Betriebe, Freiburg

Inhalt

Zur Einführung

Wenn man über 25 Jahre lang einen Beruf ausübt, ist es sinnvoll, sich von Zeit zu Zeit grundsätzliche Fragen zu stellen. So fing ich nach 26 Jahren Priesterschaft noch einmal ganz von vorn an und stellte mir folgende Fragen:

Wie ist Kultus einst entstanden?
Wie hat sich Kultus bis heute entwickelt?
Hat Kultus auch eine Zukunft?

Für jeden, der einen Beruf ausübt, ist es sinnvoll, sich solche Fragen in Bezug auf das eigene Metier zu stellen, um den Blick auf das Wesentliche dessen zu behalten, was man tut. Das Priestertum ist ein Beruf, in welchem man mit einer unsichtbaren, geistigen Realität zusammenarbeitet. In einer Gesellschaft, für die Realität vielfach lediglich aus sichtbaren, tastbaren Tatsachen besteht, können wir es uns nicht erlauben, lediglich in abstrakten oder vagen Begriffen über Geistiges zu sprechen.

In diesem Buch mache ich den Versuch, meine Studien zu Ursprung und Entwicklung des Kultus mit konkreten kultischen Erfahrungen zu verbinden. Wie bereits in meinen früheren Publikationen bedeutet »Studium« für mich nicht nur eine Forschungsreise durch die eigenen Erfahrungen und die vorhandene Fachliteratur, sondern zugleich den Versuch, das Erarbeitete in einer Reihe von Vorträgen und Gesprächen zugänglich zu machen. In den Jahren 2007 und 2008 hielt ich in der Raphael-Kirche in Zeist (Niederlande) eine Reihe von 13 Vorträgen mit anschließender Gesprächsmöglichkeit, in welchen die Grundgedanken dieses Buches in der Praxis getestet wurde. Die Fragen, Erfahrungen und kritischen Einwände meiner Zuhörer halfen mir, dieses komplexe Thema in eine zugängliche Form zu bringen.

Nur wenige Menschen haben in unserer Zeit ein geschultes kultisches Bewusstsein. Das hängt nicht nur mit der Tatsache zusammen, dass Kultus in unserer Gesellschaft für viele Menschen kaum relevant ist, sondern auch damit, dass es heutzutage notwendig ist, konkrete Anknüpfungspunkte für die Ausübung des Kultus aufzuzeigen. Gegenwärtig kann es nicht mehr genügen, lediglich zu sagen:»Nimm einfach daran teil, es ist gut für dich.« Insbesondere in Kapitel 10,»Die Sinne im Kultus«, wage ich den Versuch, einen kultischen Schulungsweg darzustellen.

Früher oder später führt kultische Schulung zu einem erhöhten Bewusstsein und einer verstärkten Wahrnehmung dessen, was sich am Altar vollzieht. Aus eigener Erfahrung kann ich sagen, dass das Vollziehen kultischer Handlungen zu einem Bewusstsein der geistigen Realität führen kann, die wirklicher ist als jegliche sichtbare Wirklichkeit. Wenn man dies einmal erfahren hat, bleibt man zunächst einmal mehr oder weniger sprachlos, weil sich geistige Erfahrungen nur in sehr begrenztem Umfang durch Worte und Begriffe ausdrücken lassen. Dennoch wage ich den Versuch, etwas davon in diesem Buch zu formulieren.

In den ersten fünf Kapiteln begebe ich mich zurück zum Ursprung der einzelnen Kultusformen. Dabei folge ich sowohl den geschichtlichen Zeugnissen, sofern sie dokumentiert sind, wie auch den spirituellen Traditionen, die uns etwas über diesen Ursprung erzählen.

In den Kapiteln 6 bis 9 verfolgen wir die Entwicklung des christlichen Kultus, der Eucharistie.

Die vier sich daran anschließenden Kapitel behandeln spezifische kultische Thematiken.

Im letzten Kapitel beschäftige ich mich mit der Frage nach der Zukunft des Kultus.

Meine Arbeitsweise ist, wie es jedem geht, der über sein Fachgebiet schreibt, in wesentlichen Teilen von meinem Beruf als Geistlicher in der Christengemeinschaft geprägt. Weil in dieser Religionsgemeinschaft Lehrfreiheit und eine große Toleranz in Bezug auf andere Glaubensformen herrscht, habe ich mich weit außerhalb der Grenzen der Christengemeinschaft, der Anthroposophie (die häufig zu Unrecht mit der Christengemeinschaft gleichgesetzt wird) und der christlichen Theologie begeben – in einem Versuch, zu einer Erkenntnis und einem Überblick über die Verschiedenartigkeit kultischer Formen zu gelangen.

Nachdem ich die Vortragsreihe über dieses Thema beendet hatte, lernte ich eine Persönlichkeit kennen, die über einen ganz eigenen Zugang zu diesen Inhalten verfügt. Verena Staël von Holstein hat eine ganze Reihe von Büchern veröffentlicht – sie wurden inzwischen in viele Sprachen übersetzt –, in welchen sie die geistigen Wesen hinter dem Schleier der äußeren Natur zu Wort kommen lässt. Seit ihrer Kindheit hat sie die Fähigkeit ausgebildet, Wahrnehmungen in den Bereichen zu machen, die hinter den physischen Erscheinungen liegen. Fast alle Themen, über die ich in meinen Vorträgen gesprochen hatte, wurden als Fragen in einer Reihe von 17 Gesprächen mit ihr behandelt. Diese Gespräche wurden mitgeschnitten, bearbeitet und ebenfalls in Buchform publiziert. Ich bin mir dessen bewusst, dass diese Art von Wahrnehmungen und das Sprechen darüber nicht nur für viele Menschen eine Bereicherung darstellt, sondern durchaus auch Fragen hervorruft – und manchmal auch heftigen Widerstand. Es lässt sich nicht leugnen, dass gegenwärtig bei einer wachsenden Zahl von Menschen hellsichtige Wahrnehmungen in unterschiedlichster Form spontan auftreten (mit allen Kinderkrankheiten und Exzessen, die zwangsläufig bei derartigen Erscheinungen auftreten können). Ich habe mich bewusst dafür entschieden, diese Gespräche in einer gesonderten

Publikation zu veröffentlichen, sodass sich jeder Leser frei fühlen kann, ob er diese Ergänzungen zur Kenntnis nehmen möchte.[1] Dieses Buch kam zustande dank der helfenden Mitarbeit von Jolanda Gevers Leuven, die den Prozess von Anfang an begleitete. Feike Weeda steuerte wertvolles ergänzendes Material sowie theologische Kommentare und Einwände bei. Zugleich lektorierte er das Manuskript.

Mit großer Dankbarkeit blicke ich auf die vielen Gespräche zurück, in welchen Menschen mir ihre eigenen Erfahrungen mit Kultus mitteilten und zur Verfügung stellten.

Was ist Kultus?

Bevor wir die Entstehungsgeschichte der Kultusformen untersuchen, verweile ich kurz bei dem Begriff »Kultus«. Wohin wir auch blicken, wenn wir die Geschichte der Menschheit betrachten: Jede Kultur, jede Zeit, jedes Land hat ihre eigenen Kultusformen. Nicht ohne Grund sind die die Wörter »Kultus« und »Kultur« eng miteinander verwandt. Das lateinische Verb *colere*, von dem unser Wort Kultus abgeleitet ist, bedeutet »die Erde bearbeiten«. Im Verlauf der ersten Kapitel werden wir sehen, dass die ursprünglichen Kultusformen eng mit der Bearbeitung der Erde zusammenhängen.

Es gibt keine einzige uns bekannte Kulturform, die sich ohne Kultus entwickelt hätte. In vielen Kulturen können wir diese Entwicklung Schritt für Schritt verfolgen. Aus dem Bereich der Tempel und Mysterienstätten wurde in den alten Theokratien das Leben der Gesellschaft geordnet. Der Altar wurde als ein Ort erlebt, aus dem der Mensch sein Existenzrecht bezog. »Stärker als eine uneinnehmbare Festung ist der Altar«, sagt ein altgriechisches Sprichwort. Und in der jüdischen Tradition bestand das schlimmste Schreckensbild in der Vorstellung des verlassenen Allerheiligsten, das in unbefugte Hände geraten und den Heiden ausgeliefert sein könnte von dem Tag an, da dort keine Opfer mehr erfolgten (Daniel 12,11).

Der Altar ist der Ort, an dem sichtbare und unsichtbare Welt, Heilige und Hierarchien, Gott und Mensch zusammenkommen. Zu jeder Zeit und in allen Kulturen wurde jedoch der Ursprung des Altardienstes nicht auf der Erde, sondern im Himmel angesiedelt. Kultus hat seine Wurzeln im Priesteramt der Engel: In der geistigen Welt steht der unsichtbare Altar, an dem Tag und Nacht die Hierarchien opfern und Gott anbeten. Der irdische Priesterdienst ist nicht mehr (aber auch nicht weniger) als ein Abbild dieses Geschehens. Indem sie den irdischen Kultus inspiriert, kann die geistige Welt durch den Priester (Pontifex: Brückenbauer) das Leben auf der Erde tragen und ordnen helfen. Alte Ordnungen in der Gesellschaft werden daher häufig als ein Abbild der himmlischen Ordnung (Hierarchie bedeutet wörtlich »heilige Rangordnung«) angesehen. In seiner ursprünglichen, reinen Form vollzog sich jegliche gesellschaftliche Ordnung im Sinne der esoterischen Grundgesetzmäßigkeit der Korrespondenz: Wie oben, so unten.[2] Dass diese theokratische Form im Laufe der Zeit korrumpiert wurde und heute nicht mehr zeitgemäß ist, bedarf keiner Erläuterung.

Im Laufe unserer Betrachtungen zum Kultus wird deutlich werden, wie in unserer Zeit kultische Inhalte und individuelle Freiheit zusammengehen können. Doch losgelöst von einer geistigen Realität, ohne die Hilfe der himmlischen Liturgie, bleibt irdischer Kultus menschliches Stückwerk. In Kapitel 13, »Hierarchien und Widersachermächte«, werde ich ausführlich auf die himmlische Liturgie eingehen.

Vielleicht kann zunächst ein Schema einen Überblick über alle Elemente vermitteln, die am Vollzug des Kultus beteiligt sind. Alleine schon die Tatsache eines Unterschieds zwischen einem himmlischen und einem irdischen Kultus macht deutlich, dass ein ungeheurer Abstand zwischen diesen beiden Welten überbrückt werden muss. Von alters her wurde diese Realität im Bilde einer Himmelsleiter ausgedrückt. Jakob, einer der Erzväter des jüdischen Volkes, sieht im Traum eine Leiter, deren Spitze bis an den Himmel reicht. Ganz oben steht Gott; Engel steigen auf und nieder zwischen Himmel und Erde. Der Mensch Jakob liegt schlafend am Fuße dieser Engelsleiter. Für den Kultus können wir dieses Bild durch folgende Andeutungen vervollständigen:

Gott
Engelhierarchien und der Engel der Gemeinde
Heilige, Verstorbene und Ungeborene
Priester
Gemeinde
Tempel oder Kirche
Kultische Substanzen
Schöpfung

Von alters her wusste man, dass zwischen der Welt Gottes und der irdischen Welt ein Abgrund existiert.[3] Wer in die alten Mysterien eingeweiht wurde, musste diesen schwindelerregenden Abgrund überbrücken. Neben dem Weg der Einweihung, der nur für Einzelne gangbar war, kannte man früher noch einen weiteren Weg zwischen Himmel und Erde. Die mittelalterliche Tradition spricht von der *aurea catena*,[4] der goldenen Kette, die Himmel und Erde miteinander verbindet. Auf dem Weg vom Himmel zur Erde wird das überwältigende Licht der Gottheit abgeschwächt, der Mensch kann das ungebrochene Licht der Gottheit nicht ertragen: »Wer Gott sieht, stirbt.« In »heiligen Umhüllungen«[5] wird dieses Licht umkleidet und zugänglich gemacht. Diese Verhüllung dient nicht nur dem Menschen, der sich mit der göttlichen Welt rück-verbindet (Religion bedeutet unter anderem »Wiederverbindung«), sondern sie dient auch der Schöpfung, die ihrem göttlichen Ursprung entfremdet ist. Darum werden in zahllosen Kultusformen bestimmte

Substanzen benutzt, die geweiht oder transsubstantiiert werden. Dadurch haben auch die Erde und die Schöpfung Anteil an dieser Wiederbindung. Von diesem Ausgangspunkt her kann Kultus zu einem Kulturfaktor werden.

Dass dies nicht nur Vergangenheit ist, sondern noch heute aktuell ist, wird durch ein kurzes Gespräch illustriert, das Marta Heimeran (1895–1965), eine der Begründerinnen der Christengemeinschaft mit Rudolf Steiner (1861–1925) führen konnte. Darin äußerte sie:»Ich werde mich für die Erneuerung der Kultur einsetzen«, worauf Steiner antwortete:»Wenn Sie eine Erneuerung der Kultur im großen Umfang anstreben, müssen Sie mit Religion, mit Kultus anfangen.«[6]

Ich denke, dass wir uns diese Kulturerneuerung nicht sofort in einer großen Dimension, sondern als etwas vorstellen müssen, das bei wenigen Einzelnen beginnt. So äußerte jemand, der viele Jahre lang mit der Menschenweihehandlung – dem zentralen Sakrament in der Christengemeinschaft – gelebt hatte:»Durch die Menschenweihehandlung habe ich angefangen, hörend zu leben.« Das kultische Hören bewirkte bei diesem Menschen, dass er im Alltagsleben eine andere Kultur des Zuhörens entwickelte. Er hatte sich die Fähigkeit erworben, durch die Worte hindurchzuhören, am Gang der Ereignisse abzulesen, in welcher Weise er in einer gesunden Beziehung zu ihnen stehen konnte.

Auch die Handlungen, die in einem echten Kultus ausgeführt werden, haben eine unmittelbare Übereinstimmung mit der himmlischen Liturgie. Anbetung, Verehrung und Gebet bilden einen Teil der Sprache, durch welche die Hierarchien mit der Gottheit sprechen. Manche Formulierungen sind sogar unmittelbar aus dem himmlischen Kultus übernommen. Das»Sanctus« der lateinischen Messe ist der himmlischen Vision des Propheten Jesaja entnommen, der Zeuge des Gottesdienstes der Seraphim wurde, die Gott zuriefen:»Heilig, heilig, heilig ist der Herr der Heerscharen. Voll sind Himmel und Erde Deiner Herrlichkeit« (Jes 6,3).[7]

Der Kirchenvater Dionysius Areopagita spricht in diesem Zusammenhang auch von der »Theologie der Seraphim«.

Nach dieser ersten flüchtigen Bekanntschaft wollen wir uns auf die Suche nach den ältesten bekannten Überlieferungen des irdischen Kultus begeben. Wir werden auch die sichtbaren Spuren der alten Kultusformen einbeziehen, für die uns die Archäologie Anhaltspunkte liefert.

1   Kultusformen in der Steinzeit

Von dem Moment an, da die Pforte des Paradieses geschlossen wird, spricht das Alte Testament vom Kultus. Beginnend beim vierten Kapitel der Genesis wird von Opfern gesprochen: Kain opfert Jahve Früchte. Abel vollzieht ein Tieropfer, und Opferrauch steigt auf. Das sind Hinweise darauf, dass Kultus bereits in weit zurückliegenden Zeiten eine Rolle gespielt hat. Abgesehen von diesem Beispiel aus dem Alten Testament – auf welches wir noch ausführlich zurückkommen werden – werden in vielen Schöpfungsgeschichten und Mythen Rituale und Opfer erwähnt. Diese Erzählungen stammen aus vorchristlichen Zeiten, von denen sich keine äußerlich sichtbaren Spuren mehr finden lassen.

Die Anthropologie ist im letzten Jahrhundert so weit gegangen, zu behaupten (in einer Strömung, die die Mythen- und Ritenschule genannt wurde), dass alle Mythen[8] einen kultischen Ursprung haben. Durch diese Theorie wird jedoch das Kind mit dem Bade ausgeschüttet, denn die Grundauffassung dieser Schule lautet: Die Göttergeschichten entsprangen dem Gehirn von Priestern und Schamanen, die den Kultus ausführten. Durch die Ausführung des Kultus verfielen sie auf Fantasien über Götter.

Wie dem auch sei: Wohin man auch blickt, Kultus ist so alt wie die Menschheit selbst. Ja, wir müssen noch weiter zurückgehen: Kultus hat seinen Ursprung nicht in der Menschenwelt, sondern in der Götterwelt. In einer Welt, in welcher Götter Göttern opfern und Kultus vorleben.

Nord und Süd

Die ersten sichtbaren Anzeichen für Kultus finden wir in der Megalithkultur, die überall ihre Spuren hinterlassen hat.[9] Wir können differenzieren zwischen der Megalithkultur der nördlichen Länder und den Bauten und Kultusformen, die in südlichen Ländern entstanden. In Ägypten beispielsweise finden wir imposante Tempel, die den Menschen auf den »Weg nach innen« führen. Der zentrale Bereich ist meistens in sich abgeschlossen und dunkel. In Europa finden wir, ausgehend von England, Irland und der Bretagne, Megalithkulturen, deren Bauwerke nach allen Seiten offen sind, die kaum oder gar keine geschlossene Räume kennen wie die ägyptischen Tempel, die uns faktisch und symbolisch ins Innere führen. Die Megalithkulturen Europas haben eine Verbindung mit dem Kosmos. In den vergangenen drei Jahrzehnten haben Forschungen auf diesem Gebiet interessantes neues Material zu Tage gefördert, wie sich im weiteren Verlauf dieses Kapitels noch zeigen wird.

Der Unterschied zwischen dem, was sich in Bezug auf Kultur und Kultus in einem Land wie Ägypten (südliche Kultur) und in Westeuropa (nördliche Kultur) abspielte, wurde bereits von dem Historiker Herodot[10] bemerkt. In seinen *Historien* sagt er: »Die Ägypter sind, gleichwie ihr Himmel fremder Art ist und gleichwie ihr Fluss eine ganz andere Natur hat als die übrigen Flüsse, auch in ihren Sitten und Gebräuchen gerade umgekehrt wie alle anderen Völker.«

An der Quelle dieser Kulturen finden wir zwei unterschiedliche Formen von alten Mysterien: die südlichen und den nördlichen Mysterien.[11] Die südlichen Mysterien (beispielsweise in Ägypten) führten ins menschliche Innere; die nördlichen dagegen in die Natur und den Kosmos. Die Spuren von Steinsetzungen (nördliche Mysterien) finden wir ursprünglich in Irland, England und der Bretagne, doch sie haben sich über ganz Europa bis weit nach Osteuropa, die Krimhalbinsel und den Kaukasus ausgebreitet; im Süden verbreiteten sie sich bis nach Sardinien und Nordamerika, ja sogar bis nach Palästina. Seitdem es gelungen ist, die Carbon-14-Methode zur Altersbestimmung von Materialien zu perfektionieren (eine Methode, mit der das Alter abgestorbener Organismen anhand verfallener radioaktiver Kohlenstoffisotope bestimmt wird), hat man festgestellt, dass diese Steinsetzungen bereits ab etwa 3000 v. Chr. – der Zeit, in der die großen Bauwerke in Ägypten entstanden – errichtet wurden. Sie blieben jedoch lange Zeit das Stiefkind der Archäologie. Was hier gebaut wurde, ist viel weniger spektakulär als das, was die südlichen Mysterien hervorgebracht haben: Weltwunder wie der Zikkurat (Tempelturm) von Ur, die Pyramiden, Sphinxe und Felsengräber Ägyptens.

Ein großer Unterschied in Bezug auf die südlichen Kulturen besteht darin, dass in jenen um 3000 v. Chr. bereits die Schrift entwickelt war und alles von A bis Z dokumentiert wurde – man denke an die Wände der Tempel und Pyramiden, die ägyptischen Totenbücher usw. – während sich in Europa die Schrift erst viel später entwickelte. Darum glaubte man jahrhundertelang, dass es hier noch kaum eine nennenswerte Kultur gegeben habe. Lange Zeit lieferten die Steinsetzungen in Europa den Archäologen nur wenig Aufsehenerregendes – dies blieb so bis ins späte 20. Jahrhundert. Im Grunde haben die Erforscher der Megalithkultur in ihrer Hilflosigkeit jahrhundertelang nicht viel mehr getan, als die riesigen Steine Zentimeter für Zentimeter exakt zu vermessen. Dadurch gelang es ihnen nicht, zu einer tieferen Erkenntnis der Bedeutung dieser Kultur vorzustoßen.

Ein Ausdruck dieser geradezu hilflosen Haltung in Bezug auf die Megalithkultur ist die Schlussfolgerung, die der Schriftsteller Daniel Defoe Jahre 1705 zieht: »All that can be said oft them is that here they are!« Es gibt sie, aber sonst wir können eigentlich nichts über sie sagen. Im Jahr 1800 reagierte der Schriftsteller Lord Byron ziemlich frustriert angesichts der Steinsetzungen von Stone-

17

henge und rief aus:»But what the devil is it?«Im Jahr 1872 gelangt der schottische Architekt und Schriftsteller James Fergusson nicht weiter als bis zu der Feststellung, es handle sich um»rough stone monuments.«Kurz, man verharrte stets bei der Außenseite und drang nicht zur eigentlichen Bedeutung der Megalithkultur vor. Man isolierte diese Stätten, indem man sie als bloße Steinanhäufungen ansah, während sich ihre wahre Bedeutung erst durch die Natur erschließt, in die sie eingebettet sind.

Erst in den achtziger Jahren des vergangenen Jahrhunderts ist die Archäologie zu der Erkenntnis gelangt, dass nachweislich tatsächlich so etwas wie eine»megalithische Astronomie«existierte, das heißt, dass diese Megalithen in einem Zusammenhang mit dem Kosmos stehen. Als man diese Steine in eine Beziehung zur Landschaft, den Flüssen, den Hügeln, dem Sonnenaufgang und -untergang setzte, gelangte man zu der Erkenntnis, dass solche Orte Observatorien gewesen sind, an denen beispielsweise der Sonnen- und Mondstand verfolgt wurde.

In Aberdeenshire (Schottland) befindet sich ein schwer beschädigter Steinkreis – Balquhain genannt –, über den die Überlieferung sagt, dass dort früher der Neumond mit Gebeten begrüßt worden sei. Diese Überlieferung war von den Forschern lange Zeit nicht ernst genommen worden, doch später stellte sich dann heraus, dass der Zusammenhang mit dem Kosmos und den Mondpositionen tatsächlich existierte.

Das Heiligtum war kunstvoll aus 12 senkrechten Steinen erbaut worden, von denen jeder seine spezifische Form und Farbe hatte. Dazwischen war ein liegender Stein platziert worden, ein riesiger Monolith, der, wie man rekonstruieren konnte, mithilfe kleiner Keile, die darunter angebracht waren, in eine perfekte waagerechte Position gebracht worden war. Man schuf also bereits im Altertum einen künstlichen Horizont: Der liegende Stein wiederholt die Linie des dahinter liegenden Horizonts, ja es waren sogar die Formen eines bestimmten Hügels darin übertragen worden, mit einer kleinen Erhöhung und einer Einkerbung, sodass sich der Stein in vollendeter Harmonie mit der Landschaft befand, die ihn umgab.

Geologische Untersuchungen ergaben, dass dieser liegende Stein über viele Meilen Entfernung hierher transportiert worden war. Wie dies geschah, bleibt ein Rätsel. Als man die anderen 12 Steine untersuchte, entdeckte man, dass einer aus rotem Granit bestand, ein zweiter aus schwarzem Basalt, ein dritter aus weißem Granit, ein vierter aus rotem Quarzit – kurzum: Es handelte sich um ausgewählte Steine, die von überall hergeholt worden waren und die in ihrer ursprünglichen Aufstellung ein überraschendes Farbenspiel geboten haben müssen. Auf diesen Steinen, die ganz bewusst so angeordnet worden waren, dass ihre Größe stufenweise abnahm, entdeckte man eingravierte Zeichen, allerdings nur bei denjenigen Steinen, auf denen Mondstände abzulesen waren.

Seit den achtziger Jahren des 20. Jahrhunderts begann man mit sogenannten »Sichtlinien«, Horizontlinien, zu arbeiten. Dabei entdeckte man, dass man diese Menhire nicht »anschauen«, sondern sie hinter sich im Rücken haben musste. Man muss sich buchstäblich umdrehen und vom jeweiligen Stein aus in die Landschaft blicken, dann beginnen diese Steine zu »sprechen«. So unterscheidet man seitdem Steine mit einer Vorderseite und solche mit einer Rückseite: Die Steine sind deutlich orientiert. Man kann eine deutliche Ausrichtung und viele Sonnenpositionen erkennen, die sich in all diesen unterschiedlichen Steinkreisen finden lassen: die Winter- und die Sommersonnenwende am 21. Dezember und 21. Juni, sowie die Tagundnachtgleiche im Frühjahr und Herbst, doch auch andere Hinweise wie der Auf- und Untergang der Sonne an bestimmten Festtagen, die wir heute nicht mehr feiern. Natürlich wirkt das zunächst willkürlich, solange wir nicht wissen, dass beispielsweise das Frühlingsfest, Beltane, am 8. Mai gefeiert wurde, oder dass Lughnasad, das Erntefest, auf den 9. August fiel.

Bereits vor 5000 Jahren wurde am 6. November Allerheiligen gefeiert: Samhain. Fast niemand weiß heute mehr, dass wir das Allerseelenfest nicht der christlichen Tradition verdanken, sondern den ältesten Formen von Kultus in der Steinzeit. Die Zeitpunkte all dieser typisch keltischen Feste lassen sich heute in einzelnen Steinsetzungen rekonstruieren und wiedererkennen. Dies gilt nicht nur für die Sonnenstände, sondern auch für die Mondstände. Es war diese Entdeckung, die den Durchbruch in der Erforschung der Steinkreise bewirkte.

Die erste Schlussfolgerung war die, dass diese heiligen Orte mit dem Kosmos in Verbindung standen und dass der Mensch um 3000 v. Chr. in diesen Gegenden Tag und Nacht mit dem Kosmos mitlebte.

Die andere Entdeckung, die bereits viel früher gemacht wurde, bestand darin, dass an diesen heiligen Stätten häufig Reste von Bestattungen zu finden waren. Allerdings nicht an allen Stellen. Es ist eine Fehldeutung, dass alle Steinkreise Bestattungsorte sind. Offenbar bestand aber ein Zusammenhang zwischen den Steinkreisen, dem Kosmos und den Verstorbenen. Diese drei haben etwas miteinander gemeinsam. Dies ließ sich ganz konkret daran erkennen, dass viele Verstorbene, die in späteren Zeiten in Steinsärgen in einem sogenannten Cairn (einem kegelförmigen Steinhaufen, einem Grab aus vorkeltischer Zeit) beigesetzt worden waren, mit den Füßen zur aufgehenden Sonne hin lagen. Auch die Toten waren »orientiert«.

Tausende von Kilometern entfernt gab es bei den Dakota-Indianern Nordamerikas den Brauch, den Verstorbenen auf eine Erhöhung zu betten, mit den Füßen zur aufgehenden Sonne. Es besteht also ein Zusammenhang zwischen dem, was die einzelnen Völker dachten, und dem bewussten Bezug auf die Toten und den Kosmos. Die Navajo-Indianer sagen bis heute: »Die Toten reisen mit dem Lauf der Sonne mit.«

Wie oben, so unten

Die kultische Grundgesetzmäßigkeit »Wie oben, so unten«, die schon im einleitenden Kapitel »Was ist Kultus?« angedeutet wurde, findet in einer Entdeckung, die im Jahr 2007 zum ersten Mal publiziert wurde, eine Bestätigung.[12]

Der Archäologe Allard Mees untersuchte einen schon lange bekannten frühkeltischen (genauer: hallstattzeitlichen) Grabhügel, den »Magdalenenberg« bei Villingen-Schwenningen. Das Zentralgrab wurde in das Jahr 616 v. Chr. datiert. Magdalenenberg ist der größte bis jetzt bekannte Grabhügel in Westeuropa. In der Mitte des Hügels befand sich ein Grab mit den Überresten einer Fürstenbestattung mit Wagen. Rund herum gibt es am Hügel insgesamt 136 sogenannter Nachbestattungen.

Allard Mees, der sich schon länger mit Astronomie beschäftigt hatte, fiel zufällig das eigenartige Muster der Nachbestattungen dieses Grabhügels auf. In dieser Anordnung erkannte er die bekannten Sternbilder wieder. Mit Hilfe von astronomischer Software kann man heutzutage den Sternenhimmel rekonstruieren, wie er vor Hunderten oder Tausenden von Jahren aussah.

Wenn man nun auf die vorgefundenen Gräber die Sternbilder (wie sie sich um 616 v. Chr. zeigten) legt, so zeigt sich eine erstaunliche Übereinstimmung mit den bekannten Himmelskonstellationen. Mehr als 13 Sternbilder sind in der Anordnung der Gräber mühelos zu erkennen (siehe Abb. 1).

Der Sternenhimmel, der hier in der Anordnung der Gräber abgebildet ist, zeigt eine Konstellation, die der damaligen Sommersonnenwende zwischen dem 26. und dem 29. Juni entspricht. Alle sichtbaren Sternbilder zu jenem Zeitpunkt der Sonnenwende sind vertreten. Sogar die Helligkeit der Sternbilder ist in den Gräbern mitberücksichtigt, z. B. ist der hellste Sommerstern Wega im Sternbild Leier in der wichtigsten Doppelbestattung am Magdalenenberg abgebildet.

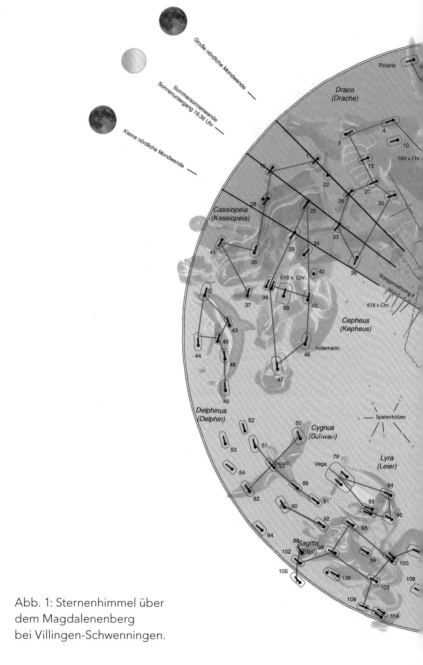

Abb. 1: Sternenhimmel über
dem Magdalenenberg
bei Villingen-Schwenningen.

22

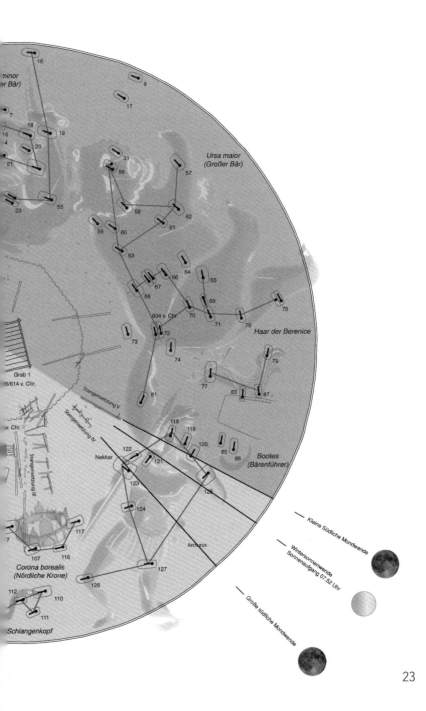

Ursa minor
(Kleiner Bär)

Ursa maior
(Großer Bär)

16
9
17
7
18
15
19
4
20
21
23
55
31
56
57
58
62
59
60
61
63
66
64
67
65
68
69
804 v. Chr.
70
75
72
71
76
73
Haar der Berenice
74
79
77
83
87
Grab 1
6/614 v. Chr.
81
Stangensetzung V
v. Chr.
Stangensetzung IV
118
119
Stangensetzung III
122
120
85
86
Nekkar
121
123
Bootes
(Bärenführer)
125
124
117
Arcturus
107
116
127
Corona borealis
(Nördliche Krone)
126
112
110
111
Schlangenkopf

Kleine Südliche Mondwende

Wintersonnenwende
Sonnenaufgang 07.52 Uhr

Große südliche Mondwende

23

In diesem Doppelgrab fand man eine Frauenbestattung mit einem Gürtelblech mit Sonnen- und Sternmotiven – vermutlich das Grab der jungen Fürstenwitwe. Man hat sozusagen einen Sternenhimmel aus Nachbestattungen geschaffen: Wie oben, so unten. Dieses Prinzip findet sich sowohl im Kultus wie in den alten Kulturformen. Gerade bei Bestattungen im Altertum sind ja Kultus und Kultur noch völlig miteinander verbunden.

Am Grabhügel von Magdalenenberg ist die Beziehung zu den Erscheinungen am nächtlichen Himmel in einer Reihe von Stangensetzungen ein weiteres Mal abgebildet. Diese Stangen waren im Grabhügel verankert und gehörten von Anfang an zum Gesamtbild der Anlage (in der Abbildung mit 6 Linien bezeichnet). Mit diesen Reihen von hölzernen Stangen konnte man – so entdeckte Mees – sich an den wichtigsten Mondereignissen orientieren. Wenn man die Mondbewegungen aus jener Zeit rekonstruiert (das heißt, um das Jahr 616 v. Chr., wie die Untersuchungen an Holzresten – sogenannter Dendrodatierungen – zeigen), sieht man, dass mit Hilfe dieser Stangensetzungen die Mondknoten zu finden sind. Die Wendepunkte des Mondes schwanken in einem Rhythmus von 18,61 Jahren. Das heißt, nach 18,61 Jahren befindet sich die extreme Mondposition wieder in der gleichen Situation wie zu Anfang dieser Zeitspanne.

Die Orientierung an den Mondknoten ist erst ab der Hallstattzeit (ca. 800–400 v. Chr.) nachweisbar. Es ist eine neue Entwicklung, die sich von vorangegangenen Kulturepochen absetzt. In Magdalenenberg sind der ganze Bau und die Anordnung des Grabhügels doppelt orientiert: sowohl auf Mond- als auf Sonnenwenden.[13]

Legenden und Überlieferungen

Wer die Steinkreise auf reine Begräbnisstätten reduzieren will, geht fehl. An vielen Orten dieser Art hat man entdeckt, dass der

Boden in der Mitte solcher Steinkreise kleine Bereiche aufwies, an denen offenbar bewusst fruchtbare Erde eingebracht worden war – an einer Stelle auf den Orkneyinseln sogar Samen von Früchten. Es handelt sich um Aushöhlungen im Boden, die dann mit anderen Sorten besonders fruchtbarer Erde aufgefüllt wurden. Offenbar hingen die Steinsetzungen nicht nur mit dem Tod zusammen, sondern auch mit der Fruchtbarkeit und dem Leben. Dafür spricht außerdem die Tatsache, dass zahlreiche Steinzirkel und Dolmen (Hünengräber) sich in der Nähe von Wasser befinden.

Wir stoßen hier auf ein eigenartiges Motiv, durch das wir den Ansichten der Menschen jener Zeit in Bezug auf den Zusammenhang solcher Steinsetzungen mit dem Kosmos vielleicht näher kommen. Die Legenden erzählen in vielen Varianten, dass die Steine, die dort aufgerichtet wurden, lebendig seien und dass sie sogar – diese Legende findet sich in vielen Quellen – einmal im Jahr unbemerkt ihren Ort verlassen, um in das Wasser einzutauchen. Es sind »lebendige Steine«! Man vermutet, dass ein Wasserkultus existiert hat, in dessen Verlauf die Steine untergetaucht wurden, doch man hat an denselben Orten auch Spuren gewaltiger Feuer entdeckt. Ein Wasserkultus und ein Feuerkultus.

Nach langer Suche gelang es mir, das Büchlein *The Secret Commonwealth of Elves, Fauns and Fairies* (Das geheime Reich der Zwerge, Faune und Feen) in die Hände zu bekommen, das im Jahr 1691 von dem Pfarrer Robert Kirk verfasst worden sein soll.[14] Dieser Mann, der in Schottland lebte, beschreibt, dass es in seiner Zeit durchaus üblich war, dass Steinsetzungen als Elfenhügel betrachtet wurden, das heißt, als Orte, an denen Naturwesen ihre Wohnung haben. Der Herausgeber der Neuausgabe 2007 vollzieht einen merkwürdigen Schlenker von diesen alten Anschauungen hinein in unsere Gegenwart, das Jahr 2005. Dort lesen wir: »Die *Times* publizierte im Jahr 2005 einen Artikel über einen Makler in Schottland, der daran gehindert wurde, das Land, das er erworben hatte, aufzuteilen, um darauf einige Häuser zu bauen, weil dort ein *fairy stone*, ein Monolith stand. Der Artikel trug die Überschrift: ›Fairies stop developers bulldozers‹ (Die Feen stoppen die Bulldozer der Projektentwickler).« Der Verfasser macht die humoristische Bemerkung, der Glaube der dort ansässigen Bevölkerung sei so etwas wie ein »Mac Feng Shui«. Bekanntlich ist Feng Shui die chinesische Kunst, an der Umgebung geistige Gesetze abzulesen, und die Vorsilbe »Mac« transportiert dies nach Schottland. Die Steine, die dort errichtet wurden, sind der Volkstradition zufolge lebendige Wesen, Wohnstätten für die unsichtbare Welt, Menschen oder Riesen. Eine der ältesten Bezeichnungen für Stonehenge lautet »choreia gigantum« (Tanz der Riesen). Auch andere Namen verweisen auf eine Art Tanz, die als »Riesentanz« bezeichnet wurde. Steine also, die tanzen oder musizieren. Man gab ihnen bildhafte Namen wie zum Beispiel »nine maidens«, »twelve apostles«, »piper stones« (Dudelsackspieler-Steine). Es sind Steine, die Wohnstätten unsichtbarer Wesen darstellen, ja, die sogar – ich mache jetzt einen Sprung nach Palästina – zur Wohnung einer Gottheit werden können, zu einem »Beth-El«. Denn im Grunde vollzieht auch der Erzvater Jakob nichts anderes als die Druiden: Auf seiner Flucht vor Esau nimmt er an einem heiligen Ort einen Stein – die hebräische Sprache benutzt hier ein besonderes Wort für den Begriff »Ort« –, richtet ihn auf und übergießt ihn mit Öl, sodass er zu einem Haus Gottes (Beth-El) geworden ist (Gen 28,18–19). Steine also als Haus Gottes, als Tempel oder irdischer Opferplatz – hier haben wir die älteste erkennbare Form von Kultus vor uns.

Es ist ausgesprochen spannend, sich vor dem Hintergrund solcher Erkenntnisse über die Welt der Steine für deren Wesen zu sensibilisieren. Was »sprechen« die Steine? Was »hören« die Steine? Ein altes Sprichwort lautet: Lüge nie, denn die Erde hört es. Die Erde hat ein Wahrnehmungsorgan für das, was wir Menschen ihr zufügen.

26

In den achtziger Jahren des letzten Jahrhunderts, als ich gerade mit meiner Tätigkeit als Pfarrer begonnen hatte und in einer Kirche seitlich des Altars saß, machte in einem bestimmten Augenblick während des Gottesdienstes der Boden des Kirchenraumes mit seinem eingelegten Kieselsteinen einen starken Eindruck auf mich. Dadurch bekam ich die Inspiration zu einem Gedicht. Manchmal ist es, als ob eine Umgebung in einer bestimmten Weise lebendig würde. Es ist, als würde die Umgebung etwas wahrnehmen und aufnehmen von dem, was Menschen dort tun, denken und sprechen:

> Die Steine haben es gesehen
> die Steine werden Augen
> wenn ich über die Erde gehe
> wenn ich mit Christus gehe
> Die Steine haben es gesehen
> die Steine werden es bewahren.

Von dem, was damals in verdichteter Form entstand, können hellsichtige Menschen noch viel nuancierter berichten. Annie Gerding, die in den Niederlanden aufgrund ihrer hellsichtigen Naturwahrnehmungen große Bekanntheit erlangte,[15] berichtete mir einst von ihren Erfahrungen bei Hünengräbern in Drenthe. Um diese Steine herum sind geistige Wesen – Naturwesen, die die Erinnerung an das bewahren, was sich dort vor Jahrhunderten abgespielt hat. Es handelt sich dabei nicht um ein äußerliches Registrieren, sondern um ein ununterbrochenes Bewusstsein dessen, was sich dort ereignet hat.

Druidenkultur

Es bestehen erhebliche Unterschiede zwischen den Bauformen der nördlichen und südlichen Mysterienströme. In Europa lebten in der

Steinzeit kleine Gemeinschaften, die ein isoliertes Dasein führten.
Im Gegensatz zu den »massiven« Kulturen, wie sie in Ägypten, Persien und Babylon existierten, wo ein einziger Führer, Pharao oder Priesterkönig alles bestimmte – ein pyramidales System –, gab es in Europa lediglich fragmentierte, unzusammenhängende Staaten und Königreiche mit einer überwältigenden Vielfalt von Kulturen und Steinsetzungstypen. In jedem Gebiet sind die Steinsetzungen wieder anders orientiert. Es gibt unterschiedliche Stämme und Sprachen, lokale Bautraditionen – und in all diesen kulturellen und kultischen Erscheinungsformen gibt es lediglich einen gemeinsamen Nenner: Wir haben es bei den meisten Steinsetzungen mit Äußerungen von *Druiden* zu tun. Sie waren diejenigen, die alles in einem einzigen Amt vereinten: Ackerbau und Viehzucht, Rechtsprechung, Kultus, Hausbau, Steinkreise, den Totenkult – alles fließt bei den Druiden zusammen, die die spirituellen Leiter der Kultur waren.

Julius Caesar (100–44 v. Chr.) weiß noch zu berichten, dass ein Mensch 20 Jahre lang ausgebildet werden musste, bevor er das Amt des Druiden ausüben konnte, so umfassend waren seine Aufgaben. Die Druiden inspirierten die gesamte Kultur. Dafür benötigten sie einen astronomischen Kalender. Denn es gab keinen anderen Kalender, an dem sich ablesen ließ, wann die Sonne ihren höchsten Stand erreicht haben würde, wann es Zeit war, das Vieh hereinzuholen, oder wann gesät werden musste. Solche Dinge wurden an den Steinsetzungen abgelesen, mittels einer megalithischen Astronomie, die angab, wann die Sonne ihren höchsten Stand erreicht hatte, und welche Folgen dies für die Erde, die Kultur, die Landwirtschaft, die Viehzucht usw. hatte. Sie war das Einende in der Vielfalt: die Druidenkultur, die im Verborgenen alles durchdrang und inspirierte.

Die umfassendste Beschreibung der Druidenkultur finden wir bei Rudolf Steiner, der in einem für ihn völlig unerwarteten Moment seines Lebens mit ihr Bekanntschaft machte. Im Sommer

28

des Jahres 1923 wird er nach England eingeladen. Er besucht Ilkley in der Grafschaft Yorkshire und danach Penmaenmawr in
Nordwales, um dort Vorträge während einer großen Sommerta-
gung zu halten. In der damaligen Zeit war noch relativ wenig über
Steinsetzungen bekannt. Steiner muss ohne Vorkenntnisse aus der
Fachliteratur in England eingetroffen sein. In Ilkley ist er tief beeindruckt, als er mit einem seiner Mitarbeiter durch die Hochebe-
nen wandert und dort auf alte Steinsetzungen trifft. Er ist in der
Lage, sie mit seinem geschulten, hellsichtigen Blick zu »lesen«. Er
erkennt, was sich hinter der äußeren Erscheinung verbirgt, und
sagt darüber: Was in der Druidenkultur geschah, hat sich in die
geistige Atmosphäre dieses Ortes eingeschrieben. Imaginationen,
Bilder des Druidenkultus sind zurückgeblieben und haben sich
bleibend mit der Atmosphäre verbunden.

Kurz nach seiner Rückkehr in die Schweiz, wo er immer wieder
äußert, wie tief er von diesen Steinsetzungen beeindruckt worden
ist, malt er eine Pastellskizze (siehe Abb. 2 und Bild 1, S. 283). Wer
diese mit einem Foto der entsprechenden Steinsetzungen in Ilkley
vergleicht, wird sofort die Übereinstimmung erkennen. Auf dem
Foto (Abb. 3) sieht man eine Ebene mit einem Hügel. Dann steigt
die Landschaft an und bildet ein Plateau mit einem »Swastika-
Stein« (auf dem Foto nicht sichtbar); danach folgt ein weiteres
Plateau, eine Hochebene. Auch die drei steinernen Altäre, links
oben auf der Pastellskizze, finden sich genau so an diesem Ort
bei Ilkley.

Wir können feststellen, dass Rudolf Steiner noch weiter geht
und mehr darstellt als nur die äußere Landschaft, er verwendet
andere Farben, um etwas Wesentliches wiederzugeben. Doch zunächst betrachten wir den Aufbau: die Tiefebene, das mittlere Plateau, eine Hochebene und darüber der Himmel. In der Landschaft
der Skizze lassen sich drei menschliche Figuren erkennen. Unten,
im blauen Bereich, kauert eine Gestalt. Es wirkt, als sei sie von riesigen blauen Kristallen eingeschlossen. Auf dem ersten Plateau, bei

Abb. 2: Druidenstein. Pastellzeichnung von Rudolf Steiner.

einem Altar, steht ein Priester in einem roten Gewand. Er hat sich halb in Richtung des Altars und der Ebene gebeugt, die unter ihm liegt. Und schließlich steht ganz oben, wo sich drei Altäre befinden, eine aufgerichtete Priestergestalt in einem hellroten Gewand, die sich »in höheren Sphären« befindet.

Rudolf Steiner gibt hier mehr wieder als nur die äußere Wirklichkeit. Über den beiden roten Priestergestalten erblicken wir eine leuchtende Wolke, eine Aura. Doch das vielleicht Eigenartigste der ganzen Skizze ist ein geschwungenes Kreuz auf dem unteren

Abb. 3: Heiligtum bei Ilkley

Altar. Für die hellsichtige Wahrnehmung handelt es sich dabei um die Imagination eines Chakras beziehungsweise einer Lotosblume. Im alten Indien kannte man sieben Organe der hellsichtigen Wahrnehmung, die als Lotosblumen bezeichnet wurden. Möglicherweise gibt es noch eine achte, die sich oberhalb der menschlichen Gestalt befindet, doch sie steht außerhalb der spirituellen Tradition, die Steiner beschreibt. Eines dieser Chakren, die sogenannte vierblättrige Lotusblume, wird auch als Swastika bezeichnet. Sie hängt mit der Befruchtung und der Fortpflanzung zusammen. Der

Nationalsozialismus hat sich dieses Symbols bemächtigt und es buchstäblich verdreht, indem er die Richtung der vier Arme änderte. Wir finden die Swastika in vielen vorchristlichen Kulturen als ein Symbol für die Einweihung. Steiner verwendete dieses Zeichen für sein Mysteriendrama *Der Hüter der Schwelle*. Das Symbol der vierblättrigen Lotusblume bildet den Mittelpunkt des Siegels, das Rudolf Steiner für dieses Mysteriendrama entworfen hat.

In der Pastellskizze sehen wir drei Personen, die sich in drei unterschiedlichen Welten befinden. Rechts unten die kauernde Gestalt in der Kristallwelt; in der Mitte den Druidenpriester, über den Altar mit der Lotusblume gebeugt. Die Swastikaform finden wir auch eins zu eins abgebildet in der Landschaft bei Ilkley. Luftaufnahmen zeigen, dass dieses Zeichen in die Felsen des sogenannten *swastika-stone* eingegraben ist. Rudolf Steiner zeigt das geistige Urbild und sagt:»Denn was liest man in diesem Zeichen, wenn man vor einem solchen Stein steht? Man liest die Worte, die im Herzen des Druidenpriesters waren: Siehe da, das Auge der Sinnlichkeit schaut die Berge, schaut die Stätten der Menschen; das Auge des Geistes, die Lotosblume, die sich drehende Lotosblume – denn deren Zeichen ist die Swastika –, die schaut in die Herzen der Menschen, die schaut in das Innere der Seele. Und durch dieses Schauen möchte ich verbunden sein mit denjenigen, die mir als Gemeinde anvertraut sind.«[16]

Es gehörte zur Aufgabe der Druidenschulung, durch das intensive Miterleben der Natur zur Hellsichtigkeit zu gelangen, und diese geistigen Wahrnehmungsorgane, die jeder Mensch in sich hat, in Bewegung zu bringen, sie schauend zu machen und mit ihrer Hilfe die Mysterien der Tiefe, die Mysterien der Höhen und die Mysterien der Mitte kennenzulernen. Nicht ohne Grund sind drei Stätten abgebildet. Der Druidenpriester verband sich mit der Tiefe der Erde, er drang durch die Kristallwelt zum Innersten der Erde vor, wo geistige Mächte und kosmischer Wille wirksam sind. Der Druidenpriester stand hoch oben bei den drei Altären und verband sich mit den Mysterien der Höhen, den Mysterien der kosmischen Intelligenz. Wir müssen hier das Wort Intelligenz in seiner ursprünglichen Bedeutung nehmen; wenn man im Mittelalter über Intelligenz sprach, so meinte man damit die Welt der Erzengel. Das Wort Intelligenz wurde in der Schule von Chartres als Andeutung für die Erzengel verwendet. Mit der Mitte schließlich verband sich das Mysterium des Menschen, der zwischen Himmel und Erde, zwischen Höhe und Tiefe seinen eigenen Ort in der Welt hat.

Kurz danach schildert Rudolf Steiner in einem Vortragszyklus, der den Titel *Das Miterleben des Jahreslaufes in vier kosmischen Imaginationen*[17] trägt, das Bild von Höhe, Tiefe und Mitte. Man kann diesen Text fast wörtlich neben den seiner Beschreibung der Druidenmysterien liegen. Alles, was Rudolf Steiner bei diesen gesehen und erkannt hat, als etwas aus weit zurückliegenden Zeiten Bewahrtes, mündet in den erwähnten Vorträgen in den Aufruf, den Geist in der Natur kennenzulernen. Es ging den Druidenpriestern nicht darum, die geistige Welt auf dem Weg ins Innere kennenzulernen, sondern den Geist in der Natur, die sie umgab. Und dies, so Steiner, ist auch in unserer heutigen Zeit ein legitimer Zugang zur geistigen Welt: Nicht abgesondert vom Rest der Menschheit zu leben, sondern mit offenen Ohren und Augen in der Natur das Wirken der geistigen Welt, die Wirksamkeit des »Herrn der Elemente« erkennen zu lernen. So antwortet Rudolf Steiner einmal in einem persönlichen Gespräch mit Friedrich Rittelmeyer auf dessen Frage: »Wie kann man sich auf das Wiederkunftserlebnis vorbereiten?«, Folgendes: »Dies ist erst möglich, wenn man Christus im Jahreslauf erleben lernt.«[18] Das Miterleben des Jahreszeitenlaufs ist der sicherste Weg zu Christus. Und damit ist auch der Christengemeinschaft der Auftrag gegeben, eine Verbindung zwischen Christentum und Natur zu kultivieren. Oder, wie Rudolf Steiner es auch einmal als Auftrag gegenüber den Begründern der Christengemeinschaft formuliert hat: »Sie haben die Aufgabe, die Naturwissenschaft zu verchristlichen.«

Kurz nach seinem Aufenthalt in Ilkley und Penmaenmawr hält Rudolf Steiner einen Vortrag für die Arbeiter am Goetheanum-Bau in Dornach. Aus Anlass der Frage eines Arbeiters skizziert er ein Bild der Entwicklung der Kultusformen von den frühesten Zeiten bis heute. Weil die dort skizzierten Gedanken wichtige Anknüpfungspunkte für die Ausführungen dieses Buches darstellen, möchte ich kurz darauf eingehen.

Rudolf Steiner geht von den Erfahrungen aus, die er kurz zuvor bei den Steinkreisen in England gemacht hat, und folgert nach einer bildhaften Beschreibung des Druidenkultus:»So sehen Sie hier einen Kultus, der im Wesentlichen darin bestanden hat, dass die Leute das Geistige aus der Weltumgebung für ihre sozialen Verhältnisse, für ihre Lebensverhältnisse hereinbekommen wollten auf die Erde.« Diese Form, die sich aus der alten Theokratie entwickelt hat, kann in unserer Zeit nicht mehr praktiziert werden. Zugleich zeigt Steiner jedoch an verschiedenen Beispielen, dass gewisse Elemente aus diesen ursprünglichen Kultusformen einen Weg in spätere Ausprägungen gefunden haben, und zwar bis zum heutigen Tag. Allein die Tatsache, dass der Altar in Richtung der aufgehenden Sonne orientiert ist, zeigt eine Verbindung mit dem Kosmos. Sonne und Mond spielen in der Symbolik des christlichen Kultus eine sichtbare Rolle im sogenannten »Sanctissimum«, der Monstranz, wo die geweihte Hostie gezeigt wird (siehe Kapitel 5: »Der Mithras-Kult«).

Für unsere heutige Zeit genügt es nicht, wenn ein Kultus in Übereinstimmung mit dem kosmischen Gesetzmäßigkeiten steht. Dies hängt in erster Linie damit zusammen, dass der Mensch sich von seiner kosmischen Ursprungswelt emanzipiert hat – mit allen Komplikationen, die daraus resultieren. Doch es gibt keinen Weg zurück. Alle Bestrebungen zur Wiederherstellung der alten Ordnung führen dazu, dass der Mensch seine mühsam erworbene Freiheit wieder aufgeben muss. In gewissem Sinne war der Mensch in den vorchristlichen Kulturen eine Marionette. Er wurde von

Königen und Priestern geführt, die selbst wiederum durch die Gesetze des Kosmos und der geistigen Welt gelenkt wurden. Wie riesenhafte Ameisen- oder Bienenstaaten waren die alten Kulturen beispielsweise Ägyptens, Israels oder Indiens organisiert. Jeder Mensch hatte darin eine genau definierte Rolle, aus der sich keiner befreien konnte.

Mit dem Kommen des Christus zur Erde beginnt die individuelle Freiheit eine Rolle zu spielen, und dies auch im religiösen Leben. Nicht ein einziges Mal benutzt Christus das Wort »Gehorsam« – im starken Gegensatz zur Botschaft des Alten Testaments. Wenn die Sprache des Alten Testaments von »Geboten« und »Gehorsam« spricht, spricht Christus über »das Wort« und das »Hören«. Im Gleichnis vom Sämann lässt sich dieser Zusammenhang von Anfang bis Ende erkennen. Die menschliche Freiheit, das Wort aufzunehmen oder abzulehnen, spielt in diesem Gleichnis eine zentrale Rolle: Wird es negiert oder fällt das Wort in gute Erde? Wie kein anderer lässt Christus den Menschen frei. Die äußerste Konsequenz dieser Haltung ist sein Leidensweg und sein Tod am Kreuz. Das Christentum als Staatsreligion hat diese Freiheit in beträchtlichem Ausmaß wieder unwirksam gemacht und dadurch das Christentum eines seiner wesentlichen Merkmale beraubt.

Wenn im 20. Jahrhundert Rudolf Steiner von neuen, zukünftigen Formen des Kultus und Religion spricht, knüpft er an dieses wesentliche Merkmal an. Im zuletzt erwähnten Vortrag sagt er:

»Heute kann man also höchstens wiederum am Anfang stehen, wie man einen Kultus vom Inneren des Menschen aus dann aufbaut. Dann wird dieser Kultus innere Wahrheiten enthalten. So wie man durch den Druidenkultus gewusst hat, wann man den Stier zu bekränzen hat, das Stierfest festzusetzen hat, den Stier zu führen hat durch die Gemeinde, damit in der richtigen Weise die Fortpflanzung geregelt wird, so wird man wissen – gerade wenn man in dieser Weise einen Kultus einrichtet, [...] –, was man zu tun hat im sozialen Menschenleben. [...] Wenn man zugeben wird, dass man das erst wissen muss auf geistige Art, was in der Menschheit zu geschehen hat, weil es aus dem Weltenall fließt, dann wird man auch erst eine richtige Sozialwissenschaft haben, die wiederum gewollt sein wird aus der Weltenumgebung.«[19]

Mit dieser Formulierung schließt sich der Kreis.

Alte und neue Kultusformen werden sowohl in ihrer Eigenart als auch in ihrer (teilweisen) Verwandtschaft charakterisiert. Beide stehen letztlich in Harmonie mit dem Kosmos. Doch der Kultus unserer Zeit wird sich in erster Linie an das Innere des Menschen wenden, an sein »verborgenes Allerheiligstes«, sein Ich. Aus dem Ich, das sich in Freiheit mit Christus verbindet, kann ein Anfang mit dem gemacht werden, was Rudolf Steiner als die »königliche Kunst der Zukunft« bezeichnete. Damit meinte er Formen des sozialen Lebens, in welchen die geistige Freiheit jedes Menschen garantiert ist.

In den nachfolgenden Kapiteln werden wir die religiöse und kultische Entwicklung in verschiedenen Kulturen betrachten. Wie aus den vorangehenden Betrachtungen bereits deutlich wird, wird es sich dabei selten (oder niemals?) um einen vollständigen Bruch mit dem Alten handeln, sondern um eine schrittweise, manchmal auch sprunghafte Entwicklung. Wir haben es mit einer organischen Entwicklung zu tun, die Metamorphosen durchläuft.

2 Naturreligion und Ahnenkult

Mit der Beschreibung der Kultur der Steinsetzungen haben wir die vorchristlichen Kultusformen noch bei Weitem nicht vollständig umrissen. In diesem Kapitel mache ich den Versuch, die sogenannten »heidnischen« Formen von Kultus in ihrem Ursprung und ihrer Entwicklung zu beschreiben. Bis zum heutigen Tag gibt es viele Völker und Stämme, die diese Form der Religion pflegen. Das früheste Stadium der Religion bezeichnen wir als Animismus: Alles was existiert, ist beseelt und mit Leben durchzogen. Jedes Kind durchläuft dieses Stadium von Neuem – auch wenn es in einer Welt lebt, die mit seiner Sicht- und Handlungsweise nichts anfangen kann. Als nüchterne, kritische Erwachsene blicken wir häufig mitleidig oder amüsiert auf ihre kleine Welt herab. Doch ob wir selbst daran glauben, ist fraglich. Wenn mein jüngstes Enkelkind abends seine Spielsachen aufräumen soll, bekommt jeder Baustein einen Kuss, bevor er in die Kiste gelegt wird. Kleine Kinder sind Animisten: Nicht nur Pflanzen und Tiere, sondern auch Puppen, Tische und Stühle – die ganze Welt ist für sie durch und durch lebendig.

Nur in außergewöhnlichen Situationen erhält sich diese Weltsicht bis ins Erwachsenenalter. Ein behinderter Mann machte einmal seiner Wut Luft, indem er mit der Faust auf den Deckel eines Konzertflügels schlug, was einen beeindruckenden Klangeffekt ergab. Nachdem seine Wut abgekühlt war, hob er die Decke des Flügels an und streichelte das Holz, um den Angriff wiedergutzumachen. Ist dies primitiv? Wer einmal reflektiert, wie er selbst in derartigen Situationen reagieren würde, wird höchstwahrscheinlich ähnliche Neigungen bei sich erkennen. Irgendwann haben wir alle einmal in einer märchenhaften Welt gelebt, in der alles lebendig wird. Das (kleine) Kind vollzieht den Schritt von der sichtbaren in die unsichtbare Welt mühelos. Dies hängt vor allem damit zusammen, dass das Kind noch mit seinen geistigen Ursprung verbunden ist – so wie es einst, in Urzeiten, selbstverständlich war. »Wo Kinder sind, da ist ein goldnes Zeitalter«, schreibt Novalis in seinen »Fragmenten«. Für den hellsichtigen Blick ist die äußere Welt lediglich so etwas wie ein Kleid, ein äußerlich sichtbares Gewebe eines Wesens, das sich dahinter verbirgt. Die Erfahrungsweise der atavistischen Hellsichtigkeit ist im Prinzip keine andere als die zahlreichen Formen natürlicher Hellsichtigkeit, wie sie heute bei Kindern auftreten.

Die ursprüngliche Naturreligion hat in der ägyptisch-chaldäischen Kulturepoche (Rudolf Steiner bezeichnete sie auch als die dritte nachatlantische Kulturepoche) einen starken Aufschwung erlebt. Obwohl das jüdische Volk zur Entstehungszeit des Alten Testaments in zunehmendem Maße die eigene Innenwelt erkundete, finden wir auch – sogar im Alten Testament – starke Zeugnisse eines animistischen Weltbilds: Die Natur ist überall von der Gottheit durchdrungen. Alles ist beseelt. Eine ganz konkrete Darstellung einer solchen Wahrnehmungsweise gibt Rudolf Steiner, wenn er beschreibt, was der Chaldäer oder der Ägypter bei bestimmten Naturphänomenen sah. Beim Anblick des Fingerhuts (Digitalis) begann er zu erröten; wenn er das giftige Bilsenkraut erblickte, wurde er blass. Die sichtbare Natur rief bis in die Physiologie hinein starke Reaktionen hervor. Der Anblick einer sich windenden Schlange bewirkte, dass das Innere des Menschen in heftige Erregung geriet. Und weil Natur und Seele gewissermaßen »kommunizierende Röhren« waren, wurde durch die Wahrnehmung eines Tieres ein Appell an die tierischen Kräfte im Menschen selbst gerichtet. Für das Bewusstsein der damaligen Zeit war es selbstverständlich, dass die Schlange das Listigste aller Tiere war (siehe Genesis 3,1). Auch ein hellsichtiger Mensch unserer Zeit kann manchen Menschen ansehen, welche tierischen Kräfte in deren Seele wirksam sind. So berichtete mir jemand, der sich sein Leben lang von sicheren Intuitionen im Umgang mit Menschen leiten ließ, Folgendes: »Wenn ein Mensch nicht vertrauenswürdig ist, sehe ich bei ihm die Gestalt eines Fuchses. Bei manchen Männern erscheint ein Stier. Wenn jemand sehr klar denken kann, sehe ich die Gestalt eines Pferdes um ihn herum.« Ohne es zu bemerken, schleppen wir manchmal einen ganzen Zoo mit uns herum!

Naturreligion in den Psalmen

Am Beispiel zweier Psalmen möchte ich dieses frühe Stadium der Religion illustrieren. Wenn wir die Psalmen mit ihren vielfältigen Naturbildern Wort für Wort untersuchen, zeigt sich, dass der Psalmist häufig in der Lage war, das geistige Wesen hinter den Erscheinungen zu erkennen. In Psalm 104 ist die gesamte Natur zu einem Ausdruck der Gottheit geworden:[20]

> Lobpreise, meine Seele, den Herrn!
> Herr, mein Gott, groß bist Du gar sehr.
> In Wesens-Erstrahlung und Hoheits-Glanz
> hast Du Dich gekleidet.

Gott übersteigt alle Grenzen des menschlichen Vorstellungsvermögens: Er ist »sehr groß«, er durchdringt die gesamte Schöpfung; er kleidet sich in einen Glanz, der von seinem Wesen ausstrahlt; so könnte man das hebräische »hôd we hādār« übersetzen. Im Lateinischen wird das Wort »hôd« mit »confessio« übersetzt: Sein Inneres offenbart sich nach außen als ein »Bekenntnis«. Das Wort »hādār« drückt den göttlichen Glanz aus. Beide Wörter sind Hinweise auf eine übersinnliche Realität – und diese ist noch keine sichtbare Wirklichkeit. In den Hymnen, die in diesem Psalm folgen, kommt nach und nach die Gottheit in der sichtbaren Natur zur Erscheinung:

> Du hüllst Dich in Licht wie in einen Mantel.
> Du bereitest aus die Himmel wie ein Zelt.
> Du bauest an Wassern Dein hohes Haus.

Der Psalmist verwendet hier eine Bildsprache, die buchstäblich von innen nach außen führt: Mantel – Zelt – Haus. Doch bis hierher handelt es sich immer noch um die geistige Realität *hinter* der physischen: die »Wasser« sind hier die Wasser über dem Himmelszelt, von denen die Genesis (1,7) spricht. Es ist die Welt der strömenden Lebenskräfte, die hier angedeutet wird. Erst danach beschreibt dieser Psalm den Weg, den die Gottheit in die sichtbare Natur hinein vollzieht:

> Du machst die Wolken zu Deinem Wagen.
> Du brausest einher auf den Fittichen des Windes.
> Du lässest Deine Engel wirken in Winden,
> Deine erhabenen Diener in lohendem Feuer.

Alle Elemente erscheinen als »Gefährt« der Gottheit. Die Wolken sind für das religiöse Bewusstsein jener Zeiten unendlich viel mehr als nur sichtbare Zeugnisse einer bestimmten Wetterlage: Sie sind der Boden der Wirksamkeit Gottes. In der griechischen Übersetzung steht: »Du machst die Winde zu deinen Angeloi.« Die Winde werden von geflügelten Wesen, den Engeln, regiert. Das lohende Feuer ist – so sagt es die lateinische Übersetzung – Gottes »Minister« (Diener). Von alters her kannte man die Auffassung, dass die höchste Hierarchie aus feurigen Wesen bestand: Das Wort Seraphim bedeutet wörtlich »der Flammende, der Läuternde«.

Im ersten Satz dieses Psalms erscheint Gott in seiner ganzen Größe, als ein Wesen. In der Beschreibung eines geistigen Lichts, des Himmels und der »Wasser« kommt Er zur Offenbarung. Danach kommt seine Wirksamkeit in den Elementen der Wolken, des Windes und des Feuers zum Ausdruck. Erst jetzt »landet« der Psalm in der konkret tastbaren Welt:

Er hat die Erde erfestigt auf ihren Grundlagen.
Nicht wird sie erschüttert immer und ewig.

Die Erde ist das geronnene, definitive Werk. In diesen vier Begriffen: Wesen – Offenbarung – Wirksamkeit – Werk wird der lange Weg des Schöpfers erkennbar. Rudolf Steiner hat mit diesen vier Begriffen die Stadien der Schöpfung beschrieben. Es ist nicht schwierig, diese Etappen in dem erwähnten Psalm wiederzuerkennen – obwohl sie dort nicht in eine begriffliche Form, sondern in Bildsprache gekleidet sind.[21]

Dass die Erde gewissermaßen das »Endprodukt« des Schöpfers ist, wird noch plastischer in Psalm 95 zum Ausdruck gebracht, wo es heißt:

Seine Hände haben das Trockene bereitet.

Die griechische Wortform *eplasan* macht hörbar, dass es sich hier um ein Plastizieren handelt![22]

Nach diesem Weg vom Himmel zur Erde, der wie eine Reprise der Genesis anmutet, beschreibt Psalm 104 in großer Ausführlichkeit die sichtbare Schöpfung – durchdrungen von Gottes Atem. Nichts wird in der Schöpfung dem Zufall überlassen, so lautet hier die Botschaft.

Erst in der vierten nachatlantischen Kulturepoche, der griechisch-römischen Zeit, in der das intellektuelle Denken zu Begriffen reduziert wird, verliert der Mensch diese selbstverständliche

Verbindung mit der Natur. Der griechische Historiker Plutarch (ca. 46 –120 n. Chr.) hat überliefert, dass in seiner Zeit ein Schiff an der Küste des Mittelmeeres entlangfuhr, von dem aus überall ausgerufen wurde: »Der große Gott Pan ist tot!« Pan ist der Gott in Bocksgestalt, der sich im Gewitter, in der drückenden Mittagshitze, in plötzlichen Naturerscheinungen offenbarte. Durch dieses plötzliche Erscheinen rief er bei den Menschen Pan-ik hervor. Das griechische Wort Pan bedeutet »alles«.[23] Man könnte ihn als animistische Gottheit bezeichnen. In seinem Gefolge findet sich ein Heer von Nymphen und Panisken, eine Art von Walddämonen. Aber die Gottheit, die sich früher in der Natur offenbart hat, hat sich aus ihr zurückgezogen. Der Mensch ist auf sich selbst zurückgeworfen, und die Natur schweigt. Im Norden Europas wird dieser Zusammenhang durch die Mythe vom Tod Baldurs, des Gottes der Natur, angedeutet.

Christus und die Natur

Erst mit der Erdenankunft des Messias – insbesondere mit seiner Höllenfahrt und Auferstehung – kommt in der Natur etwas zum Leben, das davor kurz vor dem Tode stand. Das ersterbende Erdendasein wird durch den Auferstandenen zu neuem Leben erweckt. Ohne diese Lebenserneuerung wäre die Schöpfung zugrunde gegangen. In einer drastischen Formulierung drückt dies ein bekanntes mittelalterliches Osterlied aus:

> Wär er nicht erstanden,
> so wär die Welt vergangen.

Ganz subtil und spielerisch wurde diese Erneuerung, die nicht für immer und ewig erfolgt, sondern jedes Jahr aufs Neue stattfindet, von der Schriftstellerin Selma Lagerlöf beschrieben. Zwei ihrer Weihnachtslegenden[24] behandeln dieses Thema. Eine davon erzählt, wie der Abt eines Klosters, Vater Anselmo, die Mitternachtsmesse im von einer Mauer umgebenen Garten des Klosters beginnen lässt: Er wollte, dass die Natur Anteil an der großen Freude hätte, die die Christnacht allen Geschöpfen gebracht hat. Gemeinsam mit seinen Mönchen geht er in vollem Ornat durch den Garten, in der einen Hand das Weihrauchfass, in der anderen das Aspergil, während er die Hymnen zur Geburt des Gottessohns singt. Er beweihräuchert den Klostergarten und sprengt Weihwasser auf die tote, gefrorene Erde. In diesem Moment tritt eine Veränderung in der Luft ein. Der Südwind erhebt sich und bläst mit einigen kräftigen Stößen die Kälte und den Schnee fort. Unter dem Schnee kommt Gras zum Vorschein. Knospen, die im Eis eingeschlossen waren, tauen auf und öffnen sich. Ein süßer Frühlingsduft erfüllt den Garten. Angelockt von der Frühlingsluft kommen von überall her die Vögel und besingen die Geburt des Schöpfers. Auch ein Eichhörnchen kommt über die Klostermauer herein und schwingt sich von Ast zu Ast durch die Bäume. Abt Anselmo öffnet die Pforte, und nun strömen von allen Seiten die Waldtiere herbei, um als Gäste dieser Mitternachtsmesse inmitten der Natur beizuwohnen. Doch das Wundersamste von allen – so erzählt es die Legende – ist die Ankunft des Klosterstorchs, von dem man dachte, dass er weit weg in Ägypten sei, wohin er jeden Winter zieht. Plötzlich hört man ein Flügelrauschen, der Storch naht und trägt in seinem Schnabel ein kleines Fläschchen mit Lebenselixier: das Weihnachtsgeschenk der Natur an Abt Anselmo. – Hier haben wir einen farbigen, bildhaften Ausdruck dessen, was im Credo der Christengemeinschaft als die »Wiederbelebung des ersterbenden Erdendaseins« angesprochen wird.

Auch in Lagerlöfs bekannter »Legende von der Christrose« spielt die Natur in gewisser Weise die Hauptrolle. In einem abgelegenen Waldstück, wo nur noch Räuber hausen, blüht in der Weihnachtsnacht die Natur auf – und zum Zeichen der Lebenserneuerung bleibt die schneeweiße Christrose zurück. Wer solche Geschichten als Fabeln und fromme Erfindungen betrachtet, hat ihren tieferen Sinn nicht erfasst. Natürlich geht es Selma Lagerlöf, die mit dem Zweiten Gesicht begabt war, nicht um ein äußeres Wunder. Wer in der Lage ist, in der Weihnachtsnacht die geistige Wirklichkeit hinter der Natur zu schauen, der sieht, wie die Erde von Licht durchströmt wird. Einer meiner Freunde, der es sich zur Gewohnheit gemacht hat, jedes Jahr in der Weihnachtszeit seiner Familie diese Geschichte vorzulesen, berichtete mir, dass von überall her die Naturwesen herbeikamen und das Zimmer füllten, als er sie zum ersten Mal vorlas. Und obwohl er seit dieser überwältigenden Erfahrung nicht mehr mit eigenen Augen sehen kann, dass sie erscheinen, erlebt er doch jedes Jahr aufs Neue den Zauber, der von dieser Geschichte ausgeht. An solchen Erfahrungen, die heute keineswegs mehr isoliert auftreten, lässt sich etwas von der Realität der ältesten und möglicherweise auch neuesten Formen von Religion erkennen: Die Natur ist von geistigen Kräften durchzogen, die darum bitten, von uns erkannt und anerkannt zu werden. Doch diese Form von »Animismus« wird erst realistisch, wenn nicht das Geschöpf, sondern der Schöpfer selbst in der Natur verehrt wird. Es ging Selma Lagerlöf nicht um die Rückkehr zu einer primitiven Naturreligion, sondern um das Erkennen des wiedergekommenen Christus, der als der »Herr der Himmelskräfte auf Erden«[25] die Natur mit seinem Glanz durchdringt.

Ahnenverehrung

Im Hinblick auf die älteste Form der Religion, die Ahnenverehrung und den Ahnenkult, können wir einen ähnlichen Weg beschreiten. Einerseits gelangen wir dabei auf ein Gebiet, das als ein inzwischen abgeschlossenes Kapitel betrachtet werden muss. Doch wer genauer hinschaut, entdeckt, dass im rechten Umgang mit den

Verstorbenen auch ein Keim für neue Entwicklungen im religiösen und kultischen Leben liegt.

Rudolf Steiner äußerte über den Ursprung dieser Form der Religion einmal:»Ahnenkult, Verehrung der Vorfahren, ist in Wahrheit die erste Religion.«[26] Aus eigener Erfahrung wissen wir, dass Erinnerungen sehr unterschiedlich gefärbt (oder sogar verblasst) sein können. Manche Erinnerungen kommen der Wirklichkeit nahe oder rufen sie sogar hervor; andere führen ein halbbewusstes, unbewusstes oder unterbewusstes Leben. Doch wenn wir uns Verstorbene, die uns teuer sind, in Erinnerung rufen, können wir manchmal so etwas wie ihre Gegenwart erfahren – als würde mit der realen Erinnerung ein Appell an den Verstorbenen gerichtet. Erinnern ist eine Fähigkeit, die uns in die Lage versetzt, etwas zu re-produzieren, das heißt wörtlich: aufs Neue zu produzieren. Wir wissen, dass in früherer Zeit die Erinnerungsfähigkeit ungleich viel stärker entwickelt war als heute. Wie hätte man sonst über Jahrhunderte hinweg Märchen, Mythen und Legenden mündlich und buchstabengetreu überliefern können? Als der Philologe Elias Lönnrot im 19. Jahrhundert dem finnischen Kalevala-Epos auf die Spur kam, fand er Menschen, die sich mühelos an Hunderte von Versen dieses mächtigen Epos erinnern konnten. So erklomm man in der Ahnenverehrung die»Leiter« der Erinnerung an die Verstorbenen: Man knüpfte bei den jüngst Verstorbenen an, die noch greifbar gegenwärtig waren, und gelangte über die Welt der Ahnen bis zu den Erzvätern des Volkes. In einem viel unmittelbareren Sinn als wir es für gewöhnlich auffassen, konnten die Juden sagen:»Wir haben Abraham zum Vater.« Insbesondere die Zeit des Einschlafens und Erwachens ist von alters her der am besten geeignete Moment, um die Welt der Verstorbenen zu betreten. Sie ist zugleich die Welt der Äther- oder Lebenskräfte; für die Verstorbenen bildet sie den Boden, auf dem sie stehen. Eine der Meditationen zur Verbindung mit den Verstorbenen in einem Spruch Rudolf Steiners beginnt mit den Worten:

»Es empfangen Angeloi, Archangeloi, Archai im Ätherweben das Schicksalsnetz unseres lieben ...« (hier folgt der Name des oder der Verstorbenen).[27] Durch den Ahnenkult kam man mittels der Welt der Verstorbenen zugleich in Kontakt mit der Welt der Hierarchien. Auf diese Weise wird von den Toten eine Brücke zwischen den Welten des Menschen und der Hierarchien geschlagen. Diesem Prinzip werden wir noch bei der Betrachtung der Mithras-Mysterien und ihrer Einweihungsgrade im fünften Kapitel begegnen sowie in Kapitel 12, wenn wir das Verhältnis zu den Ungeborenen und Verstorbenen betrachten.

Auch in heute noch existierenden Kulturen findet man – manchmal hochentwickelte – Formen der Ahnenverehrung. Ein besonders eindrucksvolles Dokument hierzu bildet das Buch *Ich rufe mein Volk* des Sioux-Häuptlings Schwarzer Hirsch, das 1932 in Amerika erschien.[28] Der Ethnologe John G. Neihardt hatte die Gelegenheit, über mehrere Tage hinweg Gespräche mit dem Stammesoberhaupt der Sioux-Indianer zu führen. Darin beschreibt dieser seine »Gesichte von der anderen Welt«, die ihm mithilfe seiner verstorbenen Ahnen zukamen.

Im Alter von neun Jahren hört er zum ersten Mal in seinem Leben, dass er aus der geistigen Welt heraus gerufen wird. Dieser Ruf ist so deutlich, dass er aufsteht und sein Zelt verlässt. Draußen sieht er nichts – doch in dem Augenblick, als er sein Tipi wieder betritt, fühlt er, dass seine Schenkel zu schmerzen beginnen, und er bemerkt, dass irgendetwas mit ihm nicht stimmt. Das Essen schmeckt ihm nicht mehr. Am nächsten Morgen erwacht er mit starken Schmerzen, seine Beine tragen ihn nicht mehr; er wird krank. Hände und Beine sind stark geschwollen und das Gesicht aufgedunsen. Er liegt in seinem Zelt und kann durch die Türöffnung auf den Himmel hinaussehen. Da kommen plötzlich aus den Wolken zwei Männer schräg wie Pfeile herabgeglitten. Sie tragen lange Speere in den Händen, an deren Spitze ein Blitz zuckt, und rufen: »Eile! Komm! Deine Großväter rufen dich!« In diesem Moment tritt er aus seinem Körper heraus und betritt die unsichtbare Welt über den Wolken, eine weite Steppe mit schneeigen Hügeln und Bergen. Es ist eine Welt erhabener Stille. Aber um ihn herum ist ein Geflüster von Stimmen. In seiner Imagination erscheint ein rotbraunes Pferd, das zu ihm spricht: »Sieh mich an. Meine Lebensgeschichte sollst du sehen ... Deine Großväter halten einen Rat; sie werden dich in ihren Kreis aufnehmen.« Die Wolke, in der er sich befindet, verwandelt sich in ein Tipi. In diesem Tipi sitzen sechs uralte Männer, so alt wie Berge, so alt wie die Sterne. Sechs Verstorbene erscheinen: einer aus dem Norden, einer aus dem Süden, einer aus dem Osten, einer aus dem Westen, einer aus dem Himmel und einer aus der Erde. Schwarzer Hirsch bebt vor Furcht an allen Gliedern. Doch die Vorfahren übergeben ihm einen glänzenden roten Stab und bedeuten ihm, er solle ihn in die Erde pflanzen. Er nimmt den Stab und pflanzt ihn ein. Aus dem Stab sprießt ein großer Baum, in dem zahlreiche Vögel nisten. Unter dem Baum erscheinen zwei Wege, die einander kreuzen. Ein roter Weg, der von Norden nach Süden führt; ein schwarzer Weg, der von Osten nach Westen führt: vom Sonnenaufgang zum Sonnenuntergang, vom Leben zum Tod. Schwarzer Hirsch erhält später den Auftrag, diese Wege zusammen mit seinem Volk zu beschreiten. Als Letztes erscheint ihm der Älteste, der Geist der Erde, und sagt: »Junge, fasse Mut. Denn meine Kraft soll die deine sein. Du wirst sie nötig haben, denn dein Volk wird auf Erden viel Schweres erleiden.« Dann kehrt er in seiner Imagination zur Erde zurück, eine Stimme sagt zu ihm: »Siehe, ein Volk. Es ist deines.« Er sieht sein Dorf, sieht ausgemergelte Pferde, kranke Männer und Frauen, sterbende Kinder. Es gibt nur Krankheit und Tod. Dann erhält er den Auftrag, den Stab mitten im Dorf in die Erde zu stoßen. Aufs Neue beginnt der Stab zu sprossen und wird zu einem Baum; die Menschen werden wieder zum Leben erweckt, und schwarzer Hirsch erhält den Auftrag, sein Volk über den roten Weg zu führen. Er ruft sein Volk, und die Kinder und die Kranken und die Toten werden zum Leben erweckt. Und ein unermesslich großes Heer von Verstorbenen läuft hinter ihm. Und während er weiterzieht, sagt eine Stimme hinter ihm:»Sieh, ein gutes Volk wandert auf heilige Weise durch ein gutes Land!« Er wandert über ein grünes Land, bis der rote Weg den schwarzen Weg kreuzt, und er will den Weg nicht betreten, denn er führt zur untergehenden Sonne. Doch die Stimme, die ihm seinen Auftrag gegeben hat, sagt, dass er ihn gehen muss. Am nächsten Kampfplatz verdorrt der Stab. Die Vögel, die sie begleitet haben, verschwinden, die Gesichter werden mager und blass, die Pferde sind nur noch Haut und Knochen. Sie gehen den Weg des Todes, und Schwarzer Hirsch weiß, dass sein Volk alle Kräfte, die es ursprünglich mitbekommen hat, verlieren wird. Sein Pferd führt ihn alleine immer höher, bis zum höchsten aller Berge. Tief unter sich erblickt er sein Volk. Und als er dort so steht, sieht er nicht nur sein Volk, sondern die gesamte Erde. Er sieht mehr, als er zu sagen vermag. Er sieht, dass der heilige Ring seines Volkes einer von vielen Ringen ist, die einen Kreis bilden, wie Tageslicht und Sternenlicht. Und in der Mitte dieses Kreises wächst ein üppig blühender Baum, der alle Geschöpfe beschützt. Schließlich kehrt er durch den Regenbogen zurück zur Erde, mit dem Stab seiner Vorfahren in seinem Blut. Er erblickt sein Volk, sein Dorf, sein Tipi, darin seine Mutter und seinen Vater, die sich über einen kranken Knaben beugen, der er selbst ist. Sobald er in das Tipi eintritt, sagt jemand:»Der Junge kommt wieder zu sich; es wäre gut, ihm etwas Wasser zu geben.«

Zwölf Tage und Nächte lag schwarzer Hirsch wie tot in seinem Zelt. Dann kehrte er wieder in das irdische Bewusstsein zurück und verfügte seither über die prophetische Gabe und den Auftrag, sein Volk, die Sioux-Indianer, in dem Wissen zu führen, dass dieses Volk den Weg des Todes würde beschreiten müssen. Seine Mitteilungen sind das Dokument eines tatsächlich fast ausgestorbenen Volkes, das einen tragischen Weg zu gehen hatte.

Doch auch heute noch gibt es Völker, bei denen die Ahnenverehrung und die Naturreligion tägliche Realität sind. Der Ghanaer Kofi Edusei (1945–1995) schrieb ein Buch mit dem Titel *Für uns ist Religion die Erde, auf der wir leben.* Darin beschreibt er die Kultur seines Stammes.[29] In seinem Buch schwingt auch etwas von der Tragik vieler Naturvölker mit, die, ob sie es wollen oder nicht, durch das Nadelöhr gehen müssen, um aus dem eigenen Inneren heraus neue Fähigkeiten zu entwickeln.

Kofi Edusei war der Sohn eines führenden Medizinmannes in Ghana, der von seinem Vater den Auftrag erhielt, in dessen Fußspuren zu treten und Führer des Stammes zu werden. Doch Edusei tut etwas anderes. Er lernt Rechnen, Fremdsprachen und Schreiben. Dabei verliert er seine hellsichtigen Fähigkeiten. Er wird Lehrer, und ihm bleibt der Weg der Initiation verschlossen. Er bekommt einen verantwortungsvollen Posten in Ghana, bis er aufgrund der chaotischen Zustände in seinem Land gezwungen ist, zu fliehen. 1979 fliegt er nach Polen und von dort aus nach Deutschland. In Stuttgart beantragt er politisches Asyl. Auf verschiedenen Umwegen wird er in eine Jugendgruppe der Christengemeinschaft in Stuttgart eingeladen. Dort erzählt er seine Geschichte. Aus diesem ersten Kontakt erwächst eine Freundschaft mit einem meiner Kollegen, Dieter Hornemann.

In seinem Buch beschreibt Edusei eine altehrwürdige ghanaische Kultur, die einerseits mit der Realität der geistigen Welt und der Toten lebt, doch zugleich in ihrer Existenz bedroht ist durch Überbevölkerung, Armut, Hunger und den Verlust der alten hellsichtigen Fähigkeiten und Instinkte. Dieser Verlust zeigt, dass es keinen Weg zurück gibt – nur nach vorn, durch die Entwicklung des Intellekts und die Spiritualisierung der Intelligenz.

Kofi Edusei lernte in England neue landwirtschaftliche Methoden kennen. Mit diesen neuen Erkenntnissen gewappnet, konnte er zu seinem Volk zurückkehren, wo er bis zu seinem Tode mithalf, seine alte Kultur mit neuen Fähigkeiten zu bereichern.

3 Kultus bei den Erzvätern im Alten Testament

Beschreibungen kultischer Handlungen finden wir reichlich im Alten Testament. Dies im Gegensatz zum Neuen Testament, wo Kultus nur eine bescheidene Rolle spielt. Durch eine einfache Zahlenprobe wird der markante Unterschied deutlich: das Wort »Altar« wird im Alten Testament gut 300 Mal verwendet, während es im Neuen Testament nur 22 Mal erklingt. Alleine schon diese äußere Tatsache verdeutlicht, dass zwischen den beiden Büchern Welten liegen.

Christus selbst betont diesen Unterschied, wenn er sagt: »Ich will Barmherzigkeit und keine Brandopfer« (Mt 9,13). Doch zugleich befürwortete er die religiösen und kultischen Ordnungen seiner Zeit, soweit sie noch nicht den Verfall geraten sind: »Gehe hin, zeige dich dem Priester, und bringe die Gabe dar, die Moses angeordnet hat« (Mt 8,4). Zweifellos spricht Christus hier aus der Erkenntnis, dass diese kultischen Formen ihren Wert und ihre Bedeutung haben. Es ist keine Konzession an die kultische Tradition, sondern deren Bestätigung. Indem er an die kultische Tradition seiner Zeit anknüpft, setzt er die Entwicklung fort. Diesem Prinzip von Kontinuität und Fortschritt werden wir beim Betrachten der Entwicklung von Kultusformen noch häufiger begegnen.

Im Alten Testament wird sowohl im wortwörtlichen als auch im übertragenen Sinne ein Weg von »außen« nach »innen« sichtbar. Noah und die Erzväter Abraham, Isaak und Jakob bringen ihre Opfer unter offenem Himmel dar. Zur Zeit Moses und seines Nachfolgers Josua wird im Tabernakel geopfert, dem Zelt, das auf dem Zug durch die Wüste ins Gelobte Land mitgeführt wird. Die Opfer werden seitdem nach festen kultischen Regeln von geweihten Priestern vollzogen. Erst zur Zeit Salomons wird der jüdische Kultus zur Innenwelt, deren Mittelpunkt das Allerheiligste des Tempels bildet. Christus verinnerlicht diesen Weg:»Wo euer Schatz ist, da wird auch euer Herz sein« (Mt 6,22). Parallel mit diesem Weg, der von außen nach innen verläuft, verschwindet allmählich das Tieropfer und macht dem Pflanzenopfer und dem Opfer der Seelenkräfte Platz. In diese Richtung bewegt sich der Weg vom Alten hin zum Neuen Testament.

Kultus entsteht in dem Moment, da die Schöpfung auseinanderfällt; wenn der Mensch nicht mehr»auf Gottes Schoß sitzt«. Das Paradies ist eine Zeit der»Ligion« (*ligare* = verbinden), nicht aber der»Re-Ligion« (des Wiederverbindens). Erst nachdem Gott zu einem»Gegenüber« geworden ist, das heißt nach dem Sündenfall, und der Mensch sich von seinem Schöpfer abgesondert hat, entsteht die Sehnsucht nach Religion. In den ersten drei Kapiteln des Alten Testaments ist keine Spur eines Kultus zu finden – bis zu dem Moment, als das Tor zum Paradies geschlossen wird. Dann entsteht im Menschen das Bedürfnis, sich von Neuem mit seinem Schöpfer zu verbinden. Genauer: Seit Kain und Abel wird zum ersten Mal im Alten Testament ein Kultus auf der Erde beschrieben. Doch der Anfang des kultischen Lebens auf der Erde ist mit einer gewissen Tragik verbunden. Das Kainsopfer wird aus rätselhaften Gründen von der Gottheit nicht angenommen. Wenn wir den Text sorgfältig lesen, erkennen wir, dass die Trennung zwischen Kain und Abel bereits viel früher entstanden ist und nicht erst durch ihre unterschiedlichen Opfer. Kain ist anderer Herkunft als Abel. In der Elberfelder Bibelübersetzung lesen wir die Aussage Evas nach der Geburt Kains:»Ich habe einen Mann erworben mit Jahwe« (Gen 4,1). Der hebräische Urtext besagt, ganz wörtlich genommen, dass Eva Jahwe zum Manne gewonnen hat. Kain ist aus der Verbindung Evas mit Jahwe hervorgegangen.

Um alles noch komplizierter zu machen, berichten die Sagen der Juden, dass Kain aus der Verbindung Evas mit Semael, dem bösen Engel, stamme. Wie man die Sache auch drehen und wenden mag, Kain ist in allen Überlieferungen kein Sohn Adams. Er hat eine andere Abstammung als Abel, von welchem ausdrücklich gesagt wird, dass er ein Sohn Adams und Evas ist. Von Anfang an erscheinen sie als ungleiches Brüderpaar. Beide bringen jedoch Opfer. Ihr Handeln erinnert an Prometheus und Epimetheus in der griechischen Mythologie. Prometheus ist der »Vorläufer«, der das Feuer vom Himmel raubt. Epimetheus blickt zurück.[30] Jedenfalls ist Kain in gewisser Hinsicht seiner Zeit voraus. Abel lebt mit den Folgen des Sündenfalls und opfert, was Jahwe offenbar von den Menschen fordert.

Die drei Nachkommen aus dem Geschlecht des Kain sind: Jabal, Jubal und Tubal-Kain. Sie bringen die Landwirtschaft, die Musik, die Technik und die Schmiedekunst auf die Erde. Kain ist der Mensch, der die Erde nicht ihrem Schicksal überlässt. Er bebaut die Erde, erntet die Früchte des Feldes und opfert diese. Er ist in gewissem Sinne ein zu früh Geborener. Er hat keine Erkenntnis von Gut und Böse. Aufgrund seiner göttlichen Abstammung ist er sich noch nicht der Folgen des Sündenfalls bewusst, ganz im Gegensatz zu seinem Bruder Abel. Abel lebt von dem, was die Erde ihm schenkt. In gewissem Sinne ist er das Kind des Sündenfalls, er weiß, wo der Mensch fehlbar ist. Er zieht als Hirte mit seiner Herde umher und opfert die Erstgeburt seines Viehs. Sein Opfer steht in Übereinstimmung mit dem, was Jahwe in diesem Moment von der Menschheit erwartet. Dieses Opfer wird angenommen. Das Tieropfer spielt eine zentrale Rolle in zahllosen kultischen Handlungen, die das Alte Testament beschreibt. Dagegen wird das Opfer seines Bruders Kain aus rätselhaften Gründen, die nicht genannt werden, zurückgewiesen.

Wir müssen kurz bei dem Tieropfer verweilen, das nicht nur im Alten Testament, sondern in allen vorchristlichen Kulturen eine wichtige Rolle spielt. Was ist das für eine eigenartige Neigung, blutige Opfer zu bringen und diese in Rauch und Feuer aufgehen zu lassen? Wenn man sich in die Seelenart und Gemütsverfassung des alttestamentarischen Menschen zu versetzen versucht, ist es nicht schwierig, sich vorzustellen, dass der Anblick eines Tieropfers im Menschen viel ausgelöst haben muss. Selbst bei uns ruft es Emotionen hervor. Mit Sicherheit war der Eindruck im Altertum unvergleichlich tiefer. In der damaligen Zeit konnte der Mensch nicht ohne innere Bewegung danebenstehen und zuschauen; das Innere ging bis in die physiologischen Prozesse hinein mit der äußeren Wahrnehmung mit. Das eigene Blut folgte gewissermaßen der Opferbewegung. Die äußere Opferbewegung bewirkte bis ins eigene Blut hinein Opfergesinnung und Hingabe, sodass das äußere Opfer von der eigenen Seele begleitet wurde.

Die Menschheit zerfällt seit den frühesten Kulturen in Ackerbauer und Hirten, in diejenigen, die die Erde bearbeiten, und diejenigen, die sich mit der Tierwelt verbinden. Die biblischen Ausdrücke dafür sind: die Menschensöhne und die Gottessöhne. Abel ist ein Menschensohn, er hat irdische Eltern. In gewisser Weise ist Kain ein Gottessohn, wie wir soeben sahen. Die Wege von Kain und Abel entfernen sich voneinander. Kain wird verflucht, verbannt und muss östlich von Eden herumirren. Erst nach langer Zeit werden diese beiden getrennten Strömungen wieder miteinander verbunden – dann, wenn die Zeit durch die Geburt Jesu erfüllt ist. Jesus Christus ist derjenige, der zum ersten Mal in sich Gottessohn und Menschensohn vereint. Er bringt aufs Neue das Opfer der Pflanzenwelt, das Kainsopfer, in der Gestalt von Brot und Wein.

Zunächst jedoch gehen die beiden Strömungen getrennte Wege, und es gibt keine Anknüpfungspunkte. Mit der Geburt Seths wird die Abelströmung fortgesetzt. Bei seiner Geburt sagt Eva: »Gott hat mir einen anderen Sohn gegeben für Abel.« Als auch Seth einen Sohn bekommt, wird das kultische Leben auf der Erde erkennbar: »Damals fing man an, den Namen des Herrn anzurufen.« Dies ist der Moment, in dem Kultus, nicht nur in der Form von Opfern, sondern auch in der Form des kultischen Wortes entsteht. Dieses Motiv, das mit Abel verbunden ist (über einen anderen Weg werden wir später wieder bei Kain landen), lässt sich durch das gesamte Alte Testament verfolgen. Ein großer Teil des Alten Testaments beschreibt, wie sich der Kultus in dieser Abelströmung entwickelt.

Das erste Opfer, das uns danach begegnet, ist das Brandopfer, das Noah dem Herrn darbringt, nachdem die Sintflut vorüber ist. Noah baut einen Altar und opfert das reine Vieh und die reinen Vögel. Danach spricht der Herr aufs Neue die Worte: »Seid fruchtbar, mehrt euch und erfüllt die Erde« (Gen 9,1). Doch jetzt handelt es sich um eine Antwort an den Menschen, der fortan inmitten von Prüfungen lebt: »Säen und ernten, Kälte und Hitze, Sommer und Winter, Tag und Nacht.« Der Herr antwortet auch mit einem Bund, den er mit den Menschen und allen lebendigen Wesen stiftet: Er verspricht, dass es keine alles verschlingende Sintflut mehr geben wird. Das Zeichen dieses Bundes ist der Regenbogen, ein sichtbares Zeichen am Himmel. Bemerkenswert daran ist, dass der Regenbogen weniger den Menschen an den Bund erinnert, als vielmehr Gott selbst!

Schritt für Schritt lässt sich die Entwicklung bei den drei Erzvätern Abraham, Isaak und Jakob verfolgen, die, jeder auf seine Weise, ihre Altäre errichten. Gemeinsam bauen sie sieben Altäre.[31] Zweifellos ist diese Zahl nicht willkürlich gewählt. Jeder von ihnen baut seinen Altar an einem außergewöhnlichen Ort. Hier können wir an unsere Betrachtungen zur Steinzeit (Kapitel 1) anknüpfen, wo wir die Orte Westeuropas beschrieben, an denen vor mehr als 3000 Jahren die megalithischen Steinsetzungen erfolgten. Bis zum heutigen Tag haben diese Orte eine starke Ausstrahlung, die von unzähligen Menschen erlebt wird. Es sind »Kraftorte«. Der Hellsichtige kann dies auch an der Aura ablesen. Die hebräische Sprache benutzt für solche Orte ein kräftiges Wort: *māquōm* – geheiligte Stätte, Stätte der Errichtung. Zugleich treffen wir das

Wort da an, wo es um die besonderen Orte geht, an denen die Erzväter ihre Altäre errichteten. Es sind keineswegs willkürliche Orte. Die Erzväter wählen mit untrüglichem Gespür ihre Wege und erkennen jeweils die besonderen Möglichkeiten der Landschaft. Sie können an das anknüpfen, was ihre heidnischen Vorgänger, die Kanaaniter, dort aufgebaut haben. Kultus entsteht an besonders herausgehobenen Stätten. Diese Tatsache treffen wir überall auf der Welt an. In China gibt es das Feng-Shui, das Wissen um Wind und Wasser, und die Fähigkeit, am Wind, am Wasser und an der Bodenverfassung abzulesen, wo die Erde über eine bestimmte Vitalität verfügt. Im Taoismus gibt es das Chi: Der Taoist weiß um Orte auf der Erde, an denen das Chi, die Lebenskraft, konzentriert ist. In Nordeuropa sind es die Dolmen, Menhire oder Steinsetzungen – überall treffen wir ein ähnliches Prinzip an. Kultus entsteht an Stätten, an denen in gewissem Sinne der Himmel die Erde berührt, wo die geistige Welt nahe ist. Der geistig entwickelte Mensch des Altertums ist in der Lage, an der Erde abzulesen, wo Kultus gestiftet werden muss. Abram braucht keine Wünschelrute, er folgt einfach Gottes Stimme, wenn er als Erstling durch das gelobte Land zieht, nachdem er das chaldäische Ur verlassen hat.

Die Opfer Abrahams

Und Abram durchzog das Land bis zu dem Orte Sichem, bis zur Terebinthe Mores. Und die Kanaaniter waren damals im Lande. Und Jehova erschien dem Abram und sprach: Deinem Samen will ich dieses Land geben. Und er baute daselbst dem Herrn, der ihm erschienen war, einen Altar (Gen 12,6–7).

Abram wendet seinen Blick in alle vier Himmelsrichtungen, als er auf einer Anhöhe steht und das gelobte Land überschaut. Auf

Jahwes Geheiß durchwandert er das Land in seiner vollen Länge. Er begibt sich nicht unverzüglich wie ein Schlafwandler zu dem Ort, den er erreichen soll, sondern er durchzieht zunächst das ganze Land. Wandernd tastet er gewissermaßen die Erde ab; es ist eine Suche nach der geheiligten Stätte, bis zu dem *māquōm* bei Sichem, an der Terebinthe Mores.

Die Terebinthe (Terpentinbaum) hatte bereits lange, bevor das Volk des Alten Testaments das Gelobte Land erreichte, eine besondere Bedeutung. Der Name wird auch mit »Eiche« übersetzt. Tatsächlich erinnert dieser Baum an eine Eiche, so knorrig und eigenwillig ist sein Wuchs. Der Baum heißt im Hebräischen »elah«. Darin steckt der Bestandteil »El« (Gott) – die Terebinthe ist also der »Baum Gottes«. Der Name Mores bedeutet so etwas wie »Orakelstimme«. Dies alles sind Hinweise auf einen vor-jüdischen Kultus, der an alte Naturreligionen erinnert. Das Besondere ist nun, dass Abram keine Neigung zeigt, den alten Kultus mit Stumpf und Stiel auszurotten, sondern an diese heidnischen Kultusformen an der Stelle der Orakelstimme anknüpft. Keine »feindliche Übernahme«, keine Spur von Gewalt. Das neue Land wird nicht mit Feuer und Schwert erobert, sondern kampflos in Besitz genommen. Und in völliger Harmonie mit dem bereits Existierenden baut Abram an dieser heiligen Stätte weiter: »Und er baute daselbst dem Herrn, der ihm erschienen war, einen Altar.«

Im Schatten der Terebinthe, in der Umhüllung dieses Baumes, erfährt er die Gegenwart der Gottheit: Dies ist ein geweihter Ort mit einem heiligen Baum. Es ist ein Ort, an dem der Himmel sich öffnet und Jahwe sich Abram offenbart. Einerseits ist dies eine Tatsache, die in unserer Zeit für viele Menschen erkennbar ist. Deswegen werden die alten Kraftorte so häufig besucht und erfreuen sich eines nie da gewesenen Interesses. Andererseits droht das Bewusstsein für solche außergewöhnlichen Orte in unserer Zeit gerade zu verschwinden. Horden von Touristen und Gelegenheitsfotografen machen es fast unmöglich, beispielsweise in der Kathedrale von Chartres ein stilles Gebet zu sprechen. Noch immer gilt das Prinzip, dass auf der Erde »ausgesparte« Orte existieren, die, wenn sie kultiviert werden, der göttlichen Welt Wohnung bieten können. Problematisch wird es erst, wenn solche Orte vernachlässigt oder entweiht werden. Ein *māquōm* ist eine Stätte, an der der Mensch im wahrsten Sinne des Wortes »heimkehren« kann, zu sich selbst und zu Gott:

Und Abram schlug Zelte auf, und kam und wohnte unter den Terebinthen Mamres, die bei Hebron sind; und er baute daselbst Jehova einen Altar (Gen 13,18).

Hier entsteht ein zweiter Kultort. Der Historiker Flavius Josephus weiß noch im ersten Jahrhundert nach Christus zu berichten, dass bei Hebron eine heilige Eiche stünde. Abram wird eine Zeit lang bei den Eichen von Mamre wohnen bleiben. Dieser Kultort ist von entscheidender Bedeutung bei einem der wichtigsten Ereignisse, die das Alte Testament beschreibt: die Begegnung Abrams mit Melchisedek.

Von Hebron aus reist Abram in das Tal der Könige, von dem die Tradition sagt, es habe sich um das Kidrontal bei Jerusalem gehandelt. Dort begegnet er dem Priesterkönig Melchisedek. Mit wenigen Worten nur deutet das Alte Testament an, dass Melchisedek höher steht als der Erzvater. Er ist ein Priester des El-Eljon, des höchsten Gottes. Abram bringt ihm ein Opfer, und Melchisedek segnet ihn.

Und Melchisedek, König von Salem, brachte Brot und Wein heraus; und er war Priester Gottes, des Höchsten. Und er segnete ihn und sprach: Gesegnet sei Abram von Gott, dem Höchsten, der Himmel und Erde besitzt! Und gepriesen sei Gott, der Höchste, der deine Feinde in deine Hand geliefert hat! Und Abram gab ihm den Zehnten von allem (Gen 14,18–20).

In vielsagender Weise kommt das Neue Testament auf Melchisedek zurück im Brief an die Hebräer. Dieser Brief richtet sich an jüdische Priester, die Hebräer, die vom Judentum zum Christentum übergetreten waren. Der unbekannte Verfasser dieses Briefes sah sich vor die Aufgabe gestellt, ihnen den Unterschied zwischen dem jüdischen und dem christlichen Kultus klarzumachen. So schreibt dieser Unbekannte, der laut Rudolf Steiner aus der Schule Johannes, des Evangelisten, stammt:

Denn dieser Melchisedek, König von Salem, Priester Gottes, des Höchsten, der Abraham entgegenging, als er von der Schlacht der Könige zurückkehrte, und ihn segnete, welchem auch Abraham den Zehnten zuteilte von allem; der verdolmetscht zum einen ›König der Gerechtigkeit‹ heißt, sodann aber auch ›König von Salem‹, das ist König des Friedens, ohne Vater, ohne Mutter, ohne Stammbaum, weder Anfang der Tage noch Ende des Lebens habend, aber dem Sohne Gottes verglichen, bleibt Priester auf immerdar. Bedenkt aber, wie groß dieser war, welchem selbst Abraham, der Patriarch, den Zehnten von der Beute gab (Hebr 7,1–4).

Diese zeitlose Gestalt ist zu einem Gleichnis des Sohnes Gottes geworden. Er kommt Abram mit Brot und Wein entgegen. Zum ersten Mal begegnen die beiden Opferströmungen einander wieder. Abram, der Hebräer – so wird er in diesem Teil des Alten Testaments zum ersten Mal genannt – der Repräsentant des jüdischen Stromes, der Jahwe, einen der sieben Elohim, anbetet; und ihm gegenüber Melchisedek, der Priester des allerhöchsten Gottes. Der eine, der das Tieropfer bringt, der andere, der das Opfer von Brot und Wein bringt. Danach verschwindet Melchisedek spurlos, um erst wieder in der Beschreibung des Hebräerbriefs aufzutauchen. Nur in einem Psalm erklingt noch einmal ein kurzer Satz, der zum Messias gesprochen wird: »Du bist Priester in Ewigkeit nach der Ordnung Melchisedeks!« (Ps 104,4).

Das Alte Testament zeigt die kultische Entwicklung vom blutigen Tieropfer zum Pflanzenopfer auf. Dieses Pflanzenopfer ist der Beginn der Verinnerlichung des Opfers, die wir bis zum heutigen Tag kultivieren, beispielsweise im Opfer in der Menschenweihehandlung: »Wir alle nahen Dir mit der Seele, o Christus, auf dass Du uns mit dir opferst.« Das ist die Opferbewegung, die heute zeitgemäß ist, verbunden mit dem Opfer von Brot und Wein am Altar. Bis zum heutigen Tag wird das Opfer des Melchisedek im Christentum praktiziert.

Ein Mosaik aus der Basilika San Vitale in Ravenna zeigt uns zwei Opfer, die gleichzeitig an zwei Seiten eines Altars verrichtet werden (siehe Abb. 4). In diesem Mosaik sehen wir die beiden kultischen Bewegungen der vorchristlichen Menschheit. Man würde eigentlich Kain und Abel erwarten, doch der Künstler stellt Abel und Melchisedek dar. An der linken Seite des Altars steht Abel. Er ist im Begriff, das Lamm, das Erstgeborene der Herde, auf den Altar zu heben. An der rechten Seite steht Melchisedek; er hält das geweihte Brot in der Hand, das an das Pflanzenopfer erinnert. So nähern sich die beiden dem Altar des höchsten Gottes. Das Opfer des Melchisedek wird durch Christus bewahrheitet. Denn über Christus selbst wird gesagt: »Du bist Priester in Ewigkeit nach der Ordnung Melchisedeks« (Hebr 5,6). Gott selbst sagt zu Christus: »Du bist Priester in Ewigkeit nach der Ordnung Melchisedeks«. Dieses Priesteramt, das die beiden vereint, wird Christus zugesprochen.

Und Abraham pflanzte eine Tamariske zu Beerseba und rief daselbst den Namen Jehovas, des ewigen Gottes, an (Gen 21,33).

Nach dem Bund mit Melchisedek schließt der Herr auch einen Bund mit Abram. Er erhält jetzt einen neuen Namen: Abraham, und es werden ihnen zahlreiche Nachkommen und ein neues Land

Abb. 4: Das Opfer von Abel und Melchisedek. San Vitale, Ravenna.

versprochen. Abraham errichtete danach, nach der Geburt seines Sohnes Isaak, seine Zelte und seinen Altar unter den Bäumen. Bei Beerseba (»sieben Brunnen«), wo er einen Bund mit dem Heerführer Abimelech schließt, pflanzt er selbst eine Tamariske. Für Abraham ist die Anwesenheit des Baumes der Ausgangspunkt für seine Opferhandlung.

Das Opfer Isaaks

Und Gott sprach: Nimm deinen Sohn, deinen einzigen, den du lieb hast, den Isaak, und ziehe hin in das Land Morija, und opfere ihn daselbst als Brandopfer auf einem der Berge, den ich dir sagen werde (Gen 22,2).

60

2000 Jahre vor Christus empfängt Abraham, als er sich in Stille an die Gottheit wendet, die Eingebung, sich zu dem Berg zu begeben, den Jahwe ihm zeigen wird. Dazu erhält er den Auftrag: »Opfere deinen Sohn, deinen einzigen, Isaak, als Brandopfer.« Das Alte Testament verliert kein Wort über die Empfindungen Abrahams, als er diese Eingebung empfängt. So etwas wäre für uns Heutige ein Anlass für tiefschürfende psychologische Exkurse, in denen beschrieben wird, was alles in ihm vorgeht, als er diesen Auftrag hört. »Opfere deinen Sohn, deinen einzigen ...« – doch Abraham schweigt. Man hat den Eindruck, dass er den unmöglichen Auftrag wie selbstverständlich annimmt. Etwas von dieser stillschweigenden Akzeptanz, die viel mehr beinhaltet als nur stumpfe Ergebung in das Schicksal, liegt in dem geflügelten Wort: »Der Herr hat's gegeben, der Herr hat's genommen; der Name des Herrn sei gepriesen« (Hiob 1,212). Wie schwer es ist, diese Worte in entscheidenden Augenblicken mit voller Überzeugung zu sprechen, habe ich einst selbst erfahren müssen, als unser erstes Kind nach drei Tagen verstarb. Erst nach vielen Trauerjahren konnte ich mir diese Worte ganz zu eigen machen. Vielleicht macht dieser unzureichende Vergleich deutlich, welche Hingabe Abraham abverlangt wurde, damit er seinem Auftrag Folge leistete. Abraham ist mit seinen Sohn Isaak drei Tage lang unterwegs. »Am dritten Tage, da erhob Abraham seine Augen und sah den Ort von ferne.«

Hier erscheint erneut das Wort *māquōm*. Und obgleich Abraham noch nie zuvor an diesem Ort gewesen ist, erkennt er ihn. Denn Jahwe hatte ihn ihm eingegeben: »... die Stelle, der Berg, den ich dir sagen werde«.

»Am dritten Tage, da erhob Abraham seine Augen« – ist er wirklich drei Tage lang mit niedergeschlagenem Blick gereist? Man kann sich vorstellen, dass er den Weg in einer Stimmung der Inspiration zurückgelegt hat. Er lauschte innerlich in den drei Tagen, in denen er gemeinsam mit seinem Sohn unterwegs war, auf die Eingebungen Jahwes. Der heilige Ort, den Jahwe ihm innerlich zuspricht, ist der Berg Morija. Es ist derselbe Berg, auf dem Jahrhunderte später Salomo den Tempel erbauen lässt.

Was hat Abraham gesehen, als er diesen Ort, der ihm durch die göttliche Welt offenbart wurde, erkannte? Zweifellos hat er etwas von der Aura dieser Stelle wahrgenommen. In der Anthroposophie kennen wir den Begriff der »Äthergeographie«: Die ätherische Welt, die Welt der Lebenskräfte, ist an unterschiedlichen Orten der Erde unterschiedlich wirksam. Hellseher oder Eingeweihte können die Qualitäten der jeweiligen Ätherkräfte erkennen und benennen. In den Farben der Aura erkennt der Eingeweihte, was sich in diesen Ort eingeprägt hat. Abraham erkennt wiederum diesen Ort »von ferne«. Er lässt dort den Esel und den Diener zurück und geht alleine mit seinem Sohn, seinem einzigen Kind, zu der Stelle, die später als der Tempelberg bezeichnet werden wird.

Dies sind die schlichten Fakten, die von einem Drama zeugen, dass sich in aller Stille vollzieht. Auf die Frage seines Sohnes hin antwortet Abraham lediglich: »Gott wird sich das Schaf zum Brandopfer ersehen, mein Sohn.« Sein Opferwille wird bis zum Äußersten auf die Probe gestellt, bis im allerletzten Moment der Engel eingreift und ihm Einhalt gebietet. Ein Widder, der sich mit seinen Hörnern im Dickicht verstrickt hat, kann die Stelle des Kindes einnehmen. Dann sagte Jahwe: »Weil du dieses getan und deinen Sohn, deinen einzigen, mir nicht vorenthalten hast, will ich dich reichlich segnen.«

Durch die Jahrhunderte hindurch erkannte man die Verwandtschaft zwischen diesem vorchristlichen Opfer und jenem, das 2000 Jahre später auf Golgatha stattfand: Gott opfert seinen einzigen Sohn. Doch hier, im Opfer des Abraham, finden wir zunächst den Ursprung des jüdischen Kultus, des Tempelkultus. Ein langer Weg führt vom Opfer des Abraham zu den zahllosen Opfern, die im Heiligen und Allerheiligsten des Salomonischen Tempels gebracht werden.

Isaak, der Sohn Abrahams, ist mit anderen Orten verbunden. Er vollzieht den Kultus an Stellen, wo Wasser strömt – bei Brunnen und Quellen, wo er in den Wasserströmen die Gottheit erfährt: El-Olam (Ort der Ewigkeit, der Äonen, der Zeitenrunden). So wohnt Isaak beim Brunnen Lachai-Roi, dem Brunnen der Lebendigen und der Sehenden. Er ist durch eigene Erfahrung mit dem Mysterium von Leben und Tod verbunden. Und in gewisser Hinsicht ist er ein Seher, obwohl seine irdischen Augen ihn im Alter im Stich lassen, wodurch andere ihn betrügen können. Die Brunnen, die sein Vater gegraben hat und die von den Philistern zugeschüttet worden sind, erkennt er: Er lässt sie wiederherstellen und benennt sie aufs Neue mit den Namen, die sie in der Zeit seines Vaters trugen. Danach gerät er noch zu drei weiteren Brunnen: Esek, Sitna und Rehoboth, um dann wieder zum Ort seiner Kinderjahre, nach Beerscheba, zurückzukehren.

Sowohl bei Isaak als auch bei seinem Sohn Jakob geht die kultische Erfahrung des Tages in die göttliche Offenbarung während der Nacht über. An dem Ort Beerscheba offenbart Jahwe sich Isaak in der Nacht. Als er am nächsten Tag erwacht, weiß er, dass er an dieser Stelle einen Altar errichten muss. Auf die Offenbarung folgt das Opfer. Sein Sohn, Jakob, tut das Umgekehrte, als er viele Jahre später nach Beerscheba kommt.

Als Jakob bereits ein Greis ist, ein Patriarch, kommt er auf dem Weg nach Ägypten an Beerscheba vorbei. Am helllichten Tag bringt er dort dem Gott seines Vaters ein Opfer. In der darauf folgenden Nacht offenbart Jahwe sich ihm:

»Und Gott sprach zu Israel in einer nächtlichen Erscheinung und sagte: Jakob! Jakob! ... Ich bin Gott, der Gott deines Vaters. Fürchte dich nicht, nach Ägypten hinabzuziehen ...« (Gen 46,2–3)

Gott schenkt ihm als Antwort auf das Opfer einen Vorausblick auf seine Zukunft, die Zukunft des Volkes Israel.

Bis zum heutigen Tag bildet der Zusammenhang von Tag und Nacht einen wichtigen Tatbestand für das kultische Handeln. Der Abend, der dem Dienst am Altar vorangeht, ist der beste Moment, um die Handlung vorzubereiten. Was mehr oder weniger bewusst am Altar empfangen wird, wird in der darauf folgenden Nacht unbewusst und überbewusst verarbeitet. In diesem geheimnisvollen Prozess von Wachen und Schlafen, bewusstem Aufnehmen und unbewusstem Verarbeiten, vollzieht sich das eigentliche Wunder des Altardienstes.

Die Opfer Jakobs

Jakob schließlich, der dritte der Erzväter, hat eine besondere Verbindung zu den Steinen. An einigen Stellen errichtet er einen Stein als Altar. In der folgenden Passage kehrt im Ganzen dreimal das Wort *māquōm* wieder:

Und er gelangte an eine *Stätte* und übernachtete dort ... Und er nahm einen von den Steinen der *Stätte* und legte ihn an sein Kopfende und legte sich nieder an jener *Stätte* (Gen 28,11).

An dieser heiligen Stätte erblickt er im Traum den geöffneten Himmel. Als er erwacht, wird diese nächtliche Offenbarung im Kultus fortgesetzt. Jakob sagt: »Wie heilig ist diese Stätte! Hier ist nichts anderes denn Gottes Haus, und hier ist die Pforte des Himmels.« Er richtet einen Stein auf, salbt ihn mit Öl – eine kultische Handlung – und nennt diesen Platz Beth-El, Haus Gottes. Später in seinem Leben kehrt er zu diesem Ort zurück. Und wieder erscheint Gott ihm in der Nacht, und Jakob erhält einen neuen Namen: Israel, ein Name, der mit einem Versprechen für all seine Nachkommen, das jüdische Volk, einhergeht. Auch diesmal richtet Jakob einen Stein auf, den er mit Öl salbt.

Dies ist der Weg, der von nun an für die gesamte weitere Geschichte des jüdischen Volkes bestimmend sein wird: ein Haus für Gott auf Erden zu errichten, ein Beth-El. Die eigentliche Aufgabe des jüdischen Volkes besteht darin, eine Wohnstatt für den Gott, einen Tempel auf der Erde zu bauen. Im wortwörtlichen Sinn ist dies der Tempel Salomos. Im übertragenen Sinn des Wortes bedeutet es die Vorbereitung der Ankunft des Messias. Das Motiv des Tempelbaus wird ab dem Erscheinen Christi verinnerlicht: »Und das Wort wurde Fleisch und wohnte unter uns« heißt es in Johannes 1,14. Die Krönung des langen Weges schließlich ist das Neue Jerusalem: »Siehe, das Zelt Gottes unter den Menschen« wird über dieses Zukunftsbild in der Apokalypse gesagt. – Gott hat sich wieder mit den Menschen verbunden.

4 Der jüdische Kultus und der Tempel Salomos

Der Tempel Salomos hat eine lange Vorgeschichte, die bereits von den Erzvätern eingeleitet wurde. Wir können hier an die Tatsache der geheiligten Orte (*māquōm*) anknüpfen, die für die ältesten Kultusformen des jüdischen Volkes bestimmend sind. Denn auch der Tempel Salomos ist an einem solchen Ort erbaut, und zwar auf dem Berg Morija, wo Abraham einst seinen Sohn Isaak geopfert hat. Im vorigen Kapitel wurde dieser Zusammenhang beschrieben. Der Impuls zum Tempelbau und der Tempelkultus sind mit Moses verbunden. Der große Heilige Ort in seinem Leben ist der Berg Horeb im Sinaigebirge, der Berg Gottes, wo er seine Berufung empfängt.

An dieser heiligen Stätte brennt ein geistiges Feuer, das spricht: *Ich bin der Ich bin* (Ex 3,14). Es ist Jaweh, der die Menschheit wie ein Hirte in eine neue Zukunft führen wird, bis der Messias erscheint. Dies geschieht in einer Zeit, da die Götter für die Ägypter bereits verstummt sind: Osiris, der Sonnengott, wurde getötet, und Isis ist als Witwe zurückgeblieben. Die Menschheit wartet darauf, was die Götter tun werden und was auf Erden geschehen wird.[32] Danach empfängt Moses die Botschaft von Jahwe, dass er durch zehn Plagen den Pharao, den Herrscher von Ägypten, zwingen wird, das hebräische Volk ziehen zu lassen. In Ägypten wird auch das Passahfest eingesetzt (Hebräisch *Pesach*), das Fest des Osterlammes, der schnell gebackenen (ungesäuerten) Brote und der bitteren Kräuter – denn bitter ist das Schicksal, welches das jüdische Volk hinter sich lässt. Dieses Mahl wird von den Hebräern stehend eingenommen, das heißt: immer in Bereitschaft, in das Gelobte Land zu ziehen. Mit der Einsetzung dieses Festes ist der Auftrag verbunden, es jedes Jahr aufs Neue zu feiern:

Und dieser Tag soll euch zum Gedächtnis sein, und ihr sollt ihn feiern als Fest dem Herrn; als ewige Satzung bei euren Geschlechtern sollt ihr ihn feiern. … Und so beobachtet das Fest der ungesäuerten Brote, denn an diesem selbigen Tage habe ich eure Heere aus dem Lande Ägypten herausgeführt (Ex 12, 14 und 17).

So feiern die Juden in der Zeit Christi, aber auch noch heute jedes Jahr im Frühjahr dieses Fest, um des Auszugs aus dem Land der Bedrängnis,[33] des Zuges durch die Wüste und der Ankunft im Gelobten Land zu gedenken. In der Zeit, als in Jerusalem der Tempel stand (erster Tempel 660–585 v. Chr., zweiter Tempel 515 v. Chr. –70 n. Chr.) wurde dort das Osterlamm geopfert und gegessen. Nach der Zerstörung des Tempels wurde es nicht mehr gegessen, Passah wird dann zum Fest der ungesäuerten Brote. Es hat den Charakter eines Familienfestes, das zu Hause gefeiert wird, am Sedertisch, dem Tisch für die Mahlzeiten. Das Passah ist zugleich die Grundlage des Letzten Abendmahls, das Christus mit seinen Jüngern abhielt.[34]

Nach dem Auszug aus Ägypten empfängt Moses auf dem Berg Horeb den göttlichen Auftrag, ein Zelt zu errichten, das als Tempel dienen soll: das Tabernakel (Luther übersetzt: die Stiftshütte). Dazu gehört auch die Einsetzung eines Priestergeschlechts: Der Bruder Moses, Aaron, der auch sein Sprecher ist, sowie dessen Söhne und Nachkommen sollen Priester in Tabernakel (und später im Tempel) sein. Aus dem Stamm Levi kommen außerdem alle Tempeldiener. Auch empfängt Moses auf dem Berg Sinai alle kultischen und liturgischen Vorschriften für die Priester und das jüdische Volk. Das Tabernakel zieht mit dem Volk durch die Wüste und durch das Land Kanaan. Erst später, in der Zeit Salomos, wird es zum jüdischen Tempel umgestaltet.

Die Form des Tempels

Wir müssen weit zurückgehen in der Geschichte und auch die Geheimwissenschaft der Antike konsultieren, um zu erkennen, wo der Ursprung des Tempels liegt. Einen heute noch zugänglichen Anknüpfungspunkt finden wir bei einem Rosenkreuzer des Spätmittelalters, Agrippa von Nettesheim (1486–1535), der die Symbolik des Tempels aus der Gestalt des menschlichen Körpers ableitet:

Der Mensch, als das schönste und vollendetste der Werke Gottes, als sein Ebenbild und als eine Welt im Kleinen, hat einen vollkommeneren und harmonischeren Körperbau als die übrigen Geschöpfe, und enthält alle Zahlen, Maße, Gewichte, Bewegungen, Elemente, kurz alles, was zu seiner Vollendung gehört, in sich, und alles gelangt in ihm, als dem erhabensten Meisterwerke, zu einer Vollkommenheit, wie die übrigen zusammengesetzten Körper sie nicht besitzen. Die Alten, die einst an den Fingern zählten und mit den Fingern die Zahlen ausdrückten, scheinen eben dadurch zu beweisen, dass aus den Gliedern des menschlichen Körpers alle Zahlen, Maße, Verhältnisse, alle Harmonie abgeleitet worden sind. Nach dem Bau des menschlichen Körpers haben sie daher auch ihre Tempel, öffentliche Gebäude, Privathäuser, Theater, ihre Schiffe und Maschinen und jedes Kunstwerk, sowie die einzelnen Teile der Kunstwerke und Gebäude eingeteilt und angefertigt. Ja, Gott selbst lehrte Noah seine Arche nach dem Maße des menschlichen Körpers bauen, so wie er selbst der ganzen Weltmaschine die Symmetrie des menschlichen Körpers verlieh; daher wird jene die große, dieser die kleine Welt genannt.[35]

Abb. 5: Die Maßverhältnisse des Tabernakels, angewandt auf den menschlichen Körper.

Im Altertum wusste man, dass der menschliche Körper maßgebend für alles ist, was auf der Erde gebaut wird, seit Noah seine Arche schuf. Alte Überlieferungen berichten, das Noah, der die Maße seiner Arche in einer Inspiration durch die Gottheit empfing, nach dem Maß des Menschen baute. Aus diesen alten Quellen geht hervor, dass es eine unmittelbare Linie gibt, die von der Arche Noah über das Tabernakel bis zum Salomonischen Tempel verläuft.

Die obige Zeichnung (Abb. 5) zeigt die Proportionen des Tabernakels und des menschlichen Körpers – dabei handelt es sich nicht um die äußeren Abmessungen, sondern um die *Verhältnisse* –, aus denen ersichtlich wird, dass der Mensch in seiner ganzen Länge, mit nach oben gestreckten Armen, das Tabernakel ausfüllt, während er, wenn er aufrecht sitzt, mit seinem Kopf die obere Begrenzung berührt. Das Tabernakel ist ein Abbild des ausgestreckten Menschen, wie wir ihm auch in anderen vorchristlichen Kulturen begegnen. Der menschliche Körper ist ein Abbild der Himmelsgöttin – bei den Ägyptern Nut genannt –, die den Menschen nach einem göttlichen Bauplan entworfen hat. Wenn der Mensch stirbt, kehrt er, so beschreibt es die ägyptische Tradition, wieder zu dem »Maß der Nut« zurück. Verschiedene ägyptische Pharaonen haben an der Innenseite ihres Sarkophags Abbildungen der ausgestreckten und von Sternen umgebenen Himmelsgöttin Nut anbringen lassen (Abb. 6).

Rudolf Steiner beschreibt den Zusammenhang zwischen dem menschlichen Körper und der Arche Noah wie folgt:

> Wenn Sie sich den Menschen von denjenigen Formen umschlossen denken, die sein Ätherleib haben muss, damit in der richtigen Weise die Form des physischen Leibes gebildet wird, dann haben Sie die Größe der Arche Noah. Warum wird in der Bibel das Maß der Arche Noah mit 50 Ellen Breite, 30 Ellen Höhe und 300 Ellen Länge angegeben? Weil dies das Maßverhältnis ist, dass der Mensch ... um sich haben muss, damit er die richtige Gedankenform bildet, welche die Ursache dafür abgibt, dass der Körper des nachatlantischen Menschen nach Länge, Höhe und Breite in der richtigen Weise gebildet wurde. In der Arche Noah haben Sie ein Symbol für die Maßverhältnisse Ihres heutigen Leibes. [...] Durch wirksame Symbole wurde die Menschheit erzogen. Sie tragen heute in den Maßen des physischen Leibes die Maße der Arche Noah in sich. Wenn der Mensch seine Hände nach oben ausstreckt, haben Sie in den Maßen der Arche Noah die Maße für den heutigen Menschenleib.[36]

Der Mensch verdichtete sich aus der vorgeburtlichen Welt heraus in die Verhältnisse hinein, wie sie in der Arche Noah walteten, um sich danach im physischen Körper zu inkarnieren. Beide, die Arche Noah und das Tabernakel, haben ein menschliches Maß. Beide sind Ausdruck des Bauplans des physischen Körpers. Noch exakter als bei Noah können wir bei der Inspiration Moses' zum Bau des Tabernakels verfolgen, wie dieses Bauwerk konzipiert wird. Das Tabernakel ist kein willkürliches Bauwerk, sondern es wird von Moses als ein geistiges Urbild geschaut. Das Alte Testament benutzt dafür sogar wörtlich diesen Begriff.

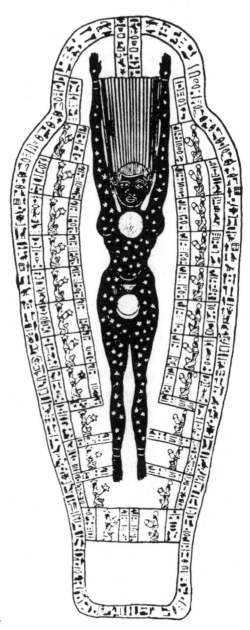

Abb. 6: Die Göttin Nut,
Abbildung auf einem
ägyptischen Sarkophag.

Als Moses inspiriert wird, den jüdischen Kultus zu inaugurieren, wird jede Imagination (also das geistige Bild des Tabernakels, des Altars, der Schaubrote usw.) von den Worten Jahwes begleitet: »Und sieh zu, dass du alles nach ihrem Urbild machst, das dir auf dem Berg gezeigt worden ist« (Ex 25,40). Bis in die kleinsten Einzelheiten ist dieser Kultus an den geistigen Urbildern abgelesen. Wir können es noch genauer formulieren: Wovon sind diese Kultusformen hergeleitet? Es sind Abbilder des Makrokosmos. Das Tabernakel ist ein mikrokosmischer Tempel. Moses schaut, wie nach dem alten kultischen Prinzip der Korrespondenz – wie oben, so unten – der Makrokosmos im Mikrokosmos zur Erscheinung kommen kann. Im ersten Buch der Bibel, dem Buch Genesis, erklingen im Hebräischen dieselben Formulierungen, wie sie bei der Genese des jüdischen Kultus benutzt werden.

In der Genesis finden wir die folgende Formulierung: »So wurden vollendet der Himmel und die Erde und alles, was darin wohnt.« Nach der Erwähnung der Sabbatruhe fährt der Text fort: »So vollendete Gott am siebenten Tag das Werk, das er gemacht hatte. Und Gott segnete den siebenten Tag« (Gen 2,1–3). Vergleichbare Formulierungen finden wir bei der Vollendung des Tabernakels: »So wurde vollendet die ganze Arbeit des Tabernakels« (Ex 39,32). Dann folgt eine Beschreibung aller kultischen Gegenstände, und der Text schließt mit den Worten: »Und Mose sah das ganze Werk, und siehe, so wie Jahwe geboten hatte, also hatten sie es gemacht; und Mose segnete sie« (Ex 39,43). Moses ist hier zum Mit-Schöpfer geworden. Im Bau des Tabernakels spiegelt sich siebenfältig das Werden der Schöpfung. Rudolf Frieling hat zum ersten Mal auf diese siebenfache Übereinstimmung in einem seiner Aufsätze hingewiesen.[37]

Kurz zusammengefasst, lassen sich folgende Korrespondenzen erkennen:

1. Der erste Schöpfungstag: Himmel und Erde werden geschaffen. – Die erste Offenbarung des Tabernakels: Moses empfängt den Auftrag, Säulen aufzurichten und darüber ein Zeltdach zu spannen. Damit wird das Bild von Himmel und Erde im Kleinen nachgebildet.

2. Am zweiten Tag scheidet die Gottheit die Wasser über dem Firmament (Luther:»die Feste«) und unter dem Firmament voneinander. Es ist ein geheimnisvolles Grenzgebiet in den Himmelssphären, wo die Wasser unten von den Wassern oben getrennt werden. Es ist eine unsichtbare Trennlinie, die die geistige Welt von der sichtbaren himmlischen und irdischen Welt scheidet (vergleichbar damit, wie es ein Kind einmal ausdrückte:»Es gibt nicht nur einen Himmel. Zuerst gibt es den blauen Himmel; darüber ist der Himmel der Engel, und darüber ist der Himmel von Gott.«). – Die zweite Anweisung, die Jahwe Moses vor dem Bau des Tabernakels gibt, ist die Trennung des Heiligen vom Allerheiligsten. Das Heilige ist die Welt, wo der Mensch noch in der Sichtbarkeit ist, der Ort, wo der Priester opfert, doch diese Welt wird durch einen Vorhang vom Allerheiligsten getrennt.

3. Der dritte Schöpfungstag: Die Erde wird mit dem grünen Pflanzenkleid umgeben (»Es soll euch zur Speise sein«). – Das dritte Bild für das Tabernakel: die 12 Schaubrote, die das Geschenk der Pflanzenwelt sind.

4. Der vierte Schöpfungstag: Die Himmelslichter werden an das Firmament gesetzt. – Moses erhält den Auftrag, den siebenarmigen Leuchter zu fertigen: eine vollendete, bildliche Entsprechung zwischen der göttlichen Schöpfung und der Schöpfung des Kultus auf der Erde.

5. Am fünften Schöpfungstag entstehen die niederen Tiere. – Moses empfängt in diesem Stadium den Auftrag, den Räucheraltar zu bauen. Mit dem Weihrauch opfert der Mensch seine Gemütskräfte, seine astralen Kräfte (die mit dem Tierreich verwandt sind) der Gottheit.

6. Am sechsten Schöpfungstag entstehen die höheren Tiere und der Mensch. – Jetzt empfängt Moses den Auftrag, den Brandopferaltar zu bauen. Bei ihm geht es nicht um das pflanzliche (Weihrauch-)Opfer, sondern um ein Tieropfer.
7. Am siebten Tag geschieht äußerlich nichts: Gott ruht am Sabbat. Im korrespondierenden Stadium ist dies der Moment, in welchem Moses den Auftrag erhält, das Reinigungsbecken herzustellen, in welchem der Priester seine Hände wäscht. Durch diese Waschung lässt der Priester die Alltagswirklichkeit hinter sich, um sich ganz dem Heiligen hinzugeben. In der Stille kann das Göttliche im Menschen wirksam werden. Herbert Hahn, einer der Waldorflehrer der ersten Stunde, ließ einen Spruch mit den Worten beginnen: »Wenn ich wahrhaft still bin, wirkt der Gott in mir.« Dies ist eine adäquate Formulierung für die Stimmung des siebenten Tages. Die Sabbatruhe bedeutet nicht, dass wir nichts tun. Ursprünglich war dies der Tag, an dem der Mensch still wurde, damit die Gottheit in ihm, durch ihn, zur Erscheinung kommen konnte.

Von hier aus ist es nur ein kleiner Schritt zum Salomonischen Tempel. Salomo verdoppelt die Maße des Tabernakels auf der Basis desselben Grundplans: der Vorhof, das Heilige und das Allerheiligste. Er hat die Intuition, dass dieser Tempel nirgendwo sonst als auf dem Berg Morija stehen kann, wo – so sagt die jüdische Überlieferung – der Grundstein der Schöpfung liegt, dort also, wo die Schöpfung ihr Fundament hat.

Das Tabernakel (siehe Abb. 7): Das Zelt (die Stiftshütte), links vorn das Reinigungsbecken, in der Mitte vorn der Altar. Es gibt eine Dreigliederung mit Vorhof, dem Heiligen und dem Allerheiligsten.
Der salomonische Tempel (siehe Abb. 8): Ein Vorhof, darin die beiden Säulen Jachin und Boas. Ein langgestreckter Mittelteil (das

Abb. 7: Das Tabernakel

Heilige) und ein Aufgang zum Allerheiligsten, das die Form eines Kubus hatte. Der Tempel war nicht groß: 60 Ellen sind ungefähr 31,5 m. Die Breite betrug 20 Ellen und die Höhe ungefähr 30 Ellen (1 Kön 6,2). Es war ein einfacher, kleiner Tempel. Emil Bock sagt darüber: »Der Tempel Salomos hat keine äußere Pracht und Schönheit besessen; man kann ihn sich in seinen Formen nicht schlicht, in seinen Dimensionen nicht unscheinbar genug vorstellen. Folgen wir den Angaben der Bibel, so kommen wir, was die Außenarchitektur anlangt, auf das Bild eines quaderartigen Gebildes, ohne wesentliche Gliederung, völlig ohne Schmuck.«[38]

Aus den Verhältnissen der Arche Noah entwickeln sich sowohl das Tabernakel als auch der Tempel Salomos. Doch beim Übergang vom Tabernakel zum Tempel handelt es sich nicht nur um eine einfache Maßstabsvergrößerung – beim Tempelbau entsteht zum Teil auch eine neue Symbolik. Diese Symbolik verweist nicht nur, wie beim Tabernakel, auf den Ursprung der Schöpfung: der menschliche Körper als »Tempel Gottes«. Jetzt kommt in einer

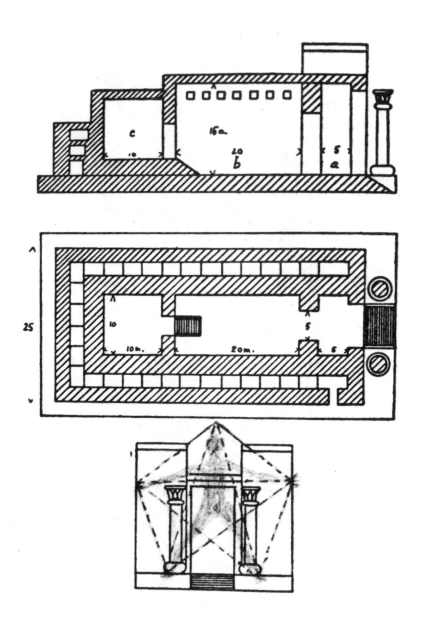

Abb. 8: Der Salomonische Tempel

wundersamen Wechselwirkung zwischen jüdischen und »heidnischen« Elementen eine neue Symbolik in der Geschichte des Tempelbaus zustande. Der jüdische Tempel lässt sich nicht mit dem griechischen oder ägyptischen Tempel vergleichen. Salomo baut einen messianischen Tempel, einen Tempel, in dem sich Christus wiedererkennen kann, sodass er sagen kann: »Brecht diesen Tempel ab, und ich werde ihn in drei Tagen wieder aufbauen.« Niemand begreift, was er damit sagen will, doch der Evangelist fügt noch hinzu: »Er sprach aber von dem Tempel seines Leibes« (Joh 2,19–21). Die Symbolik des Salomonischen Tempels spiegelt sich bis zum heutigen Tag im Bau der Freimaurerlogen. Die Freimaurer bezeichnen den Ort ihrer Zusammenkunft als den »Tempel Salomos«. Einige Logen kommen noch immer an den Höhepunkten des Jahres in Israel in der Höhle des Zedekia (Zedekia's Cave) zusammen, um dort ihre Riten zu vollziehen.

Von alters her lebte die Erkenntnis: Der Tempel Salomos ist ein vollendetes Abbild des Menschen – nicht des Menschen, wie er einst war, sondern des Menschen, wie er in der fernen Zukunft werden wird und zur Erscheinung gekommen ist in Jesus Christus. Philo von Alexandrien, Thomas von Aquin und sogar Martin Luther wissen noch, dass die Dreigliederung nach Vorhof, Heiligem und Allerheiligstem eine Widerspiegelung des Menschen nach Körper, Seele und Geist ist. Der Übergang vom Gebiet der »Seele« zum »Geist« wird mit einem Vorhang verhüllt. Wenn man das Gebiet der geistigen Welt betritt, öffnet sich ein Vorhang. Bis zum heutigen Tag hören wir bei Berichten über Schwellenerfahrungen vom Bild eines Vorhangs. So berichtete mir ein Mensch, der während einer schweren Lungenentzündung die Schwelle zur geistigen Welt übertrat, dass eine Art beweglicher »Wand«, die sich vor ihm erhob, plötzlich durchsichtig wurde wie ein Vorhang, der sich auflöste. Dahinter erschien eine himmlische Landschaft mit Verstorbenen, die er wiedererkannte. Danach schloss sich der Vorhang wieder: Er wurde getrübt, bis er schließlich von Neuem eine undurchsichtige Wand bildete – und der Betreffende vernahm die Worte:»Noch nicht.« Danach kehrte er in seinem Körper zurück. Im Mittelgebiet, der *Seelen*region des Tempels, steht der Altar mit dem Feueropfer. Dort entflammt das Gemüt des Menschen. Dort stehen auch der siebenarmige Leuchter und die zwölf Schaubrote – Bilder des siebengliedrigen und zwölfgliedrigen Menschen. Sie drücken kosmische Bilder aus.[39]

Auch in anderen vorchristlichen Kultusformen finden sich Andeutungen des Kosmos, der sich auf der Erde spiegelt. In der römischen Zeit bezeichneten die Priester die Casula, das farbige Priestergewand, als »planeta«. Die Casula drückt in den Farben des kultischen Jahreslaufs die Stimmung des Kosmos, die Stimmung der Planeten aus.

In verschiedenen Tempeltypen treffen wir die Trennung zwischen dem Heiligen und dem Allerheiligsten an. Ein Vorhang oder eine Pforte markiert die Schwelle. In der Antike wusste man noch, dass der Vorhang in seiner äußeren Erscheinung und in seiner Zusammensetzung ein Abbild der vier Elemente darstellt, die die sichtbare und die unsichtbare Welt voneinander trennen. Wenn ein Mensch die geistige Welt betritt, erfährt er zunächst diese Elemente als geistige Wesen.[40]

Der Vorhang im Salomonischen Tempel bestand aus vier verschiedenen Substanzen, die jeweils Ausdruck dieser Elemente waren. Byssus, das weiße Leinen, wurde in der Antike mit dem Erden-Element in Zusammenhang gebracht; der purpurne[41] Teil ist ein Ausdruck des Wasser-Elements; der hyazinthfarbene Teil ist ein Ausdruck der Luft, und der scharlachrote symbolisiert das Feuer. Es sind symbolische Andeutungen für den Weg aus der sichtbaren Welt in die geistige Welt. Thomas von Aquin sieht den Vorhang als eine prophetische Andeutung für die Ankunft des Messias, der dem Menschen die Möglichkeit geben wird, aus dem Gebiet der Seele in das Gebiet des Geistes vorzudringen. Oder, wie Rudolf

Steiner es ausdrückt: »Der Tempel, das ist der Mensch, der in seiner Seele den Geist empfängt.«[42] Kultus bewirkt, dass der Mensch in seiner Seele den Geist empfängt. In der Christengemeinschaft wird dies den Kindern gesagt, wenn sie in der Sonntagshandlung den Kirchenraum betreten: »Du weißt: Du gehst zu der Handlung, die Deine Seele erheben soll zu dem Geiste der Welt.«

Der Tempel Salomos ist eine Vorausspiegelung von Tod und Auferstehung des Messias. Deshalb kann Christus sagen: »Brecht diesen Tempel ab, und ich werde ihn wieder aufbauen.« In dem Augenblick, da der Gekreuzigte stirbt, zerreißt der Vorhang des Tempels von oben nach unten in zwei Teile. Sein Leidenstod bewirkt, dass die Trennung zwischen den beiden Welten aufgehoben wird. Doch auch die Zerstörung des Tempels im Jahre 70 nach Christus ist eine Bestätigung dieser Prophetie.

Bei der Einweihung des jüdischen Tempels spricht Salomo die Worte: »Der Herr hat gesagt, er wolle im Dunkeln wohnen. Ich aber habe ein Haus gebaut, dir zur Wohnung, und einen Sitz, da du ewiglich wohnen mögest« (2 Chr 6,1–2). Natürlich wusste der fromme Jude, dass die Gottheit selbst den Himmel mit Sternen geschmückt hatte, dass sie die Sonne an das Firmament gesetzt hatte, doch das war nicht das Wesentliche seines Glaubenserlebens. Man musste im Judentum den Weg nach innen gehen, um die eigene Körperlichkeit auf die Ankunft des Messias vorzubereiten. Darum führt der Weg im Tempel Salomos zu einem Raum, in dem es absolut dunkel ist. Draußen, im Vorhof, war die Welt sichtbar. Das Heilige war eine Welt des Dämmerdunkels. Das Allerheiligste war buchstäblich unsichtbar. Das jüdische Volk war dafür prädestiniert, die Augen zu schließen und ganz und gar Ohr zu werden. Darum lautete der Auftrag im Alten Testament auch: »Du sollst dir kein geschnitztes Bild machen, noch irgendein Gleichnis dessen, was oben im Himmel und was unten auf der Erde und was in den Wassern unter der Erde ist« (Ex 20,4).

In den vorangegangenen Betrachtungen haben wir zunächst festgestellt, dass der Tempel das Bild der Ankunft des Messias ist. Mit dieser Erkenntnis vorbereitet, können wir nun einen Schritt weitergehen. Denn nicht nur das Kommen des Messias, sondern auch seine Auferstehung, ja sogar die Zukunft der gesamten Menschheit ist im Tempelbau zu einem sichtbaren Symbol geworden. Was Christus uns vorlebt, kann der Mensch auf dem Weg der Nachfolge verwirklichen: »Wisst ihr nicht, dass ihr Gottes Tempel seid?« (1 Kor 3,16). Das Motiv des Tempelbaus wird seit Christus verinnerlicht. Die Krönung dieses langen Weges ist das Neue Jerusalem. In der künftigen, vergeistigten Schöpfung bedarf es keines äußeren Tempels und Kultusdienstes mehr: »Und ich sah keinen Tempel darin, denn der göttliche Herr, der allumfassende, ist ihr Tempel und das Lamm« (Offb 21,23).

Exkurs 1:

Der Kultus und die Psalmen

Von den Gebeten, die im Tempel gesprochen wurden, ist nicht viel überliefert. Doch wir wissen viel über die Arten von Opfern, die es gab: Speiseopfer, Brandopfer (Tieropfer), Räucheropfer, Morgenopfer, Abendopfer. In Psalm 141 vernehmen wir zum Beispiel: »Lass als Räucherwerk vor dir gelten mein Gebet, die Erhebung meiner Hände als Abendopfer!« Im ersten Teil des Alten Testaments, den mosaischen Gesetzen, werden viele dieser Opfer beschrieben und vorgeschrieben. Verschiedene Psalmen enthalten Gebete und Beschreibungen kultischer Handlungen. Dadurch erhalten wir ein Bild, wie auf den Tempel geblickt wurde, auf das, was dort geschah und was die Glaubensansichten der Juden in der damaligen Zeit waren.

Viele Psalmworte, die den Kultus beschreiben, treffen wir auch später in den christlichen Liturgien an. Hier einige Beispiele:[43]
– »Der Segen des Herrn sei mit euch! Wir segnen euch im Namen des Herrn!« (Ps 129,8). Dieses Psalmwort wird umgewandelt zum Segen der lateinischen Messe: Dominus vobiscum – Der Herr sei mit euch.
– »Mein Gebet steige vor dir auf wie Räucherwerk, meiner Hände Aufheben sei wie das Abendopfer! Herr, stelle eine Wache an meinen Mund, bewahre die Tür meiner Lippen!« (Ps 141,2–3).[44] In der lateinischen Messe wird dieser Text wörtlich beim Opfer (Beräucherung des Altars) gesprochen (»Dirigatur, Domine, oratio mea, sicut incensum, in conspectu tuo ... Pone, Domine, custodiam ori meo, et ostium circumstantiae labiis meis.«).
– »Ich wasche meine Hände in Unschuld und halte mich, Herr, zu deinem Altar« (Ps 26,6). In der lateinischen Messe der altspanischen Liturgie wäscht der Priester nach dem Opfer seine Hände und spricht diesem Psalmtext (»Lavabo inter innocentes manus meas et circumdabo altare tuum Domine«).
Doch viele Psalmen werden auch im Ganzen gesungen, manchmal als Antwort der Gemeinde auf die Lesung des Evangeliums, manchmal während der Austeilung der Kommunion. In manchen Traditionen werden alle 150 Psalmen innerhalb eines bestimmten Zeitraums durchschritten und danach wiederholt. So wurden die Psalmen zu einer Art Seelen-Geleiter.

Exkurs 2:
Der griechische Tempel

Die griechische Kultur zeigt die entgegengesetzte Tendenz wie die jüdische Tradition. Wie im Judentum der Weg nach innen führt (»Du sollst dir kein geschnitztes Bild machen«), so führt die griechische Kultur den Menschen in die sichtbare Welt der Bilder.

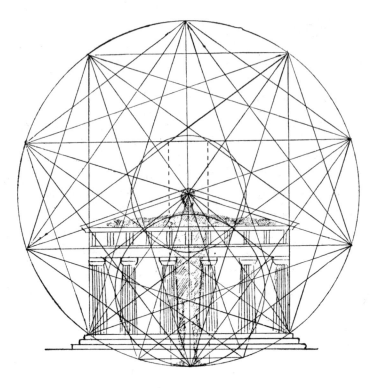

Abb. 9: Der griechische Tempel und der menschliche Körper.

Der Tempel ist als Zehneck konstruiert, der Mensch passt nicht hinein, sondern steht außerhalb von ihm (siehe Abb. 9). Die Symbolik des jüdischen Tempels spielt hier keine Rolle. In dem Tempel befindet sich keine Arche, Lade oder ein Tabernakel, die das menschliche Maß symbolisieren. Der griechische Tempel wird in vollständiger Harmonie mit der Landschaft erbaut. Im griechischen Theater, das aus dem Tempelkultus hervorging, sehen wir eine ähnliche Verbindung: Es beschränkte sich nicht auf die Bühne, sondern bezog die Natur der Umgebung in das Drama mit ein. So wurde beispielsweise das Meer als Kulisse benutzt. Schauspieler kamen von dort auf Schiffen herangefahren usw. Zwar befindet sich in der Mitte des griechischen Tempels eine »cella«, ein geschlossener Raum, wo das Standbild der Gottheit steht. Genau wie im jüdischen Tempel ist dies der Bezirk, den allein der Hohepriester betreten darf. Doch diesen Bezirk umgibt eine völlig andere Welt. Jeder kann frei ein- und ausgehen. Auch der nicht-eingeweihte Grieche kann die Tempeltreppe betreten und zwischen den Säulen umherwandeln – man spricht vom peripatetischen Weg, dem Weg des Wandelns. Überall konnte man zwischen den Säulen hindurch auf die Landschaft blicken. Der Tempel, ja sogar das Opfer ist in die Landschaft eingebettet, denn im griechischen Tempeldienst wurde das Opfer außerhalb des Tempels gebracht. Hier herrscht eine vollendete Harmonie zwischen Innen- und Außenwelt, in der man buchstäblich herumwandern konnte.

Man hat gelegentlich darauf hingewiesen, dass der griechische Tempel auf zwei entgegengesetzten Bauprinzipien beruhe: einerseits dem Prinzip des Allerheiligsten, andererseits dem Prinzip der Steinsetzung. Die Säulen repräsentieren das Element der Steinsetzung. Zwei völlig gegensätzliche Ausgangsprinzipien, die einerseits in eine Innenwelt führen, in das Heilige der Heiligen, aber andererseits in die Außenwelt weisen. So befindet sich in dem Ort Thermos ein Apollotempel mit einer rechteckigen *cella*, in welcher die Statue des Apollo erhalten geblieben ist; sie ist von einem ovalen Kreis aus 36 Säulen umgeben – dem Prinzip der Steinsetzung.[45]

Exkurs 3:
Die Tempellegende

Wir kehren zurück zum Salomonischen Tempel. Damit dieser erbaut werden konnte, musste eine höchst ungewöhnliche Zusammenarbeit zweier Kulturen zustande kommen. Obwohl sich Israel zur Zeit Salomos deutlich von allen umgebenden Kulturen absetzt, verpflichtet König Salomo einen Baumeister aus dem heidnischen Tyrus. Hiram ist »voll Weisheit, Verstand und Kunstsinn, um allerlei Arbeiten in Erz auszuführen. Er kam zum König Salomo und führte alle Arbeiten für ihn aus« (1 Kön 7,14).

Alten Überlieferungen zufolge hat der König von Tyrus den Baumeister Hiram als seinen geistigen Vater bezeichnet. Es ist höchst ungebräuchlich, dass ein König einem Baumeister das Prädikat »geistiger Vater« beilegt. Das Alte Testament sagt über Hiram, dass er »der Sohn einer Witwe« sei. Diesen Terminus kennen wir aus der Antike, unter anderem aus den ägyptischen Mysterien und dem griechischen Adoniskult.[46] Es ist eine Andeutung dafür, dass ein Mensch »durch das Nadelöhr« gegangen ist, geistig arm, zu einem »Sohn der Witwe«, geworden ist, um in dieser geistigen Armut Auferstehungsweisheit zu empfangen. In den ägyptischen Mysterien wurde jemand, der diesen Weg beschritten hatte, als »Sohn der Isis« bezeichnet.

In der jüdischen Tradition hat die Geschichte von Kain eine Fortsetzung, die mit dem Tempelbau verknüpft ist. Einer der Söhne Kains, Tubal-Kain, wird »ein Hämmerer von allerlei Schneidewerkzeug aus Erz und Eisen« (Gen 4,22). Auch Hiram steht in der Linie der Kainssöhne. In der geistigen Tradition ist er einer der Nachkommen Tubal-Kains.

Stellen wir Hiram und Salomo einander gegenüber, sehen wir einen vielsagenden Kontrast. Salomo ist kein Nachfahr des Kain, sondern ein Nachfahr Abels. Der Name Salomo bedeutet wörtlich: Träger von »Salem«, Friede. Diesen Frieden hat er sich nicht durch eigene Prüfungen und eine persönliche Einweihung erworben, sondern er wird ihm als Gnade geschenkt. Salomo ist der Mensch, der das Wesensglied der Zukunft, das sogenannte Geistselbst oder Manas, entwickelt hat. Nun prallen aufs Neue zwei uralte Kulturen aufeinander, die sich einander entfremdet hatten. Kain und Abel – die Geschichte wiederholt sich.

Bis hierhin lassen sich die Gegensätze im Alten Testament und anhand der jüdischen Überlieferungen nachvollziehen. Doch es gibt noch eine andere Schrift, die uns einen wichtigen Zugang zur Symbolik des Salomonischen Tempels verschafft, die sogenannte »Tempellegende«. Wir wissen nicht, woher diese Legende stammt. In der Zeit zwischen 1500 und 1725 erscheint sie in verschiedenen Varianten in gedruckter Form. Gut 100 Handschriften haben sich aus dieser Zeit erhalten. Man vermutet, dass die Tempellegende bereits im Mittelalter in den Kreisen der französischen Kathedral-Erbauer entstanden ist.

Diese Legende beschreibt noch detaillierter, wie Kain und Abel aus unterschiedlichen Welten stammen, und sie erzählt, dass sich einer der sieben Elohim mit Eva verbunden hat. Aus dieser Verbindung wird Kain geboren. Aus der Verbindung von Adam und Eva geht Abel hervor. Kain ist der Göttersohn, Abel der Menschensohn. Durch die beiden unterschiedlichen Opfer entsteht Zwietracht, die durch den Neid Jahwes verursacht wird. Jahwe selbst bewirkt, dass sich Zwietracht zwischen Kain und Abel entwickelt. Kain ist kein Nachkomme Jahwes, sondern eines der anderen sechs Elohim. (In der jüdischen Esoterik kennt man von alters her sieben Elohim, einer von ihnen ist Jahwe). Etwa so wie in der griechischen Mythologie die Götter miteinander konkurrieren, kann auch – vergleichsweise gesprochen – bei den sieben Elohim von einem Wett-Eifer gesprochen werden. Dieser Vergleich geht insofern auf, als sowohl in der griechischen wie in der jüdischen Tradition von hohen Engelwesen die Rede ist, welche die höchste Gottheit widerspiegeln, jedoch nicht von der Gottheit selbst. Dieser Unterschied kam bereits zur Sprache, als wir die Begegnung von Abraham und Melchisedek schilderten. Abraham verehrt Jahwe, Melchisedek ist Priester des höchsten Gottes, El-Eljōn. Die Elohim sind göttliche Wesen aus der Hierarchie der Exusiai (wörtlich »Mächte«). Der Neid Jahwes entsteht, weil Kain mit seinen Söhnen eine eigene Schöpfung hervorbringt: Jabal, Jubal und Tubal-Kain sind die Erfinder der Baukunst, der Musik und der Schmiedekunst. Das Kainsgeschlecht führt nach dem Tode Kains in gewissem Sinne ein Eigenleben. Einer der Nachkommen aus diesem Geschlecht ist in der Zeit König Salomos der Baumeister Adoniram, auch Hiram genannt. Er erhält von Gott den Auftrag, ein Heer aus freien Männern aufzustellen. Sie sollen eine Verbindung zwischen den Söhnen des Feuers (den Kainiten) und den Söhnen des Menschen (den Abeliten) zu Stande bringen, damit diese Menschengruppen künftig in Frieden miteinander leben können. Hiram wird von König Salomo zum Baumeister des Tempels ernannt. Zunächst sieht es so aus, als käme zwischen dem König und seinem Baumeister eine vollendete Zusammenarbeit zum Tragen, doch in einem bestimmten Moment mischt sich eine dritte Person in diese Beziehung ein. Aus dem Alten Testament kennen wir die Königin von Saba, Balkis, die nach Jerusalem reist, um Salomo kennenzulernen (2 Chr 9). Die Tempellegende fährt fort: Salomo hält um ihre Hand an und Balkis willigt ein. Als der Tempel erbaut wird, will Königin Balkis nicht nur das Bauwerk sehen, sondern auch den Baumeister kennenlernen. Als hätte Salomo eine Vorahnung, wozu diese Begegnung führen wird, lehnt er ihr Ansinnen zunächst ab. Doch als sie weiter in ihn dringt, kann er ihr ihren Wunsch nicht ausschlagen. In dem Moment, als sie Hirams ansichtig wird, entbrennt sie in Liebe zu ihm. Salomo wird von heftiger Eifersucht gegenüber seinem Baumeister ergriffen. Drei Gesellen, die von Hiram abgewiesen wurden, weil sie nicht in die Geheimnisse des Tempelbaus eingeweiht waren, werden von Salomo als Handlanger gedungen. Sie leben im Zerwürfnis mit Hiram und schmieden einen Plan, wie sie das Werk misslingen lassen können. Das allergrößte Werk, das Gießen des sogenannten ehernen Meeres, muss noch vollbracht werden. Dabei handelt es sich um einen kultischen Gegenstand, der im Vorhof des Tempels stand. Es ist ein gigantisches Bronzebecken, das auf dem Rücken von 12 Stieren ruht.

Was will uns dieses Symbol sagen? Zwölf Stiere, zwölf Urkräfte, die der Schöpfung zugrunde liegen, tragen eine Schale, in der das Wasser für die rituelle Waschung aufbewahrt wird. Es ist ein prophetisches Bild der Inkarnation des Gottes in der Zukunft, das Bild des Menschensohns, der alle Urkräfte in sich vereint und zur Hülle, zum Träger des Gottessohnes wird: Jesus wird zur Hülle des Christus. Das eherne Meer ist ein Messiassymbol, das nicht im Verborgenen des Tempels, sondern für jedermann sichtbar im Vorhof des Tempels stand. Es ist der kunstreiche Kainssohn Hiram, der weiß, wie die richtige Metallmischung dafür zu bereiten ist, doch dann geht etwas schief. Beim Gießen des Kunstwerks greifen die drei Gesellen ein und sorgen dafür, dass das Werk misslingt. Die glühende Bronzemasse sucht sich einen Weg durch den Tempel. Hiram versucht noch zu retten, was zu retten ist, und gießt große Mengen von Wasser über das glühende Erz, welches im selben Moment in einem Feuerregen zerstiebt und Hiram in die Tiefe des Feuermeeres hineinzieht. Dort erlebt er eine Einweihung in die Geheimnisse der Erde. Sein Urahn, Tubal-Kain, führt ihn mit sich zur Mitte der Erde, wo Kain weilt. Dieser gibt ihm einen Hammer (das alte Tao-Symbol). Mit diesem Hammer in den Händen steigt Hiram aus der Tiefe auf, und es gelingt ihm, mit diesem magischen Gegenstand den Guss des ehernen Meeres doch noch zu vollenden. Doch die drei Gesellen töten ihn im Auftrag Salomos, und so findet der alte Brudermord seinen Ausgleich. Einst hat Kain Abel erschlagen, jetzt rächt der Adamssohn Salomo den Brudermord am Kainssohn Hiram nach dem alten Prinzip »Auge um Auge, Zahn um Zahn«. Dies verhindert jedoch nicht, dass Hiram der jüdischen Tradition etwas Neues hinzugefügt hat.

Eines dieser neuen Elemente in der jüdischen Tempelsymbolik ist das Bild der beiden Säulen Jachin und Boas, die vor dem Eingang zum Tempel errichtet werden. Eine »heidnische« Symbolik, die wir beispielsweise auch im ägyptischen Tempel antreffen. Diese beiden Säulen stehen frei, sie tragen kein Dach und keinen Bogen. Bereits der Lautklang der beiden Namen offenbart eine Welt von Unterschieden: Jachin, die Säule des Tages – der Name besteht aus hellen Vokalen und Konsonanten. Boas, die Nachtsäule – Vokale und Konsonanten sind dunkel. Tag und Nacht, Leben und Tod: Im Zeichen dieser Symbolik betritt der jüdische Mensch den Tempel. Auch dieses Bild beinhaltet eine Prophezeiung: Einst wird eine Zeit kommen, da zwischen die Extreme von Licht und Dunkel, von Tag und Nacht, von Leben und Tod ein Dritter treten wird, der von sich selbst sagen kann:»Ich bin die Tür.« Dann erst hat diese Säulensymbolik ihre eigentliche Bestimmung gefunden.

Es bleibt jedoch auch die Frage offen, wie die Wege von Kain und Abel dereinst zusammenkommen werden. Hier liegt, nach Rudolf Steiner, eine wichtige Aufgabe für die Anthroposophie: die Aufgabe, diese beiden gegensätzlichen Strömungen zu einen. Wir betreten hier allerdings ein Gebiet, das sehr unterschiedlich beurteilt wird.

Hans Peter van Manen hat in seinem Büchlein *Das vierte Geheimnis*[47] diesen alten Gegensatz zugespitzt. In Anknüpfung an ein Fragment Rudolf Steiners beschreibt er die Anthroposophie als eine Kainsströmung, welcher der Weg des Kultus als Abelströmung gegenübersteht. Der Kainsstrom wirkt auf die physische Welt ein und baut auf die eigene Kraft. Die Abelsöhne leben aus der empfangenden Haltung, der Gnade. Obwohl van Manen sich bemühte, sich in seinen Publikationen normalerweise eher nuanciert auszudrücken, tat er hier das Gegenteil. Die Strömungen der Kains- und Abelsöhne werden mit bestimmten Wertetiketten versehen; dies in Anknüpfung an ein Gedicht Marie Steiners, das sie im Jahre 1927 im Gedenken an Rudolf Steiner verfasst hat. Es beginnt mit den Worten:

Nicht bist du frommen Betern zu vergleichen,
Die still dahingewandert, erdenfremd: –
In Flammen schuf dein Geist, der Welten läutert,
Und sie emporhebt aus der Niederung Schmach.

Du wandeltest, was du ergriffst, von innen,
Und bogst es um und banntest Geist hinein.
Wie Feuer wirkte deines Willens Brandung,
Wie lichte Sonne deiner Milde Schein.

Du zeigtest Ziele, die kein Mensch erahnte,
Die nur der Schöpfergeist entwerfen kann,
Der seine Erde durch das Dunkel führte,
Auf dass erwache neuer Schaffensdrang ...[48]

Wenn es tatsächlich so gewesen sein sollte, dass Marie Steiner ein Werturteil über die »frommen, erdenfremden Beter« hegte (es ist eine bekannte Tatsache, dass sie ursprünglich eine reservierte Haltung in Bezug auf die Christengemeinschaft an den Tag legte), so muss hier der Vollständigkeit wegen auch ihr späteres, revidiertes Urteil über das Verhältnis von Anthroposophie und Christengemeinschaft angeführt werden. Am 5. November 1948, einige Wochen vor ihrem Tode, schreibt sie in einem Brief an einen guten Freund, Wilhelm Salewski, der zu den Begründern der Christengemeinschaft gehörte, Folgendes:

Das wird sich auf die Dauer nicht durchführen lassen, die beiden Bewegungen werden einander wieder finden müssen. Sie konnten drei Jahrzehnte nebeneinander bestehen und ihre Möglichkeiten aneinander abtasten, sie werden ineinander einmünden müssen. Das ist die Antwort, die ich mir geben muss, wenn ich mich mühe, in den Geist Dr. Steiners einzudringen. Denn er hat nicht das Dogma gewollt, sondern das Leben. [...] Ich denke, wir müssen die Wege der Verschmelzung suchen.[49]

Die Auffassung, dass der Gegensatz zwischen Kains- und Abelströmung möglichst bestehen bleiben sollte, ist meines Erachtens heute nicht mehr zeitgemäß. Zwar gibt es Menschen, die aus dieser

Einseitigkeit heraus leben, doch die Realität sieht gewöhnlich so aus, dass wir beide Qualitäten brauchen, um im Leben weiterzukommen: Aktivität und Empfänglichkeit. Auch die Archivarin und Herausgeberin der Schriften Marie Steiners, Hella Wiesberger, gelangt zu der Schlussfolgerung, dass die Aufgabe heute darin besteht, den Gegensatz zwischen Kain und Abel sowohl im einzelnen Menschen als auch in der Menschheit als Ganzer zu überwinden.[50]

Rudolf Steiner hat konsequent immer wieder versucht, diese gegensätzlichen Strömungen, die immer davon bedroht sind, mit Konflikten und Eifersucht einher zu gehen, zu vereinen. So sagt er wörtlich in einem seiner esoterischen Vorträge:»Ich habe mir vorbehalten, eine Einigung zu erzielen zwischen denen aus Abels und denen aus Kains Geschlecht.«[51] Die Versöhnung von Kain und Abel kann letztlich im Menschen selbst entstehen, immer dort, wo wir zwischen den Einseitigkeiten von Aktivität und Empfänglichkeit Harmonie schaffen. Sowohl Kunst als auch Wissenschaft und Religion können erst produktiv werden, wenn dieser Produktivität Momente stiller Empfänglichkeit und Inspiration vorangegangen sind. Eine vollendete Balance zwischen den Einseitigkeiten wird von Herbert Hahn in folgende Worte geprägt, die wir bereits zitierten:

Wenn ich wahrhaft still bin
wirkt der Gott in mir.

Doch das Bild wird erst vollständig durch den darauf folgenden Satz:

Wenn ich wahrhaft wirke
Ruhe ich in Ihm.

5   Mithraskult

Der französische Theologe Ernest Renan (1832–1892) hat einmal die drastische Formulierung gebraucht:»Hätte eine tödliche Krankheit das Christentum in seinem Wachstum aufgehalten, so wäre die Welt mithrasgläubig geworden.« Und bei einem Zeitgenossen des Mithras-Kults, dem frühen Kirchenvater Tertullian (ca. 160–220), lesen wir, dass in der Mithrasreligion der Teufel»die göttlichen Sakramente des Christentums nachäfft.«[52]

Gründe genug, sich damit zu befassen, was der Mithras-Kult wollte und worin die Unterschiede und Gemeinsamkeiten mit dem frühen Christentum bestehen. Die Symbolik des Mithras-Kults kommt dem Christentum so nahe, dass man sich verwirrt fragen kann: Ist er eine Form des Christentums avant la lettre, oder ist das Christentum die Fortsetzung der Mithrasreligion?

Wir werden sehen, dass die beiden nicht nur in Bezug auf die Form, sondern auch inhaltlich eine gewisse Verwandtschaft zeigen. Denn Mithras wird als»der Kommende« angekündigt: derjenige, der den Stier in Fesseln legen und besiegen wird. Er ist derjenige, der den Menschen als Seelenführer (Psychopompos) im Leben und im Tod vorangeht. Er ist derjenige, der sterben und wieder ins Leben zurückkehren wird, der die Toten auferwecken und im letzten Kampf das Böse besiegen wird. Danach wird er seine Anhänger in eine neue Welt führen, einen neuen Himmel und eine neue Erde. Muss es für die ersten Christen nicht schockierend gewesen sein, solche Aussagen einer anderen Religion zu vernehmen, die von ihnen bekämpft wurde?

Mithras, der Mittler

Der Ursprung der Mithras-Religion liegt im Dunkeln. Doch in den altindischen Schriften, dem Rig-Veda, oder in altpersischen Schriften wie zum Beispiel den Yashts aus dem Avesta finden wir bereits Andeutungen, die auf Mithras hinweisen. Wie meistens wird solchen Dokumenten eine mündliche Tradition vorausgegangen seien. Jedenfalls müssen wir uns in das Zeitalter der altindischen und altpersischen Kultur zurückbegeben – so weit reicht die Spur zurück. So lesen wir zum Beispiel in Yasht 10, 12–13:

Den Mithra preisen wir, der weite Triften besitzt, mit Opfern ... Der tausend Ohren, zehntausend Augen besitzt, den Großen, den Starken, Schlaflosen, Wachsamen ... Welcher als der erste himmlische Yazata über die Hara steigt vor der Sonne, der unsterblichen, mit schnellen Pferden begabten, der zuerst mit goldener Gestalt die schönen Gipfel ergreift und dann den ganzen Ariersitz umfasst mit wohltätigem Auge ...[53]

Mithras ist in diesen Schriften der Mittler zwischen dem großen Sonnengott Ahura Mazdao und den Menschen. Bereits sein Name deutet an, dass er ein Vermittler ist. Das Wort *mi* bedeutet »Bund«, »Vertrag«. Der Wortstamm *thra* bedeutet »wirkend«, »tätig«. Mithras bedeutet: Der, der den Bund (zwischen Himmel und Erde) zustande bringt, die vermittelnde Macht. Er wird als der Siegreichste unter den Göttern bezeichnet. Er ist also kein Mensch, sondern ein göttliches Wesen. Mithras ist ursprünglich ein Engelwesen. Durch die vermittelnde Rolle, die er ausübt, gehört er zu den persischen Yazatas, die den Rang von (Sonnen-)Erzengeln haben. Rudolf Steiner sagt, daran anknüpfend, dass Mithras der göttliche Mittler zwischen der höchsten Gottheit und der menschlichen Seele sei.

Der griechische Philosoph Plutarch (ca. 46–120) weiß in seiner Zeit noch von den Persern zu berichten, sie stellten sich Folgendes

Abb. 10: Mithras als Mittler

vor: In derselben Entfernung zur Sonne wie die Erde throne Ahura Mazdao oder Ormuzd. Er throne genauso hoch über der Sonne, wie die Erde unter ihr sei. Dies sei die höchste Sphäre der Gottheit. In den Tiefen der Unterwelt wohne die Widersachermacht Angra Mainyu.[54]

Zwischen der höchsten Gottheit, Ahura Mazdao, und Angra Mainyu (Ahriman) steht Mithras, der Mittler. So wird er auch dargestellt (siehe Abb. 10). Mithras wird aus der Erde geboren und steht inmitten der 12 Tierkreiszeichen. Er bildet dadurch die Mitte zwischen Erde und Kosmos. Mit seiner rechten Hand greift er hinauf zu den Sternen. In seiner linken Hand hält er einen Globus, die Weltkugel. Er ist das Wesen, das zwischen Himmel und Erde, zwischen Geist und Stoff steht und die beiden in einer souveränen Geste verbindet. Allerdings ist dies für die Mithrasjünger keine irdische Wirklichkeit, sondern eine Prophetie: Einst wird Mithras mitten im tiefsten Winter in einer Höhle geboren werden. Er wird von den vier Windgöttern umringt, die in den vier Ecken neben dem Kreis stehen. Drei Tiere, Rabe, Schlange und Hund, schauen zu und verehren Mithras. Das gesamte Spannungsfeld zwischen Himmel und Erde ist in dieser einfachen Darstellung enthalten. Ganz unten die drei Tiere, ganz oben der Kosmos, und in der Mitte, dazwischen, Mithras.

Mithräen im römischen Reich

Von Indien ausgehend über Persien nach Kleinasien und über die Seeräuber von Zilizien gelangt der Mithras-Kult nach Rom. Im Jahre 67 n. Chr. wird ein Trupp kilikischer Seeräuber gefangengenommen, die fortan als Sklaven dienen müssen. Sie bringen diese unbekannte Religion mit. Wie immer ist Rom fasziniert von allem Religiösen. Die römische Kultur hat kaum eigene Götter, dafür umso mehr importierte. Jeder Gott, der im Imperium Romanum bekannt ist, erhält einen Platz im Pantheon zu Rom. Mit dieser neuen Religion hat es allerdings eine besondere Bewandtnis. Das Bild des Mithras, der als Kämpfer zwischen der Welt des Lichts und der Welt der Finsternis steht, wird insbesondere in den Kreisen der römischen Soldaten und Heerführer populär. Auch die Karawanen der Kaufleute, die im Kielwasser des Heeres mitziehen, nehmen den Mithraskult an. Überall in Europa, wohin die römischen Legionen kommen, so zum Beispiel im Donaugebiet, fällt die Mithras-Religion auf fruchtbaren Boden. Im dritten Jahrhundert ist sie bereits zu einer Weltreligion geworden, die von Indien bis nach Britannien verbreitet ist, vom fernen Osten bis zur Westküste Europas und von Spanien bis zum Schwarzen Meer. Es gibt in jener Zeit keine Religion, die eine vergleichbare Verbreitung erlangt hätte und die über einen so langen Zeitraum existierte wie die Mithrasmysterien. Im vierten Jahrhundert verfügen praktisch alle großen Hafenstädte Europas über ein Mithräum, einen unterirdischen Kultraum. Heute lassen sich in ganz Europa noch Reste von 441 Mithräen finden.[55]

Wohin wir auch blicken, überall werden diese Mithräen als unterirdische künstliche Grotten erbaut. Darin wird ein Rundgewölbe ausgehauen, das mit Sternen bemalt ist. Häufig wird Mithras selbst mit einem Sternenmantel bekleidet dargestellt: die Andeutung eines kosmischen Wesens. Gewöhnlich sitzen neben ihm Sol und Luna, Sonne und Mond. Allein schon in dieser Symbolik zeigt sich eine Bewegung, die derjenigen der Druidenmysterien diametral entgegengesetzt ist. Die Druiden erbauten ihre Heiligtümer draußen, in der Natur, und waren in ihrer kultischen Wahrnehmung ganz auf den Kosmos hin orientiert. Die ältesten Steinsetzungen finden wir an Stellen, wo sich im Laufe eines Tages Regen und Sonne häufig abwechseln, »five seasons a day«, wie der Engländer es ausdrückt. Die Druidenmysterien sind dort zu finden, wo die Natur besonders kräftig anwesend ist.

Die Mithrasmysterien hingegen schließen sich buchstäblich von der Natur, der Außenwelt, ab. Sie gehen in den Untergrund. Das

Abb. 11: Mithräum

äußere Sonnenlicht spielt keine Rolle mehr. Der Kosmos wird im
Kleinen nachgeahmt. Es gibt Mithräen, in deren Gewölben die Position der Sterne, wie sie vor Jahrhunderten am Himmel zu sehen
war, dargestellt ist. So ist im Mithräum von Ponza in Italien der
Sternenhimmel aus dem Jahr 212 abgebildet.

Alle Mithräen wurden in der Nähe von Quellen oder Wasserläu-
fen erbaut. Wenn es keine Quelle und keinen Fluss gab, wurde ein
Kanal angelegt, und wenn auch dies nicht möglich war, baute man
große Wasserbecken. Für das Ritual wurde in jedem Fall Wasser be-
nötigt. Auf den Mithrasaltären wurden blutige Tieropfer vollzogen.
An den Seiten dieser Räume befanden sich breite Liegebänke. Dort

wurde ein Mahl mit Brot und Wein abgehalten, wobei im Kelch Wasser und Wein vermischt wurden – ein kultischer Brauch, der im christlichen Kultus Eingang fand. Im Neuen Testament finden wir Hinweise auf diese Zweiheit, so zum Beispiel in der Geschichte von der Hochzeit zu Kana, wo Wasser in Wein verwandelt wird. Doch die christliche Tradition stellt auch einen Zusammenhang mit dem Zeugnis des Johannes her, der bei der Beschreibung der Kreuzigung sagt:»Einer der Kriegsknechte durchbohrte mit einem Speer seine Seite, und alsbald kam Blut und Wasser heraus« (Joh 19,34). Der Mithraskult zeigt, dass diese Bildsprache älter ist: Es handelt sich um eine Vereinigung des Persönlichen (Wein, Blut) mit dem Überpersönlichen (Wasser).

Die Ausrottung durch das Christentum

Im Jahre 324 verbietet Kaiser Konstantin der Große, der das Christentum zur Staatsreligion ausruft, alle Formen heidnischer Opfer; alle Rituale werden durch sein Dekret abgeschafft. Einen ganz kurzen Moment lang lebt die alte Situation noch einmal unter einem seiner Nachfolger, Julianus Apostata, Kaiser Julian,»dem Abtrünnigen«, auf, der vom 361 bis 363 regierte. Er setzt das Dekret seines Vorgängers außer Kraft, doch nach ihm setzt sich die Erneuerung vollends durch. Das als Staatsreligion eingesetzte Christentum geht radikal vor und rottet alle Spuren vorchristlicher Mysterien aus. Die Mithrasreligion hält sich zwar parallel zum beginnenden Christentum, doch die Christen schlagen alles, was»heidnisch« ist, buchstäblich kurz und klein. Unter Erzbischof Theophilos von Alexandrien wird im Jahr 391 die dortige Bibliothek zerstört, die sämtliche Werke der Antike umfasst. 700 000 Schriftrollen verbrennen. Wir können uns heute kaum eine Vorstellung von den vorchristlichen Mysterienströmungen machen, weil der größte Teil der alten Schriften damals vernichtet worden ist.

Rudolf Steiner hatte eine radikale Sicht auf diese Entwicklung.
In einem seiner Vorträge sagte er Folgendes:

Man kann sich … kaum einen größeren Gegensatz denken, als
der ist, der da waltet zwischen dem Geiste der ersten christlichen
Kirchenlehrer und der späteren christlichen Kirchenlehrer und
Konzilsbeschlüsse … Alle die Maßregeln furchtbarster Art, die
mit diesem Zerstörungswerk verbunden waren, sie werden ja sehr
häufig, wie so vieles, beschönigt. Das sollte aber nicht geschehen.
Denn da, wo die Wahrheit in irgendeiner Weise getrübt wird, da
ist der Zugang zu dem Christus Jesus auch durchaus getrübt, da
kann er nicht gefunden werden.[56]

Destruktive Kräfte im Staatschristentum haben einen wesentlichen Teil des ursprünglichen Christentums und der vorchristlichen Mysterien ausgerottet und dadurch der Wirklichkeit großes
Unrecht angetan. Und das, obwohl die Mithrasmysterien bereits
vor dem Christentum existierten. Auch die römisch-katholische
Messe weist Übereinstimmungen mit dem Mithraskult auf, wie
der bereits angeführte Ausspruch Tertullians belegt. Im sechsten
Kapitel dieses Buches über den Ursprung des christlichen Kultus
werden wir auf diese Tatsachen näher eingehen. Sogar der Vatikan
wurde – das haben Ausgrabungen in den fünfziger Jahren zutage
gefördert – auf einem Mithräum errichtet. Kaiser Konstantin, der
an dieser Stelle eine Kirche bauen ließ, war viel daran gelegen, die
Spuren des alten Heiligtums möglichst umfassend zu verwischen.
Wie man die Sache auch wendet, man muss konstatieren, dass
sowohl das frühe Christentum als auch der Mithras-Kult teilweise
aus derselben Quelle schöpfen.

Die Übereinstimmungen in der Symbolik werden an bestimmten
Stellen deutlich sichtbar. Selbstverständlich steht sowohl beim
Mithraskult wie im christlichen Kultus der Altar im Mittelpunkt.
Der Altar ist eine kultische Tatsache, die bereits lange vor dem

Christentum existierte. In den Mysterien der Antike ist der Altar Grab und Opferstätte zugleich. Auch im frühen Christentum ist der Altar noch Grab. Dies erlebte ich in beeindruckender Weise, als ich in den achtziger Jahren des vergangenen Jahrhunderts einige alte Kirchen und Klöster in Georgien und Russland besuchte. Das Kloster zur Heiligen Dreifaltigkeit und des heiligen Sergius in Kiew besitzt verschiedene Altäre, in denen der verstorbene Heilige begraben ist. In Georgien besuchte ich eine Kirche, in deren Altar der Lokalheilige beigesetzt war. Als Ausdruck der Demut stiegen die Kirchenbesucher auf einer kleinen Treppe in die Tiefe, gingen unter dem Altar hindurch und stiegen auf der anderen Seite wieder empor. Solche Formen der Devotion kennen wir auch aus den vorchristlichen Heiligtümern. Als Rudolf Steiner den ersten Priestern der Christengemeinschaft Hinweise zur Durchführung des Kultus gab, beschrieb er den Altar als »ein Grab in der Form eines Tisches«. Die Form des Grabes muss sichtbar sein; darauf liegt die Platte des Tisches. Natürlich handelt es sich hier nicht um ein Grab im wörtlichen Sinne, doch es soll das Bild eines Grabes hervorgerufen werden.

Die Symbolik von Sonne und Mond finden wir sowohl die Mithraskult wie auch im römisch-katholischen Kultus. Mithras wird normalerweise mit Sonne und Mond zu beiden Seiten abgebildet.

Wir kennen derartige Darstellungen auch von Kreuzigungsszenen: Christus zwischen Sonne und Mond. Das Bild von Sonne und Mond erscheint auch in der Symbolik der Messe, im sogenannten Sanktissimum, wenn die geweihte Hostie gezeigt wird (siehe Abb. 12). Die Hostie ist gleich einer kleinen Sonne von einem goldenen Strahlenkranz umgeben und hat die Mondsichel unter sich. (Auf unserem Foto ist die runde Hostie nicht zu sehen.)

Die Mithrasreligion lebte mit der Prophezeiung, dass einst, mitten im tiefsten Winter, Mithras, der Gott, in einer Felsenhöhle auf Erden geboren werden würde. Hirten würden kommen, um

Abb. 12:
Das Sanktissimum

ihn anzubeten. Dieser Tag der Mithras-Geburt, Mithrakana genannt, fiel auf den 25. Dezember. Im dritten Jahrhundert nach
Christus wird dieser hohe Festtag unter Einfluss der römischen
Kaiser zum Dies Natalis Solis Invicti, dem Tag der Geburt der
unbesiegbaren Sonne. Mithras konnte in ihren Augen nämlich mit
diesem Sonnengott identifiziert werden. Im vierten Jahrhundert
wird das Weihnachtsfest um der Mithrasmysterien willen vom 6.
Januar, dem Tag, an dem es ursprünglich gefeiert wurde, auf den
25. Dezember vorverlegt.

Am Geburts-Tag des Mithras, in der dunkelsten Zeit des Jahres
um Mitternacht, erhielten die Teilnehmer der Mithrasmysterien
den Auftrag, die »Sonne um Mitternacht zu schauen« – so lautet

Abb. 13: Relief mit Stieropfer. Rom, Vatikanisches Museum.

der klassische Terminus für die Einweihung. Aus diesem Grunde wurde einmal im Jahr die Messe zu Mitternachtsstunde abgehalten. Die Mitternachtsmesse wird also in Fortsetzung des vorchristlichen Brauchs gefeiert, am 25. Dezember, in der dunkelsten Zeit des Jahres.

Wir finden noch im fünften Jahrhundert n. Chr. eine Abbildung von Mithras-Eingeweihten, und zwar in Ravenna auf einem Fresko, das die Anbetung der heiligen drei Könige darstellt. Die Könige tragen hier keine Kronen, sondern sogenannte phrygische Mützen, das Zeichen der Mithras-Eingeweihten. Man könnte diese Aufzählung der Gemeinsamkeiten noch weiter fortsetzen.

Die Mithrasmysterien

Nun werden die Historiker, so jedenfalls mein Eindruck, kurz-sichtig, wenn sie behaupten: Das Christentum ist eine Replik oder Nachahmung der Mithrasmysterien. Die frühen Christen dachten anders darüber. Justinus Martyr (105–166) beispielsweise, einer der frühen Kirchenväter, dreht die Sache um und sagt:»Schon vor der Geburt Jesu Christi gab es Christen. Nur nannten sie sich nicht so.« Er schreibt ferner:»Das schaffende Wort, aus dem alles entstanden ist, der Logos, ist bereits vor Christus wirksam.« Dies wissen wir auch aus dem Johannesevangelium:»Im Urbeginne war das Wort …, und alles ist durch das Wort geworden.« Nun sagen die frühen Christen: Das Wort lebt im Kleinen, in Miniaturform, in jedem Menschen als der»logos spermatikos«, also als ein Keim, in Samenform. In manchen Menschen kommt dieser Keim kräftig zur Entfaltung. Die frühen Christen betrachteten Sokrates und Heraklit als Vorläufer, die ganz»dem Logos gemäß« gelebt haben, Menschen, die in ihrem heidnischen Dasein dennoch»Christen avant la lettre« waren. So betrachteten die besten Vertreter des frühen Christentums diese vorchristlichen Mysterien. Es ist sehr spannend, nicht nur den Gemeinsamkeiten, sondern auch den Un-terschieden nachzugehen. Einigen der alten Kirchenväter zufolge besteht der Unterschied vor allem darin, dass die vorchristlichen Religionen so etwas wie Vorausspiegelungen der Ankunft des Messias waren. Mit seinem Kommen waren die alten Prophetien erfüllt.

In den Mithräen finden wir jedoch auch eine kultische Symbo-lik, die derjenigen des Christentums sehr fernsteht. Den Mittel-punkt des Kultus bildet nämlich das Stieropfer. Dies belegen zahl-lose Zeugnisse. Mithras wird in dem Augenblick dargestellt, da er mit dem Stier kämpft, ihn bei den Hörnern fasst (vielleicht stammt unsere Redensart hierher) und ihn bezwingt. Mithras erscheint fast immer eingerahmt von zwei Fackelträgern (siehe Abb. 13).

Auf den Mithrasreliefs steht meistens links der Fackelträger Cautes mit einer Fackel, die nach unten weist, rechts Cautopates mit einer nach oben weisenden Fackel. (Auf unserer Abbildung weisen beide Fackeln nach unten.) Das Feuer, das nach unten zeigt, symbolisiert den Tod, und die nach oben weisende Fackel symbolisiert das neue Leben. Mithras zwischen den beiden zeigt den Weg vom Tod zum neuen Leben. Die Fackelträger werden immer in gekreuzter Beinstellung dargestellt. Sie stehen neben dem Geschehen, als ob sie keinen Anteil an dem Kampf hätten, sondern lediglich dessen Zeugen seien. Ihre Haltung mit den gekreuzten Beinen ist ein Ausdruck der Distanz.

Zwischen den Fackelträgern erscheint das Bild des Gottes Mithras; meistens sitzt er auf einem Stier, während er ihn mit einem Dolch tötet. Hund und Schlange trinken das Blut des Tieres. Aus dem Schwanz des sterbenden Stiers wachsen Kornähren. Manchmal erscheint sogar im strömenden Blut eine Ähre. Das tierische Leben, das geopfert wird und stirbt, bringt ein höheres Leben hervor. Es ist kein irdisches, sondern ein kosmisches Bild. Mithras wird von sieben Sternen überwölbt. Über und unter ihm stehen sieben Feueraltäre, dazwischen stehen in der obersten Reihe sieben Bäume. Links und rechts leuchten Sonne und Mond. Unter dem Stier liegt ein Skorpion, der ihn in seine Geschlechtsteile beißt.

Rudolf Steiner deutet dieses Bild als eine Zweiheit, die in jedem Menschen vorhanden ist. Jeder Mensch hat zwei Wesen in sich, die miteinander um die Vorherrschaft kämpfen: einen höheren und einen niedrigen Menschen. Der Mensch steht zwischen dem Tier und dem Kosmos, so wie auch Mithras zwischen Stier und Kosmos gesetzt ist. Der höhere Mensch, Mithras, hat den Auftrag, den niederen Menschen zu bezwingen, ihn zu beherrschen. Wenn dies nicht geschieht, so sagt es die Bildersprache der Mithrasmysterien, werden die tierischen Kräfte übermächtig, zuletzt sogar vernichtend: das Bild des giftigen Skorpions. Wenn wir unseren niederen Menschen seinem Schicksal überlassen, entstellt er sich selbst. Wenn die ungeläuterten Triebe ein Eigenleben führen, werden sie letztendlich destruktiv wirken. Dies alles drückt die Bildersprache dieses Erkenntniswegs aus. Es ist der Kampf des Geistes gegen die Natur, des menschlichen Bewusstseins gegen den tierischen Instinkt.

Wenn der Stier getötet ist, so erzählt es die Legende, empfängt Mithras das Zeichen seines Sieges. Er kniet vor Helios, dem Sonnengott, der ihm seinen Strahlenkranz schenkt. Der Glanz der Sonne verblasst vor diesem Sieg des Mithras. Von diesem Moment an wird Mithras zum Sol Invictus, der unbesiegbaren Sonne. Er hält das Festmahl, gemeinsam mit Helios. Dieses Mahl von Brot und Wein wurde vermutlich auch in den Mithräen abgehalten. Wenn der Sieg errungen worden ist, erscheint der Gott Aion und eine neue Zeitenrunde beginnt. (Unser Begriff »Äon« leitet sich von diesen Namen ab.)

Mithras erscheint am Ende eines Zyklus als Äon, der jugendliche Gott der Zeit (siehe Abb. 14). In den antiken Kulturen vor der persischen Zeit wurde die Zeit als Schlange dargestellt, die sich in den Schwanz beißt: Alles kehrt zurück. Die ewige Wiederkehr desselben ist die älteste Auffassung der Zeit. In Persien wurde die Zeit jedoch anders dargestellt: Nicht als eine Schlange, die sich selbst in den Schwanz beißt, sondern vielmehr als Schlange, die sich spiralförmig um den menschlichen Körper windet und ihren Kopf über ihn erhebt. In der Terminologie der Menschenweihehandlung der Christengemeinschaft wird von »Zeitenrunden« gesprochen. In einem bestimmten Augenblick rundet sich die Zeit; dann ist eine Zeitspanne vorüber. Das bedeutet in den dynamischen Formen der Religion keine ewige Rückkehr desselben (»Es gibt nichts Neues unter der Sonne«), sondern die Fortsetzung auf einer höheren Ebene. Dies wird durch die Schlange symbolisiert, die sich spiralförmig um den Körper nach oben windet.

Abb. 14: Mithras als Äon. Rom, Museo Modena.

Mithras ist hier geflügelt. In der einen Hand hält er ein Bündel von Blitzen, in der anderen Hand den Stab, das Zeichen der königlichen Kraft des Ichs. Er steht auf einer eigenartigen Form, die sich über seinem Kopf als Spiegelbild wiederholt; es wirkt, als handle es sich um die beiden Hälften der Eierschale, aus der er gerade gekrochen ist. Es ist das Bild der Welt, aus der er geboren wurde. Die Mondsichel steht hinter seinen Schultern. Er ist umrahmt von den Zeichen des Tierkreises. Ganz außen in den Ecken sind die vier Windgötter dargestellt.

Überall wird Mithras als »der Kommende« angekündigt, doch nirgends in den Mythen oder Abbildungen erscheint seine Geburt als Mensch auf Erden. Sie ist noch »Zukunftsmusik«. Mithras ist ein Wesen, das schrittweise von Äon zu Äon, von Zeitenrunde zu Zeitenrunde absteigt – der göttliche Mittler. So kann Rudolf Steiner sagen:»Der Mithras-Dienst war etwas wie eine letzte starke Erinnerung an den noch nicht zur Erde gekommenen, aber herabsteigenden Christus.«[57]

Darin besteht der wesentliche Unterschied zwischen dem Christentum und dem Mithrasglauben. Doch der Mensch, der an diesen Mithrasmysterien teilnahm und den Geist dieses göttlichen Wesens herabsteigen sah, konnte Schritt für Schritt seine eigene Stiernatur überwinden und in eine Gemeinschaft mit der höheren Welt eintreten.

Die Einweihung in die Mithrasmysterien

Wir kennen in den Mithrasmysterien sieben Einweihungsgrade. Wenn wir diese sieben Stufen aus der Vogelperspektive überschauen, so fällt auf, dass der Schüler den Auftrag bekam, sich immer mehr von sich selbst, von seiner Stiernatur, zu lösen, um zu einer überpersönlichen Gemeinschaft mit der göttlichen Welt zu gelangen. Darin bestand der Zweck der Mithras-Einweihung.

Rudolf Steiner fügt hier hinzu:»So war alles Bestreben in diesen Mysterien, solche Verrichtungen, solche Kulte anzustellen, die den Zögling in Verbindung bringen konnten mit den Geistern, die ... durch des Todes Pforte gegangen waren.«[58]

1. Das erste Einweihungsstadium ist das des Raben, *corax*. Hier erhielt der Schüler den Auftrag, zwischen der irdischen und geistigen Welt zu vermitteln, gleich dem Raben, der wie ein Botschafter hin und her fliegt. Konkret heißt das: als Botschafter zwischen der physischen Welt und der Welt der Toten. Derselben Symbolik begegnen wir in der Sage von Kaiser Friedrich Barbarossa, der in der Höhle eines Berges begraben ist. Die Sage berichtet, dass jeden Tag Raben dorthin fliegen, um dem toten Kaiser zu berichten, was in der Welt geschieht. Der Schüler erhielt in diesem ersten Stadium den Auftrag, mit den Gedanken der Verstorbenen zu denken und auf diese Weise zwischen ihrer Welt und der der Lebenden zu vermitteln.

2. Bezüglich der zweiten Phase sind sich die Gelehrten noch nicht ganz einig. Rudolf Steiner verwendet zur Charakterisierung dieser Phase den Terminus »der Okkulte«, der Verborgene. Der Myste musste lernen, zu schweigen und zuzuhören; so lernte er die Sprache der Verstorbenen verstehen. Die Wissenschaft sagt heute: der Terminus *occultus* gelte für die Gesamtheit aller Einweihungsphasen. Sie bezeichnet diese Phase als die des *nymphus*, des Bräutigams. Denn der Schüler legte hier das Gelöbnis der Treue zu den Mysterien ab. Wie dem auch sei, es handelte sich um ein Stadium, in welchem man schweigen lernte, wie wir es aus allen Mysterien kennen.

3. Im dritten Stadium wurde die Bewegung umgedreht. Nach einer Zeit der Stille wurde man jetzt zum *miles*, zum Kämpfer. Nun musste man die Impulse, die man während der Einweihung empfangen hatte, auf die äußere Welt anwenden. Der Myste wurde in die Welt hinausgeschickt.

4. Das vierte Stadium wurde als *leo* (Löwe) bezeichnet. Rudolf Steiner benutzt wiederum einen anderen Terminus und spricht von der »Sphinx« (die natürlich auch einen Löwen in sich trägt). In diesem Stadium ging es darum, eine andere Sprache nicht nur hören, sondern auch sprechen zu lernen – eine Bilder- oder Rätselsprache, wie auch die Sphinx sie verwendet. – In den nun folgenden drei höheren Stadien musste der Myste schrittweise seine eigene Stiernatur überwinden.

5. Er wurde im fünften Stadium, dem des *perses* (Perser) zum Repräsentanten eines ganzen Volkes. Einen ähnlichen Hinweis finden wir im Neuen Testament, wo Jesus über Nathanael, der dann sein Jünger werden sollte, sagt: »Dieser ist wahrlich ein Israelit – in ihm ist keine Verfälschung« (Joh 1,48). In diesem Stadium, in welchem der Myste mit seinem Volk eins wurde und so zum Perser oder Israeliten wurde, entwickelte er sich zum Träger eines höheren Wesens; der Erzengel des Volkes war nun in der Lage, in seiner Seele zu lesen, sodass er jetzt nicht mehr nur ein Mittler zwischen Lebenden und Verstorbenen, sondern auch zwischen Menschen und Hierarchien war.

6. In der sechsten Phase der Einweihung wurde der Myste zum *heliodromos* (Sonnenläufer). Das menschliche Ich war so groß geworden, dass es eins mit dem Kosmos war. Der Myste schaute die Sonne um Mitternacht, und er begegnete in ihr dem Kommenden, dem Messias.

7. Im siebenten Stadium wurde er zum *pater* (Vater), möglicherweise sogar zum *pater patrum* (Vater der Väter). Nun war er nicht nur mit der Sonne, sondern mit der gesamten Vater-Welt eins geworden, und damit war er fähig, Teil der neuen Schöpfung zu sein, wie es die Apokalypse für die Zukunft prophezeit: »Wer überwindet, dem werde ich geben, mit mir auf meinem Throne zu sitzen, wie auch ich überwunden und mich mit meinem Vater gesetzt habe auf Seinen Thron« (Offb 3,21).

»Mit der Gottheit zusammen thronen« bedeutet: selbst an der künftigen Schöpfung teilzunehmen, als Mitschöpfer und Vater.

Diese sieben Einweihungsphasen können bis zu einem gewissen Grade noch heute in den sieben Weihestufen der römisch-katholischen Kirche wiedergefunden werden, wie sie bis zum Jahr 1973 üblich waren. Die ersten vier Weihen waren die »niederen Weihen«: Ostiarier (der Bewacher der Kirchentüren, Küster: ein deutlicher Zusammenhang mit der Stufe des Raben, *corax*); Lektor (die Berechtigung, die Schriftlesungen aus der Bibel vorzunehmen); Akolyth (Messdiener); Exorzist (Beschwörer, der Besessene heilen durfte, auch hier ein deutlicher Zusammenhang mit der Stufe des Löwen beziehungsweise der Sphinx). Die höheren Weihen waren: Subdiakon, Diakon und Priester. Das ursprüngliche Wort für Priester, *presbyteros*, bedeutet eigentlich »Ältester«; es ist insofern vergleichbar mit dem Einweihungsterminus des *pater*, des Vaters. Der Bischof schließlich verfügt über die sogenannte »Fülle des Amtes«: Er darf alle sieben Sakramente vollziehen. Das ursprüngliche Wort für Bischof war *episkopos*, Aufseher – also jemand, der ein großes Gebiet übersieht.[59]

So begegnen wir in den Mithrasmysterien zum ersten Mal auf unserem Erkundungszug einer Reihe bemerkenswerter Parallelen zum christlichen Kultus. Sogar in den Evangelien finden wir Beschreibungen von Ereignissen, die in einer absolut entsprechenden Form in der Mithras-Kultur vollzogen wurden. Wenn Christus am Karfreitag gemartert wird, macht er Qualen durch, die ebenfalls in den Mithrasmysterien vollzogen wurden: Der Lehrling musste sich einer Geißelung unterziehen, danach empfing er einen Königsmantel und ein Zepter und wurde mit einer Dornenkrone aus den Zweigen der Akanthuspflanze gekrönt. Ja, das Evangelium (Mt 27,29) verwendet für die Dornenkrone, die Christus trägt, sogar dasselbe Wort – *acanthus* – wie die Mithrasmysterien!

6 Der Ursprung des christlichen Kultus

Das Letzte Abendmahl

Es gilt dem Christentum als evident, dass der christliche Kultus seinem Ursprung im Letzten Abendmahl am Gründonnerstag findet. Doch in den vorangegangenen Kapiteln wurde deutlich, das diesem Kultus auch vorchristliche Mysterienströmungen zugrundeliegen. Die Eucharistie kann nicht ausschließlich vom Letzten Abendmahl hergeleitet werden, eine Ansicht, die noch immer von manchen kirchlichen Strömungen aufrechterhalten wird. Es lohnt sich, die Messe in ihren frühen Formen einmal vor dem Hintergrund dieser beiden Ursprünge zu betrachten.

Das Christentum und damit auch der christliche Kultus leitet sein Existenzrecht aus dem Leben des Jesus Christus ab. In gewissem Sinne zelebriert der Christus Jesus nach seiner Jordantaufe sein ganzes Leben. Auch der Apostel Paulus gebraucht in seinen Briefen gelegentlich diese Umkehrung der Reihenfolge der beiden Namen, um damit deutlich zu machen, dass Christus seit der Taufe gewissermaßen zur »Hauptperson« geworden ist. Der Mensch Jesus ist zum Träger des Christus geworden und damit zum Sohn Gottes. Das Leben, das Er führt, weiht Er den Menschen und dem Vatergott, der Ihn zur Erde gesandt hat. Die Taten, die Er auf Erden ausführt, erhalten dadurch den Wert sakramentaler Handlungen. Denn es hat das Göttliche auf Erden unter uns gewohnt und gewirkt. Diese Taten werden für das Entstehen der späteren Eucharistie noch von großer Bedeutung sein. Man denke an die Hochzeit zu Kana, wo Wasser in Wein verwandelt wird: ein Vorspiel der Wandlung beim letzten Abendmahl. Oder man denke an die Speisung der Viertausend und der Fünftausend, bei welcher die physischen Substanzen Brot und Fisch transformiert werden. Doch auch die Verklärung auf dem Berge hat den Charakter eines Kultus: Christus selbst »transfiguriert« sich – in der Umformung[60] seiner irdischen Gestalt bringt Er Sein wahres Wesen zur Erscheinung.

In diesen kultischen Strom gliedert sich das Gebet ein, welches Christus Seine Jünger lehrt und ihnen vorlebt: »Herr, lehre uns beten.« Diese Frage wird durch das Vaterunser beantwortet. Mit diesem Gebet wird die Brücke zwischen Himmel und Erde geschlagen. Das Gottesreich kann die Erdenwelt wieder erreichen. Darum wird es später im Altarsakrament den Übergang von der Wandlung zur Kommunion markieren. Das Vaterunser wird gebetet, nachdem Brot und Wein verwandelt worden sind und bevor sie in der Kommunion den Menschen gespendet werden, um mit ihnen in die Welt hinauszugehen. Mit dem Vaterunser wird die Schwelle überschritten: Zwischen Gott und Mensch entsteht aufs Neue ein Gespräch. Rudolf Steiner bezeichnete im Kreise der Begründer der Christengemeinschaft das Vaterunser als »ein Wechselgespräch mit dem Göttlichen.«

Kultus und Gebet kulminieren im letzten Abendmahl. In einem Obergemach auf dem Berge Zion zu Jerusalem wird das Passah gehalten. Christus selbst ist hier das Osterlamm. Er ist das Urbild der Gemeinschaft (die Zwölf und der Eine), die untereinander durch die Liebe verbunden ist. »Agape« (die geistige Liebe) ist im frühen Christentum der Terminus für die Eucharistie. So wird kurz vor dem Leidenstod das Letzte Abendmahl zu einem unentbehrlichen Vorstadium der Eucharistie. Deswegen werden in der Eucharistie von jeher die sogenannten »Einsetzungsworte« gesprochen. Diese Worte sind verschiedenen Evangelien entnommen. In der römisch-katholischen Messe erklingen diese Evangelientexte (in der von der Deutschen Bischofskonferenz approbierten und vom Papst bestätigten Übersetzung, 1976 verbindlich eingeführt) noch fast wörtlich:

Am Abend vor seinem Leiden nahm er das Brot in seine heiligen und ehrwürdigen Hände, erhob die Augen zum Himmel, zu dir, seinem Vater, dem allmächtigen Gott, sagte dir Lob und Dank, brach das Brot, reichte es seinen Jüngern und sprach: Nehmet und esset alle davon: Das ist mein Leib, der für euch hingegeben wird.

Ebenso nahm er nach dem Mahl diesen erhabenen Kelch in seine heiligen und ehrwürdigen Hände, sagte dir Lob und Dank, reichte den Kelch seinen Jüngern und sprach: Nehmet und trinket alle daraus: Das ist der Kelch des neuen und ewigen Bundes, mein Blut, das für euch und für alle vergossen wird zur Vergebung der Sünden. Tut dies zu meinem Gedächtnis.

Die Einsetzungsworte münden in den Auftrag: »Tut dies zu meinem Gedächtnis (Anamnese)« (Lk 22,19). Das griechische Wort *anamnesis* bedeutet mehr als unser gewöhnliches Wort »Erinnerung«. Plato deutet in seiner Philosophie mit diesem Wort die Fähigkeit an, die vorgeburtliche Ideenwelt aufzurufen. Wenn wir das Wort *er-innern* einmal ganz konkret nehmen – »aufs Neue im Innern zum Leben erwecken, was gewesen ist« –, so bewegen wir uns in Richtung dessen, was Christus damit meinte. Es geht hier nicht um eine Erinnerung von Tatsachen, Formulierungen und rituellen Handlungen, sondern um das Aufrufen seiner Gegenwart durch die verchristlichte Erinnerung.

Doch der Text und die Handlung des Abendmahls alleine genügen nicht, um verständlich zu machen, was danach in der Eucharistie geschieht. Auch nach der Auferstehung gibt es verschiedene Hinweise, die auf eine Fortsetzung dessen deuten, was da begonnen hat. Das Geschehen in Emmaus, wo Christus sich beim Brechen des Brotes zu erkennen gibt, ist eine Fortsetzung des Heiligen Mahles. An anderer Stelle schreibt Lukas über den Zeitraum bis zur Himmelfahrt:»Nach seinem Leiden zeigte er sich in vielerlei Gestalt. Er erschien ihnen 40 Tage lang und sprach über die Mysterien des Gottesreiches« (Apg 1,3). Während dieser 40 Tage erscheint der Auferstandene immer wieder aufs Neue im Kreise der elf Jünger im abgeschlossenen Raum des Coenaculums und spricht zu ihnen. Eine berühmte koptische Schrift aus dem frühen Christentum, die Pistis Sophia, beschreibt in rätselhaften Bildern die»Geheimlehre« des auferstandenen Christus in dieser Zeit. Sowohl die griechisch-orthodoxe wie auch die russisch-orthodoxe Kirche betrachten diese 40 Tage als den Entstehungsmoment des Altarsakraments.

Von Hieronymus, dem Kirchenvater, stammt die Überlieferung, dass in dieser Zeit der Bruder Jesu, Jakobus, den Auftrag erhalten habe, zum ersten Mal das christliche Altarsakrament zu vollziehen. Hieronymus schreibt:

Der Herr sprach: bringt einen Tisch und Brot. Und er nahm das Brot, dankte, brach es und gab es Jakobus, dem Gerechten, und sprach zu ihm:»Mein Bruder, iss das Brot, denn der Menschensohn ist von den Schlafenden auferstanden.«[61]

Andere Überlieferungen fügen noch hinzu, dass Jakobus auf Anweisung von Christus die Jünger zusammenruft und ihnen das heilige Mahl spendet, nachdem der Auferstandene selbst dies in ihrem Kreis getan hat. Damit wäre Jakobus der Erste gewesen, der die heilige Messe vollzogen hat.[62] Von diesem Augenblick an beginnt dasjenige, was in der christlichen Theologie als die»Ubiquität« Christi bezeichnet wird: Durch Seine Himmelfahrt ist er»allgegenwärtig«, überall dort, wo Sein Mahl auf Erden vollzogen wird.

Auch danach ist der Werdeprozess der Eucharistie noch nicht abgeschlossen. In gewissem Sinne beginnt er nun erst richtig: Ab dem Pfingstfest kommt die heilige Handlung aus der Welt des

Auferstandenen in die Welt der Menschen. Die Apostelgeschichte berichtet, dass die Jünger nun selbst das Mahl abhalten: »Sie verharrten aber in der Lehre und in der Gemeinschaft der Apostel im Brechen des Brotes und in den Gebeten« (Apg 2,42). »Täglich verharrten sie einmütig in der Weihestätte und brachen Brot zu Hause. Ihre Nahrung nahmen sie mit Frohlocken und in Herzenseinfalt zu sich und lobten Gott« (Apg 2,46). Dieser Ausdruck, »das Brechen des Brotes« (*klasis artou*), ist zugleich die älteste Bezeichnung für die Eucharistie. Beim Brechen des Brotes gab Christus sich in Emmaus zu erkennen. Auch bei der Speisung der Fünftausend ist das Brechen des Brotes ein wesentlicher Teil der Handlung: »Und er nahm die fünf Brote und die zwei Fische, blickte auf gen Himmel, sprach den Segen, brach die Brote und gab sie seinen Jüngern ...« (Mk 6,41). Beim Brechen des Brotes können geistige Kräfte in die aufgebrochene physische Substanz einströmen. Es ist in gewissem Sinne das Erkennungszeichen Seines Mahles. Darum wird diese Handlung bis zum heutigen Tag am Altar vollzogen. Für die hellsichtige Wahrnehmung erscheint in diesem Moment die Aura des Christus als ein Strahlenkranz oder ein Goldglanz, der die geweihte Hostie umgibt, oder als eine goldene Wolke über dem Altar. Seit Pfingsten beginnt auch die irdische Geschichte der Eucharistie in der Gemeinschaft der Christen, die miteinander die Ecclesia bilden. Doch diese wäre undenkbar ohne eine lange Vorgeschichte – die vorchristlichen Mysterien, die Zeitenwende, die Jordantaufe, die wunderbare Speisung, die Verklärung auf dem Berge, das letzte Abendmahl, Golgatha, Ostern, Himmelfahrt. Alle vorangegangenen Ereignisse im Leben des Jesus Christus sind mit diesem Mahl verbunden.

Doch auch in den anderen Sakramenten wirkt das Leben des Christus auf Erden weiter. In der Bildsprache des Mittelalters zeigte man zum Beispiel die Verwandtschaft der Ereignisse auf Golgatha mit den sieben Sakramenten. Auf alten Gemälden wird oft dargestellt, dass das Blut aus der Wunde in der Seite des Gekreuzigten in sieben Gefäßen aufgefangen wird, die der symbolische Ausdruck der sieben Sakramente sind.[63] Diese Bildsprache geht auf Augustinus zurück, der in seinem Kommentar zum Johannesevangelium sagt:»Er öffnete seine Seite, damit dort gewissermaßen die Türe des Lebens aufgetan würde, woher die Sakramente der Kirche flossen, ohne welche man zum Leben, welches das wahre Leben ist, nicht eingeht. Jenes Blut ist zur Vergebung der Sünden vergossen worden, jenes Wasser mischt den heilsamen Becher, es gewährt sowohl Bad wie Trank ... Was ist reiner als dieses Blut, was heilsamer als diese Wunde?«[64] Die Sakramente sind hier die Gefäße der Gnade und der Verdienste Christi! Ein Fresko mit der Darstellung des Gekreuzigten mit den sieben Sakramenten ist noch heute im friesischen Museum in Leeuwarden zu sehen. Dieses Fresko aus der Zeit um 1570 stammt aus der ehemaligen Galiläerkirche zu Leeuwarden, die im Jahre 1940 abgebrochen wurde.

Die Eucharistie und die Mysterien

Weniger vertraut ist uns die Verwandtschaft der Eucharistie mit den alten Mysterien. Aus dem, was wir aus den Mithras-Mysterien wissen, lassen sich jedoch einige Vorstellungen bilden. Doch es gibt noch weitere Quellen. So hat Rudolf Steiner bei zwei Anlässen auf diese Verwandtschaft hingewiesen. Am 17. März 1905 hält er auf Bitten von Mathilde Scholl in der Bischofsstadt Köln einen Vortrag»Über die Bedeutung der Messe im Sinne der Mystik«.[65] Die Aussage, die er in diesem Vortrag macht, die Wurzeln der Messe lägen in den vorchristlichen Mysterien, ist in der damaligen Zeit so gut wie neu. In ihrer Zusammenfassung dieses Vortrags schreibt Mathilde Scholl Folgendes:

Wer den Ursprung der katholischen Messe kennenlernen will, der muss sie zurückverfolgen, geschichtlich, bis in die Mysterien.

115

Mysterien sind Kultstätten, in denen das höhere Wissen nicht nur gelehrt und erworben wird, sondern in denen die betreffenden Erscheinungen auch vorgeführt werden. Die Mysterien haben eine besondere populäre Form angenommen in den Kultströmungen, die von Persien und Ägypten herüberkamen. Diese sind es, aus denen die Messe hervorgegangen ist.

Im Vortragszyklus »Bausteine zu einer Erkenntnis des Mysteriums von Golgatha«[66] präzisiert Rudolf Steiner diese Aussage:

Was ist das katholische Messopfer mit seinem ganzen ungeheuer tiefen Sinn? Was ist es? Ja, das Messopfer mit alledem, was daran hängt, ist eine kontinuierliche Fortentwicklung der Mithras-Mysterien, die in gewisser Weise etwas kombiniert sind mit den eleusinischen Mysterien. Das Messopfer und vieles, was an Zeremonien damit zusammenhängt, ist nichts anderes als die Fortentwicklung der alten Kulte, nur eben fortentwickelt.

Diese Formulierung enthält eine gewisse Einseitigkeit. Dennoch ist es gut, gerade diesen Aspekt, der bislang unterbelichtet war, hervorzuheben. Dabei ist es wichtig, zu wissen, dass die Mysterien von Eleusis stark mit den Prozessen von Leben, Tod und Auferstehung verbunden waren. Auch hier spielt die Geburt des göttlichen Kindes, an welches sich die Heilserwartung knüpft, eine große Rolle.

Ein Jahr nach diesen Vorträgen publizierte der Benediktiner Odo Casel ein Buch über die römisch-katholische Messe.[67] Darin wird ein Zusammenhang zwischen der Messe und dem alten Mysterien hergestellt. Casel weist darauf hin, dass das frühe Christentum verschiedene Begriffe aus den hellenistischen Mysterien übernommen und in die Sakramente übersetzt hat. Eine zentrale Rolle im Werk Casels spielt der Begriff des »Mysteriums« und der Gedanke, dass mit dem Erinnern die Realität der historischen Ereignisse aufgerufen wird. Doch es verging noch einige Zeit, bevor die römisch-katholische Kirche im Zweiten Vatikanischen Konzil (1965) diese Sichtweise anerkannte.

Die Einseitigkeit dieser Auffassung, die lediglich einen bestimmten Aspekt der Messe beleuchtet, wird von Rudolf Steiner in einem Vortrag berichtigt, in welchem er die Wirksamkeit des Auferstandenen bei der Entstehung des Altarsakraments beschreibt:

Dass gerade das Messopfer mit seinem wunderbaren Kultus, seiner Nachahmung der vier Mysterienkapitel, eingesetzt worden ist, das geht eben durchaus auf das zurück, dass der auferstandene Christus auch der Lehrer war derjenigen, die diese Lehren in einem höheren esoterischen Sinne empfangen konnten.[68]

Einerseits knüpft diese Formulierung an die Tradition des frühen Christentums an, in welcher die »Lehren des Auferstandenen« eine zentrale Stellung einnahmen. Andererseits wird hier in einem Nebensatz etwas Wichtiges über den Aufbau der Messe ausgesagt. Für denjenigen, der mit der römisch-katholischen Messe vertraut ist, ist es heute keineswegs selbstverständlich, dass diese Kultform aus »vier Mysterienkapiteln« bestehen soll. Sogar die Viergliedrigkeit der Messe lässt sich nicht mehr ohne Weiteres erkennen, da sich im Laufe der Jahrhunderte dem ursprünglichen Corpus allerlei Hinzufügungen hinzugesellt haben. In der üblichen Sicht wird ein Unterschied zwischen der sogenannten Vormesse (Vorbereitung, Evangelium und Glaubensbekenntnis) und der eigentlichen Messe der Gläubigen (Opfer, Waschung der Hände, Präfation, Konsekration, Vaterunser, Kommunion, Danksagung und Entlassung) gemacht. Steiner beschreibt eine Einteilung in Evangelium, Offertorium, Transsubstantiation und Kommunion. Dies ist zugleich die »Nachahmung der vier Mysterienkapitel«. An anderer Stelle beschreibt Steiner, was er unter diesen vier Teilen der klassischen Einweihung versteht. In einem Vortrag am 3. Februar 1913 in Berlin[69] benennt er die vier Teile folgendermaßen:

1. In Berührung kommen mit dem Erlebnis des Todes.
2. Der Durchgang durch die elementarische Welt.
3. Das Schauen der Sonne um Mitternacht.
4. Die Begegnung mit den oberen und unteren Göttern.

In der Bildsprache der Isismysterien wird dieser Weg von dem römischen Schriftsteller Lucius Apuleius (ca. 124–170) in seinem Werk *Der goldene Esel* folgendermaßen beschrieben:

Ich bin an die Grenzen des Todes gekommen und habe die Schwelle der Proserpina betreten.
Durch alle Elemente bin ich gefahren und bin dann zurückgekehrt.
Um Mitternacht habe ich die Sonne in blendend weißem Leuchten gesehen.
Den Göttern droben und drunten bin ich von Angesicht zu Angesicht genaht und habe sie aus nächster Nähe angebetet.[70]

Wir können jetzt den Zusammenhang zwischen den vier Teilen der Messe und den alten Mysterien wie folgt umschreiben:

1. In den Mysterien wurde der Schüler auf den Schwellenübertritt vorbereitet durch das Verkündigen der alten Weisheit. In diesem Stadium handelte es sich um das Aufnehmen einer Botschaft aus der Welt auf der »anderen Seite«. – In der Messe wird hier die Botschaft des Evangeliums verkündet.
2. Als Nächstes werden Opfer dargebracht, um tiefer zu der verborgenen Wirklichkeit vorzudringen. Wer der Geheimnisse hinter der sichtbaren Wirklichkeit teilhaftig werden will, muss sich selbst opfern. – Im entsprechenden Teil der Eucharistie, der Opferung, kommen die vier Elemente buchstäblich vor: die Erde (Brot), Wasser (Eingießen von Wein und Wasser in den Kelch), Luft (Weihrauch), Feuer (das Verbrennen des Weihrauchs).

3. Im dritten Stadium weilte der Schüler in der höheren Welt. In den ägyptischen Mysterien war dies die Periode des sogenannten Tempelschlafes, der sich während dreier Tage in einem abgeschlossenen Raum oder einem Sarkophag abspielte. Der Einzuweihende schaute durch die physische Erde hindurch die Sonne. – Am Altar erscheint in der Wandlung (Transsubstantiation) das Licht des auferstandenen Christus als Aura der verwandelten Substanzen.

4. Der Myste erfuhr schließlich die Einswerdung mit der göttlichen Welt. Er stand Aug' in Auge mit der Gottheit. Jetzt erst konnte er sich als Eingeweihter bezeichnen. – In der Kommunion findet die Einswerdung mit dem Wesen des Auferstandenen statt: Wer daran teilnimmt, wird Teil Seines Leibes und Seines Blutes.

Für die frühen Kirchenväter war die Verwandtschaft zwischen Eucharistie und Einweihung etwas Selbstverständliches. Clemens von Alexandrien (ca. 150–ca. 212) schreibt in einer Einweihungsterminologie über die Eucharistie. Dabei benutzt er Ausdrücke aus den Dionysos-Mysterien. Man vermutet, dass er selbst, bevor er zum Christentum überlief, eine Einweihung in diese Mysterien erfahren hat. In der nachfolgenden Passage[71] macht er deutlich, dass Christus die Erfüllung dieser vorchristlichen Prophetien und Erwartungen ist:

O wie wahrhaft heilig sind die Mysterien, o wie lauter das Licht! Von Fackellicht werde ich umleuchtet, damit ich den Himmel und Gott schauen kann; ich werde heilig dadurch, dass ich in die Mysterien eingeweiht werde; der Herr enthüllt die heiligen Zeichen – [im Griechischen: Er ist *hierophantes*] – und drückt dem Eingeweihten durch die Erleuchtung sein Siegel auf und übergibt den, der gläubig geworden ist, der Fürsorge des Vaters, damit er für die Ewigkeit bewahrt werde. Das sind die Bacchusfeste meiner Mysterien; wenn du willst, so lasse auch du dich einweihen! Und mit den Engeln willst du den Reigen um den [...] wahrhaft einzigen Gott tanzen, wobei der Logos Gottes in unsere Loblieder mit einstimmt.

In dieser Hymne geht es nicht um die Rückkehr zu den alten Mysterien, sondern um die Verwandtschaft der christlichen Mysterien mit dem, was ihnen vorangegangen ist. Für die frühen Christen war es selbstverständlich, dass auch in der vorchristlichen Menschheit der Logos, das Schöpferwort, das sich in Jesus inkarnierte, bereits wirksam war. In diesem Zusammenhang sprechen sie vom »logos spermatikos«: Das Wort, das wie ein göttlicher Funke, ein Samenkorn, in jedem Menschen anwesend ist, kommt zur Blüte in den besten Vertretern der vorchristlichen Menschheit. Clemens von Alexandrien lässt diesen Gedankengang in dem Satz kulminieren: »Durch den Logos ist die gesamte Welt zu Athen und Griechenland geworden.«[72]

Wenn wir zu den ersten Dokumenten zurückgehen, die etwas von der frühen Eucharistie beschreiben, finden wir darin immer wieder Termini, die den vorchristlichen Mysterien entstammen. Allein schon das Mahl von Brot und Wein trug den Namen »mysterion«. (Der noch ältere Name lautet: »das Mahl des Herrn«.) Auch äußerlich trug dieses Mahl den Charakter einer Mysterienhandlung. Lediglich der erste Teil der Eucharistie (Evangelienlesung und Predigt) war öffentlich zugänglich. Der darauf folgende Teil wurde durch den Ruf des Diakons angekündigt: »Keiner der Katechumenen (Taufkandidaten), keiner der Ungläubigen, keiner der Andersgläubigen ist anwesend.« Erst nachdem die Genannten die Kirche verlassen hatten und die Türen geschlossen worden waren, wurde die Handlung fortgesetzt. Sie begann mit einer Zusammenfassung der göttlichen Geheimnisse, dem Credo, in welchem die Heilstatsachen beim Namen genannt wurden. Nach dem Credo folgte dann der eigentliche Gottesdienst mit dem Mahl.

Auch die Taufe war in den ersten Jahrhunderten nach Christus eine Fortsetzung der alten Mysterien. Der Gläubige wurde in den

Kreis der Heiligen eingeweiht. Darum war es auch notwendig, dass der Taufe eine sogenannte »mystagogische Katechese«, ein Einführungsunterricht zur Vorbereitung auf die Mysterien, voranging.[73] Der Bischof unterrichtete die Gläubigen in der Bedeutung der Taufe. Danach, meistens in der Osternacht, folgte eine beeindruckende Reihe ritueller Handlungen, die am ausführlichsten von Hippolytus beschrieben wird. Die Taufliturgie umfasste folgende Teile:

1. Im ersten Teil wurde über dem Taufwasser ein Gebet gesprochen und das Öl vom Bischof geweiht. Die Kandidaten legten ihre Kleidung ab und schworen dem Satan ab. Danach bekannten sie sich zu dem Vater, dem Sohn und dem Geist. Dann fand die Taufe statt: Die Kandidaten wurden vollständig in das Taufbad untergetaucht.
2. Danach fand die Salbung des gesamten Körpers statt. Die Kandidaten legten das weiße Gewand an. Es wurde ihnen die Hand aufgelegt und der Scheitel mit Öl gesalbt. Der Friedenskuss wurde erteilt.
3. Am Ende fand die Tauf-Eucharistie statt. Die Kommunion bestand nicht nur aus Brot und Wein. Der Täufling empfing aus einem zweiten Kelch Milch und Honig. Zuletzt wurde ein Kelch mit Wasser dargereicht.

1. Mit dieser Taufe unterzog sich der Kandidat einer Wiedergeburt: Es kam zu einer inneren Umkehr (*metanoia*) und Reinigung (*katharsis*).
2. Danach erlangte der Täufling durch die Salbung die Erleuchtung (*photismos*).
3. Zum Schluss empfing er durch die Eucharistie den Leib und das Blut Christi. Damit wurde der Aufruf erfüllt: »Wache auf, der du schläfst! Steh auf von den Toten! Der Christus wird über dir leuchten!« (Eph 5,14)[74]

Wir können uns heute unschwer vorstellen, warum außerhalb der frühchristlichen Kirche so viel Unverständnis und Argwohn herrschte gegenüber dem, was sich dort hinter verschlossenen Türen abspielte. Eine der vielen Anschuldigungen, die von ihren Verfolgern gegen die frühen Christen erhoben wurden, war die Fabel, sie würden am Altar ihre eigenen Kinder töten und verspeisen. Ein anderer Vorwurf lautete, man müsse annehmen, dass dort, wo Männer und Frauen so einträchtig zusammenkamen, unkeusche Dinge geschehen könnten. Die Geheimhaltung unter den ersten Christen war so streng, dass sie ihre Geheimnisse selbst unter strengsten Martern nicht preisgaben. So klagt der römische Statthalter Plinius der Jüngere im Jahre 112 oder 113 in einem Brief an Kaiser Trajan:

Sie [die angeklagten Christen] beteuerten jedoch, ihre ganze Schuld oder auch ihre Verirrung habe darin bestanden, dass sie gewöhnlich an einem festgesetzten Tag vor Sonnenaufgang sich versammelt, Christus als ihrem Gott im Wechsel Lob gesungen[75] und sich mit einem Eid (*sacramentum*) verpflichtet hätten – nicht etwa zu irgendeinem Verbrechen, sondern vielmehr zur Unterlassung von Diebstahl, Raub, Ehebruch, Treulosigkeit und Unterschlagung von anvertrautem Gut. Danach sei es bei ihnen Brauch gewesen, auseinanderzugehen und später wieder zusammenzukommen, um ein Mahl einzunehmen, allerdings ein ganz gewöhnliches und unschuldiges [...] Umso mehr hielt ich es für angezeigt, aus zwei Sklavinnen, sogenannten Diakonissen (*ministrae*), die Wahrheit unter der Folter herauszubekommen. Ich fand aber nichts anderes heraus als minderwertigen, maßlosen Aberglauben. Daher setzte ich das Verfahren aus, um eiligst deinen Rat einzuholen.[76]

Aus dem Ton des Briefes wird deutlich, dass Plinius, trotz der von ihm durchgeführten Folterungen, nicht zu hören bekam, was er hören wollte. Die strenge Schweigepflicht führte dazu, dass die

Eucharistie, aber auch die anderen Sakramente im Urchristentum über zwei Jahrhunderte hinweg im Verborgenen gepflegt wurden.

Erst danach sickert in knappen Formulierungen durch, was hinter den verschlossenen Türen geschieht: Clemens und Origenes geben in ihren Schriften Hinweise auf den viergliedrigen Aufbau des Altardienstes.[77] Sie beschreiben eine liturgische Form der Eucharistie, die den folgenden Aufbau hat:

1. Lesung aus dem Alten und Neuen Testament sowie Predigt. Danach verlassen die Nicht-Getauften mit einem Segen die Kirche.
2. Friedenskuss und Austeilen der Opfergaben.
3. Gebet und Danksagung; die Einsetzungsworte des Abendmahls. Das Vaterunser.
4. Der letzte Teil wird mit den Worten des Zelebranten eingeleitet: »Das Heilige der Heiligen!«. Kommunion mit Brot und Wein vom Altar.

Wie diese Vierteiligkeit aus der Einsetzung des Abendmahls entstanden ist, ist nicht dokumentiert. Zur Zeit von Clemens und Origenes war diese Form bereits mehr oder weniger klar auskristallisiert. Der *Inhalt* des Altarsakraments ist, so erlebten es die ersten Christen, eine ungebrochene Fortsetzung des Abendmahls. (»Dies tut zu meinem Gedächtnis«). Die *Form* des Altarsakraments erweist sich als Fortsetzung der vier »Mysterienkapitel« – diesen Terminus benutzte Rudolf Steiner hierfür – aus der vorchristlichen Einweihung. Das bedeutet für die frühen Christen keinen »Fremdkörper«, sondern ist vertraute Wirklichkeit. Wir haben bereits gesehen, dass die Terminologie der klassischen Mysterien zugleich die Sprache des frühen Christentums ist.[78]

Das Altarsakrament bei Anna Katharina Emmerich

Abgesehen von dieser historischen Beschreibung, die einen Teil der Entstehungsgeschichte deutlich macht, finden wir bei den Mystikern zahlreiche Anknüpfungspunkte, die uns ein lebendiges Bild vom Ursprung und der Entwicklung des Altarsakraments vermitteln. Ich folge im Weiteren einem Ausschnitt der Beschreibung, die die Mystikerin Anna Katharina Emmerich (1774–1824) dem Schriftsteller Clemens Brentano diktiert hat. Sie hatte von Kindesbeinen an Visionen über das Leben Jesu Christi, die ab dem Jahre 1812 spontan zum Auftreten der Stigmata führten. Danach erlebt sie jedes Jahr in der Passionszeit, insbesondere am Karfreitag, alle Stadien des Leidens Christi mit. Sie folgt ihm auf seinen Wegen nach Golgatha und diktiert die Ereignisse, die sie bis in die kleinsten Einzelheiten beschreibt. Allein ihre Beschreibung mit dem Titel *Das bittere Leiden unseres Herrn Jesu Christi* umfasst nahezu 400 Seiten.

In ihrer Beschreibung des Altarsakraments ist, stärker noch, als es in den Evangelien zum Ausdruck kommt, etwas vom zukünftigen Sakrament von Brot und Wein erkennbar. Wir müssen uns selbstverständlich klarmachen, dass Anna Katharina Emmerich mit der katholischen Messe vertraut war und mit anderen Augen als die Evangelisten auf die Vorgänge blickt:

Jesu Stelle war zwischen Petrus und Johannes; die Türen waren geschlossen, alles sehr geheim und feierlich. Als nun die Hülle von dem Kelch abgenommen und in den abgetrennten Raum des Saales zurückgetragen wurde, betete Jesus und sprach sehr feierlich. Ich sah, dass Jesus ihnen das Abendmahl und die ganze Handlung auslegte; ich sah es, als ob ein Priester den andern die heilige Messe lehre. [...] Dann segnete er das Osterbrot und, ich meine, auch die nahestehenden Öle und hob nun die Platte mit dem Osterbroten mit beiden Händen empor, schaute gen Himmel, betete, opferte, setzte die Platte nieder und deckte sie zu. Hierauf nahm er den Kelch, ließ sich von Petrus Wein und von Johannes Wasser, das er segnete, hineingießen und schöpfte mit dem kleinen Löffel noch ein wenig Wasser hinein. Nun segnete er den Kelch und hob auch ihn betend und opfernd empor und setzte ihn nieder. [...] Dieses alles und anderes, was mich sehr an die heilige Messe erinnerte, sah ich mit großer Rührung. Er wurde unter diesen Handlungen immer inniger und inniger und sagte: Er wolle ihnen nun alles geben, was er habe, sich selbst; da war es, als gösse er sich ganz aus in Liebe, und ich sah ihn ganz durchsichtig werden; er war wie ein leuchtender Schatten. Er brach aber in dieser Innigkeit betend das Brot in die vorgeritzten Bissen und legte sie turmförmig auf die Platte; von dem ersten Bissen brach er mit den Fingerspitzen ein wenig und ließ es in den Kelch fallen.[79]

Viel ausführlicher als die Evangelisten veranschaulichen diese Beschreibungen den »priesterlichen« Charakter der Handlungen. Zugleich mit dem Abendmahl erteilt Jesus seinen Jüngern eine Mystagogie (eine Einweihung in die Bedeutung der Mysterien). Die Jünger werden in die Handlung als Diakone einbezogen: Petrus, der leidenschaftliche Jünger, gießt den Wein ein. Johannes, der durch eine Katharsis gegangen ist, schenkt das Wasser ein. Sogar die rituelle Handlung der Vereinigung von Brot und Wein (die wir in der Messe – als *Mixtio* – wie auch in der Menschenweihehandlung wiederfinden) wird hier bereits vollzogen. In der sich nun anschließenden Beschreibung können wir den unsichtbaren Teil der sakramentalen Handlung Schritt für Schritt verfolgen:

Er betete und lehrte noch; alle seine Worte gingen wie Feuer und Licht aus seinem Mund in die Apostel ein, außer in Judas. Nun aber nahm er die Platte mit den Bissen ... und sprach: »Nehmet hin und esset, das ist mein Leib, der für euch gegeben wird.« Dabei bewegt er seine Rechte wie segnend darüber; und als er dieses tat, ging ein Glanz von ihm aus, seine Worte waren leuchtend und ebenso das Brot, das wie ein Lichtkörper in den Mund der Apostel stürzte; es war, als fließe er selbst in sie hinein; ich sah alle wie von Licht durchdrungen, nur Judas sah ich finster. [...] Er war in das übergehend, was er gab. [...] Als er es gab, gab er sich, so dass er mir wie ausgeleert und in barmherziger Liebe ergossen erschien. Es ist dieses unaussprechlich. [...] Seine Wendungen rechts und links waren feierlich wie immer in den Gebetshandlungen. Alles zeigte den Keim der heiligen Messe. [...] Jesus hielt nun noch eine Geheimlehre; er sagte ihnen, wie sie das heilige Sakrament fortsetzen sollten zu seinem Gedächtnis bis ans Ende der Welt ...

Danach findet eine Salbung der Apostel Johannes und Petrus statt. Er sagt ihnen, dass sie nach dem Empfangen des Heiligen Geistes zum ersten Mal Brot und Wein konsekrieren werden und nach Pfingsten auch die anderen Apostel salben werden. Danach beschreibt Anna Katharina Emmerich, wie nach Pfingsten das Altarsakrament durch Petrus und Johannes zelebriert wird und wie sie in die Welt ziehen und die Priesterweihe durch die Salbung der anderen Apostel vollziehen. Während ihrer Abwesenheit wird der geweihte Raum des Abendmahls durch Josef von Arimathia und Nikodemus bewacht – zwei Personen, die für die weitere Entwicklung des Christentums von großer Bedeutung sind.

Zum Abschluss ihres Rückblicks auf die Entstehung des Letzten Abendmahls sieht Anna Katharina Emmerich neben Christus das Bild des Melchisedek (»... hatte ich auf einmal ein Nebenbild aus dem Alten Testamente«). Jetzt schließt sich der Kreis, der einst mit dem Priestertum Melchisedeks begonnen hat:

Ich sah Abraham vor einem Altar knien. Sah einen feierlichen Mann neben Abraham hintreten, der denselben Kelch, den Jesus in der Hand hatte, vor Abraham auf den Altar stellte. Und ich sah, dass dieser Mann Scheine wie Flügel an den Schultern hatte; er hatte sie nicht wirklich, es waren nur Scheine, um mir anzudeuten, dass er ein Engel sei. Es war aber Melchisedek.

Sie beschreibt, dass der Kelch des Abendmahls seinen Ursprung in den Mysterien von El-Eljon hat, dem höchsten Gott, der vom Urpriester Melchisedek angebetet wird:

Als Abraham früher das Geheimnis der Verheißung empfing, wurde ihm auch eröffnet, dass der Priester des Allerhöchsten das Opfer vor ihm feiern werde, das durch den Messias eingesetzt und zu ewigen Zeiten dauern würde.

Mit anderen Worten: Sie sieht, wie neben dem sichtbaren Bild des Letzten Abendmahls das geistige Bild des Priesters des allerhöchsten Gottes erscheint, Melchisedek, der das Sakrament von Brot und Wein als ein »Vorbild« zelebriert. Und wieder erfolgt die Aussage: »Die Feier hatte etwas von der heiligen Messe«.

Abraham ward auch von Melchisedek gesegnet. Ich sah, dass dieses ein Vorbild sei, als weihe er ihn zum Priester. Denn Abraham hatte das Geheimnis der Verheißung schon, dass aus ihm das Fleisch und Blut des Messias hervorgehen sollte.

Diese Beschreibung zeigt, dass das Abendmahl, obwohl es eine Erneuerung allen kultischen Handelns bringt, zugleich eine Fortsetzung dessen ist, was bei Melchisedek begonnen hat. Rudolf Frieling (1901–1986), einer der Begründer der Christengemeinschaft, spricht von der »Metamorphose der Eucharistie«.[80] Der Begriff der Metamorphose wird dort verwendet, wo es sich um eine Gestaltwandlung bei lebendigen Wesen, wie zum Beispiel Pflanzen, handelt. In gewissem Sinne wird die Saat der Eucharistie bereits gesät, als Melchisedek das Opfer von Brot und Wein bringt. Jahrhundertelang bleibt dieser Keim verborgen, bis er im Abendmahl aufbricht. Danach wächst das Altarsakrament in den Tagen nach der Auferstehung, als Christus selbst das Mahl mit Seinen Jüngern hält. Die Eucharistie kommt zur Blüte an Pfingsten. Jetzt kann das Mahl außerhalb des Kreises der Jünger fortgesetzt werden. Damit ist die Metamorphose jedoch keineswegs zu Ende. In den folgenden Kapiteln werden wir sehen, wie sich das Mahl von Brot und Wein weiterentwickelt. Bereits dieser summarische Überblick über die Entwicklung der Eucharistie während der ersten drei Jahrhunderte zeigt, dass das Mahl von Brot und Wein sich von Anfang an wie ein roter Faden durch das Christentum zieht. Erst später, ab dem Jahr 393, werden die Evangelien zu einem Kanon geordnet, und das Christentum beginnt zu einer Lehre und zu einem Dogma zu werden. Doch die stärkste und tiefste Verbindung mit dem lebendigen Christus bildet bis zum heutigen Tag das Mahl, in welchem Er sich uns selbst gibt.

7 Die Entwicklung der Eucharistie

Die zwölf Apostel

Der christliche Altardienst beginnt mit dem singulären Abendmahl und entwickelt sich zu einer Vielzahl von Kultusform. Doch all diese unterschiedlichen Formen sind Ausflüsse ein und derselben Quelle. Der Entwicklungsprozess der Eucharistie ist dem Lauf eines Flusses vergleichbar: Aus der einen Quelle entspringt ein Strom, der sich zunehmend verbreitert und schließlich in ein Delta unterschiedlicher Ströme verzweigt. Diese Bewegung ist von Anfang an im Christentum veranlagt. Christus selbst bewirkt, dass das Christentum nicht zu einer Angelegenheit einer alles bestimmenden Kirche mit einer einzigen, allwissenden Autorität wird (obwohl bis zum heutigen Tage manche Kirchen Anspruch darauf erheben).

Dieser Prozess beginnt bereits mit der Berufung der Apostel. Das Markusevangelium (Mk 3,14 und 16) verwendet dabei zweimal die ungewöhnliche Formulierung »Er schuf die Zwölf« (*epoièsen tous doodeka*). Bei der Zusammenstellung dieses Kreises herrscht keine Willkür, sondern es kommt ein schöpferischer Prozess darin zum Ausdruck. Wir können Schritt für Schritt verfolgen, wie sich zwischen den äußerst markanten Charakteren der zwölf Jünger Spannungen, Reibungen, Eifersucht und Kämpfe um die Rangordnung entwickeln. Allzu menschlich ausgedrückt: Christus hätte es sich einfacher machen können, wenn er sich nicht zwölf solcher Charakterköpfe ausgesucht hätte. Offenbar ging es ihm nicht um zwölf »sanfte Lämmer«, die zu allem, was er tat, Ja und Amen sagten, sondern um Individuen mit einem eigenen Willen und eigenen Ansichten.

Ein anderer menschlicher Vergleich zeigt den Kontrast zu den üblichen Formen der Führerschaft: Wenn ein geistiger Führer am Ende seines Weges angelangt ist, ernennt er üblicherweise einen Nachfolger, jemanden, der sein Lebenswerk und seine Mission fortsetzen soll. Dieses Phänomen kennen wir auch aus der Politik und dem Wirtschaftsleben. Natürlich geht die römisch-katholische Kirche vom Primat des Simon Petrus aus, dem »Felsen, auf welchen ich meine Gemeinde bauen werde« (Mt 16,18), doch der weitere Verlauf des Evangeliums zeigt immer wieder, dass Simon Petrus dadurch keineswegs an erster Stelle steht. Christus erteilt jedem Jünger seine eigene Aufgabe, die seinen Möglichkeiten entspricht. So muss Christus Petrus aufs Neue auf seinen eigenen Weg hinweisen, neben dem des Johannes, wenn er nach der Auferstehung zu ihm sagt: »Wenn ich will, dass er bleibt, bis ich komme, welche Bedeutung hat das für dich? Du – folge mir!« (Joh 21,22)

Das Christentum ist keine Angelegenheit des blinden Gehorsams, sondern es geht ihm um die Einheit in der Verschiedenheit. Das Wort »Gehorsam« kommt in den Äußerungen Jesu gar nicht vor! Vielfach spricht er dagegen über das *Hören* als ein Sinnesorgan, durch welches der Mensch geistige Qualitäten entwickeln kann – aber er fordert keinen Gehorsam[81] von seinen Jüngern.

Besonders stark kommt dies zum Ausdruck an Pfingsten. Dann kommt das Christentum in zwölffacher Weise zur Erscheinung. Jeder Apostel spricht seine eigene Sprache – jedoch so, dass jeder vom anderen verstanden werden kann. In gewissem Sinn kommt die Zukunftsgestalt des Christentums an Pfingsten zum ersten Mal zur Erscheinung. Einer meiner Kollegen drückte diesen ungreifbaren Charakter des Pfingstfestes, das kein Status quo, sondern ein Blitz aus heiterem Himmel ist, einmal mit folgenden Worten aus:»Pfingsten geschieht – und danach zieht es sich wieder in die Zukunft zurück.« Allerdings können wir sehen, dass aus dem ersten Pfingstfest eine ganze Palette von Variationen des einen Grundthemas entsteht.

Die Überlieferung berichtet, dass sich jeder der zwölf Apostel an Pfingsten auf seine eigene Weise zum Christentum bekennt. Das sogenannte »Apostolicum«, eine der ältesten Formen des Credos, besteht aus 12 Sätzen, die bereits im frühen Christentum als Aussagen der zwölf Apostel angesehen wurden.[82] Weiterhin berichtet die Überlieferung, dass das Christentum nach Pfingsten von den Jüngern in alle Himmelsrichtungen verbreitet wird. Wenn man versucht, sich eine Übersicht über all diese Bewegungen zu verschaffen, wird einem das riesige Verbreitungsgebiet bewusst, das von den Jüngern abgedeckt wird.

- Petrus geht nach Rom. Dort wird er künftig als der Vorgänger der römisch-katholischen Päpste verehrt.
- Johannes, der Bruder des Jakobus (einer der beiden Söhne des Zebedäus), wirkt in den sieben Gemeinden in Kleinasien.
- Sein Bruder, Jakobus der Ältere, reist nach Spanien. Die Überlieferung sagt, dass er in Santiago de Compostela begraben sei.
- Andreas wirkt in der römischen Provinz Achaia, und zwar in deren Hauptstadt Korinth. Die Russen betrachten Andreas als ihren Apostel, weil er im Skythenland, nördlich des Schwarzen Meeres, wirkte.
- Philippus geht nach Phrygien und Galatien in Kleinasien.
- Thomas wirkt in Indien, wo es bis zum heutigen Tag die Thomas-Christen mit ihrer eigenen Kirche gibt.
- Bartholomäus geht nach Kilikien in Kleinasien.
- Matthäus hinterlässt seine Spuren bis nach Äthiopien. Auch dort entsteht eine eigene Ausprägung des Christentums.
- Markus gilt als der erste Bischof der koptischen Kirche in Ägypten.
- Simon Zelotes geht nach Persien.

- Judas Thaddäus geht nach Mesopotamien und
- Matthias, der den frei gewordenen Platz des Judas einnimmt, wirkt in Palästina.

Aus der Zeit um ungefähr 100 n. Chr. kennt man eine Schrift, die die ältesten erhaltenen Eucharistietexte enthält: die »Didache« (Lehre) der zwölf Apostel. Zweifellos haben, so kurz nach der Begründung des Christentums, ursprüngliche Texte der Apostel Eingang in diese Schrift gefunden.

Die Apostel übertragen ihre Kraft und ihre Wirkensmacht auf ihre Nachfolger mittels Handauflegung. So entsteht die »apostolische Sukzession«: Jeder Nachfolger bildet einen Bestandteil des großen Stromes, der ihn mit den Uraposteln verbindet – und durch sie mit Christus. Dieses Prinzip wird bis zum heutigen Tag in der römisch-katholischen Kirche praktiziert, wo der Papst das Amt des Petrus bekleidet und die apostolische Sukzession aufrechterhält.

Bevor wir die weitere Entwicklung der Eucharistie verfolgen, müssen wir noch einmal einen Schritt zurück in der Zeit vollziehen und einer anderen Spur nachgehen. Im vorigen Kapitel erwähnten wir, dass die Eucharistie bereits vor Pfingsten im Kreise der Schüler unter Leitung von Jakobus, dem Nasiräer, gefeiert wurde. Er wird auch als der »Bruder des Herren« bezeichnet. Obwohl er nicht zu den Zwölfen gehört, hat er doch im frühesten Christentum in Jerusalem eine zentrale Funktion inne. Sein Rang als Bruder Jesu wird nebenbei von Markus erwähnt (Mk 6,3). Petrus (Gal 1,9) lernt ihn als den Kopf der Gemeinde zu Jerusalem kennen, der eine führende Rolle im Konzil der Apostel spielt (Apg 15,13–29). Aus dem frühen Christentum haben sich viele Texte erhalten, die die Rolle des Jakobus konkretisieren. So schreibt beispielsweise Hegesippus über ihn: »Schon vom Mutterleibe an war er heilig. Wein und geistige Getränke nahm er nicht zu sich, auch aß er kein Fleisch. Eine Schere berührte nie sein Haupt, noch salbte er sich mit Öl oder nahm ein Bad.«[83] Diese Regeln gehören zu den Vorschriften des Nasiräertums, einer asketischen Strömung, mit der auch Johannes der Täufer in Verbindung stand. Hegesippus skizziert das Bild eines strengen Asketen, der den Tempel zu seiner zweiten Heimat gemacht hat:»Allein pflegte er in den Tempel zu gehen, und man fand ihn auf den Knien liegend und für das Volk um Verzeihung flehend. Seine Knie wurden hart wie die eines Kamels, da er ständig auf den Knien lag, um zu Gott zu beten und ihn um Verzeihung für sein Volk zu bitten.« Die Tatsache, dass Jakobus ohne Begleitung den Tempel betritt, bedeutet, dass er dort über besondere Privilegien verfügte.

Die frühen Überlieferungen berichten ferner, dass Jakobus, obwohl er ein Halbbruder Jesu war, nach Gestalt und Aussehen eine bemerkenswerte Ähnlichkeit mit Jesus zeigte. Von überall her kamen die ersten Christen, um Jakobus anzuschauen, weil sie sich durch ihn eine Vorstellung von Jesus Christus bilden konnten.

Diese Ähnlichkeit ist keine rein äußerliche. In der Zeit zwischen Himmelfahrt und Pfingsten des Jahres 33 wird das inbrünstige Gebet des Jakobus um Erkenntnis erhört. Der Auferstandene selbst gibt ihm Antwort in Gestalt der Eucharistie, so beschreibt es Hieronymus. Danach hält Jakobus als erster Jünger des Auferstandenen noch vor den anderen Jüngern das Mahl – und wird damit zum ersten Presbyter des Christentums. Zugleich wird er der erste Bischof der judenchristlichen Gemeinde zu Jerusalem. In dieser Gemeinde wird streng an den jüdischen Traditionen festgehalten. In diametralem Gegensatz dazu stehen die Ansichten des Heidenapostels Paulus, der sich von den jüdischen kultischen Vorschriften loslöst. Allein schon diese beiden unterschiedlichen Formen des frühen Christentums illustrieren die Notwendigkeit der Pluriformität.

Ohne Jakobus wäre das Christentum in Jerusalem undenkbar. Doch er bildet auch der oben erwähnten Tradition zufolge die Brücke zwischen dem auferstandenen Christus und den zwölf Jüngern, indem er ihnen (und anderen) die Hand auflegt. Auf der anderen Seite bildet Paulus die wichtige Brücke zwischen dem Christentum der Juden und dem der Heiden. Jeder der Jünger nimmt eine einseitige, doch unersetzbare Stellung bei der Verbreitung des Christentums ein. Die Allgegenwart (Ubiquität) des Auferstandenen wird in ihrem Wirken erkennbar. Später wird ein Teil der Wirksamkeit der zwölf Apostel durch Handauflegung auf die ersten sieben Diakone übertragen, die das sakramentale Leben in der Gemeinde versorgen (Apg 6,1–7). Nun ist dieser kultische Gebrauch für das Christentum keineswegs etwas Neues. Wir kennen ihn aus zahlreichen vorchristlichen Ritualen. Eine sprechende Darstellung dieser Handlung hat Rembrandt in seinem »Jakobssegen« aus dem Jahr 1656, heute in der Gemäldegalerie Alte Meister Schloss Wilhelmshöhe in Kassel (siehe Bild 2, S. 284), gestaltet. Wie kein anderer war Rembrandt fähig, in diesem Bild die geistige Wirkung dieser Handlung zum Ausdruck zu bringen. Der erblindete Jakob segnet seinen Enkel Ephraim. Er bricht dadurch mit der Tradition des Judentums, derzufolge der Großvater den ältesten Enkel segnen muss. Josef, sein Sohn, versucht noch einzugreifen und Manasse, den ältesten Enkel, segnen zu lassen, doch der alte Jakob hat seine eigenen Gründe, Ephraim, dem jüngsten Kind, die Hand aufzulegen. Rembrandt ist ein Meister des »nächtlichen Lichts«, das aus dem Dunkel leuchtet, ohne nachweisbare Lichtquelle. Licht, geistiges Licht, strömt aus der Hand des Großvaters, umhüllt das Antlitz seines Enkels und strömt weiter zum Herzen des Kindes. Ephraim empfängt dieses Licht mit einer Gebärde tiefer Ehrfurcht und Hingabe. Der Segen, den er empfängt, wird ihn fortan auf seinem Lebensweg begleiten. Dies war auch die Absicht der alttestamentarischen Handauflegung: Ein Segen, der einmal erteilt worden war, konnte nicht mehr zurückgenommen werden. Das ganze Leben lang begleitete dieser Segen denjenigen, der ihn empfangen hatte, auf all seinen Wegen. Im Christentum wird diese kultische Handlung ununterbrochen fortgesetzt. Jede Strömung im Christentum schafft so ihre eigene Kontinuität in der apostolischen Sukzession.

Nie war in der Anfangszeit des Christentums die Eucharistie auf das bloße Feiern einer »Erinnerung« an das Abendmahl begrenzt. Im Dienst am Altar wird Christus im zweifachen Wortsinne »zitiert«: Es wird nicht nur buchstäblich zitiert, was beim Abendmahl gesprochen wurde (die sogenannten Einsetzungsworte). Man kann den Begriff »zitieren« bekanntlich auch für das Herbeirufen der Gegenwart eines Menschen benutzen. Auch in diesem Sinn erfuhren die frühen Christen, dass der Auferstandene selbst ihr Wort und die kultische Handlung erfüllte. So spricht Ignatius von Antiochien von der Eucharistie als einem *pharmakon athanasias* (Heilmittel zur Unsterblichkeit): »Ein Brot brechend, das ein Heilmittel zur Unsterblichkeit ist, ein Gegengift, dass wir nicht sterben, sondern leben in Jesus Christus immerdar.«[84] Dem Terminus »Eucharistie« (Danksagung) begegnen wir wortwörtlich in den Einsetzungsworten Christi beim Abendmahl.

Die ersten Christen erfahren das Mahl von Brot und Wein als eine »Waffenrüstung« im täglichen Kampf des Lebens. Bischof Cyprian von Karthago beschreibt in seinem 57. Brief die Gewohnheit, als unentbehrliche Vorbereitung auf den Märtyrertod das Mahl Christi zu empfangen:

»Denn diejenigen, die wir zum Kampfe aufrufen und ermuntern, dürfen wir nicht waffen- und schutzlos lassen, sondern wir müssen sie mit dem Schilde des Blutes und Leibes Christi versehen, und da ja das Abendmahl dazu bestimmt ist, den Empfängern als Schutz zu dienen, so müssen wir auch diejenigen, die wir gegen den Widersacher gefeit wissen wollen, mit dem Stärkungsmittel des Herrn sättigen und wappnen […] Denn es kann der unmöglich zum Martyrium sich eignen, den nicht die Kirche zum Kampfe wappnet, und die Seele ermattet, die nicht der Empfang des Abendmahls aufrichtet und anfeuert.«[85]

Die Wege trennen sich

Erst spät in der Entwicklung der Eucharistie beginnt man an der Allgegenwart Christi im Sakrament zu zweifeln. Wenn wir diese Entwicklung aus der Vogelperspektive betrachten, lassen sich einige markante Sprünge erkennen. Gregor der Große[86] gibt dem Kanon (einem Teil der Transsubstantiation) der Messe eine mehr oder weniger definitive Form. Bei ihm tritt der Gedanke der Messe als Opfer mehr als bisher in den Vordergrund: »Christus wird für uns aufs Neue in diesem Mysterium der heiligen Messe geopfert.« Damit hält jedoch auch eine unreine Komponente Einzug in die Eucharistie: Ab dem siebten Jahrhundert werden Messen für persönliche Zwecke bestellt und bezahlt. Im Laufe dieser Entwicklung entsteht im achten und neunten Jahrhundert die Requiemmesse, welche der Priester ohne Gemeinde zelebriert. Abgesehen von den bedenklichen Formen der Messe als »Handelsware«, geht mit dieser Entwicklung auch das Sprechen des Messtextes in der ersten Person Einzahl einher. Dies ist ein Hinweis auf den Individualisierungsprozess, der in Europa einsetzt. Die (orthodoxe) Kirche des Ostens nimmt an dieser Entwicklung nicht teil. Im 11. Jahrhundert trennen sich die Wege der westlichen und der östlichen Kirche.

In der Ostkirche wird die Trennung zwischen dem Heiligen und den Gläubigen ganz konkret durch die Ikonostase vollzogen. Hinter der Ikonenwand spielt sich die Messe größtenteils unsichtbar, manchmal auch unhörbar (geflüstert) vor der Gemeinde ab. In der griechisch-orthodoxen Messe ruft der Priester vor dem Credo: »Die Türen, die Türen.«[87] Es handelt sich hier um eine gradlinige Fortsetzung der Messe im frühen Christentum, als die Türen vor denjenigen, die nicht getauft waren, geschlossen wurden.

Lediglich bei der Verlesung des Evangeliums (wobei das Evangelium in einer Prozession herumgetragen wird und in einer zweiten Prozession zusammen mit den Substanzen des Mahls) und während des Opfers werden die Türen in der Altarwand geöffnet, und das Allerheiligste wird sichtbar. Der Priester ist wie in den alten Mysterien der Mystagoge, der im Verborgenen wirkt. Im Grunde geht es bei der göttlichen Liturgie – wie die Eucharistie im Osten genannt wird – um eine göttliche Handlung, in welche der Zelebrant und die Gemeinde einstimmen und an der sie teilhaben.

Die Ostkirche (und zum Beispiel auch das Thomas-Christentum in Indien) setzt die Entstehung in eine Beziehung zu den fünfzig Tagen zwischen Golgatha und Pfingsten. In dieser Zeit stiftet der Auferstandene die sieben Sakramente und lehrt sie seine Jünger. Konsequent spricht die Ostkirche nicht vom »Abendmahl« sondern vom »Auferstehungsmahl«. Auch steht das Gebet um den Heiligen Geist (*epiklesis*) und die Gegenwart (*parousia*) des Auferstandenen im Mittelpunkt.

Rudolf Frieling vergleicht diese Kultusform einmal mit dem Brauch, die Kinder an Weihnachten erst ins Zimmer zu lassen, wenn die Kerzen am Weihnachtsbaum bereits entzündet sind: Hinter geschlossenen Türen wird, dem Auge verborgen, alles in Bereitschaft versetzt – bis die Türen sich öffnen und das Wunder geschaut werden darf.

In der westlichen Kirche geht es darum, dass eine Gemeinde alle Handlungen von Anfang bis zum Ende mitvollziehen kann. Die Gemeinde ist vom »Akzess« bis zum »Rezess« des Priesters, vom Betreten bis zum Verlassen des Raumes, im doppelten Wortsinne anwesend – wenngleich noch lange Zeit einige Gebete der Messe vom Priester nur flüsternd gesprochen wurden.

Eine der bemerkenswertesten Unterschiede zwischen der westlichen und östlichen Kirche ist deren Verständnis des Kreuzestodes und der Auferstehung. Diese unterschiedlichen Auffassungen führen nicht nur zu Unterschieden in Theologie und Dogmatik, sondern auch zu jeweils eigenen Formen des Altardienstes. Im Mittelalter entsteht in Europa die Ansicht, dass die Sakramente dem Leiden Christi entstammen. Die sieben Sakramente, so die damalige Vorstellung, entstehen aus den Wunden des Gekreuzigten (siehe

Kapitel 6, »Der Ursprung des christlichen Kultus)«. Auch Thomas von Aquin vertritt eine ähnliche Ansicht: Die Sakramente sind »ex virtute passionis« entstanden: aus der Tugend des Leidens.

Allmählich wird im Mittelalter und danach in der westlichen Kirche die gesamte Aufmerksamkeit auf das Gedenken an den Kreuzestod und in immer geringerem Maße auf die Auferstehung und die Himmelfahrt hingelenkt. Der Protestantismus schließlich bringt das Sakrament von Brot und Wein ausschließlich mit dem letzten Abendmahl in Verbindung und gedenkt »des Todes des Herren«.

Im Zeitraum zwischen dem 12. und 14. Jahrhundert entstehen neue Gebete in der Messe: Das Offertorium (Opfer) erhält eine deutliche Signatur. Diese Teile entstehen insbesondere in Spanien, Italien und Irland und breiten sich von dort her in der römisch-katholischen Kirche aus. In derselben Zeit entsteht auch der Brauch, die Kommunion auf das Brot zu beschränken und den Kelch den Gläubigen vorzuenthalten. Diese Gewohnheit wird zur festen Regel im Konzil von Konstanz (1415). Dahinter steht die Idee, dass außerhalb der Kirche keine Erlösung gefunden werden kann. Die Kirche selbst, als Vertreterin Christi, ist der Garant des Heils der Gläubigen. Von alters her wird der Kelch mit dem künftigen Heil des Menschen in Zusammenhang gebracht (*calix salutaris* = der Kelch des Heils), während das Brot in einen Zusammenhang mit der »Erlösung von den Sünden, Übertretungen und Nachlässigkeiten« gebracht wird. Brot und Wein sind auf diese Weise mit Vergangenheit und Zukunft des Menschen verbunden. Durch das Vorenthalten des Kelchs steht die Kirche einem eigenständigen Verhältnis des Menschen zu seiner persönlichen Zukunft im Wege.

Zwischen dem 14. und dem 16. Jahrhundert wächst der Widerstand gegen die Missstände innerhalb der Kirche – insbesondere gegen die Messe als käufliches und verkäufliches Objekt und den Ablasshandel. In dieser dunklen Periode, in der es manche Versuche gab, die Kirche zu reformieren, wachsen auch die Zweifel an der Realität der Transsubstantiation. Diese Zweifel wurden jedoch bereits seit dem Mittelalter (Scholastik) durch den philosophischen Streit zwischen Realisten und Nominalisten genährt. Die Realisten vertreten die Ansicht, dass Worte etwas von der Wirklichkeit ausdrücken (Begriffsrealismus); für die Nominalisten sind Worte nichts anderes als Begriffe und Symbole ohne eigene Wirklichkeit. Sie repräsentieren willkürlich durch das Denken geschaffene Bedeutungsinhalte.

In diesem philosophischen Streit hat sich der Nominalismus durchgesetzt – nicht nur als philosophische Strömung, sondern auch als wissenschaftliche Praxis, ja sogar in zunehmendem Maße im Lebensgefühl der Menschen: Gedanken und Worte werden immer weniger als Wirklichkeit erlebt. Sie haben, so wird uns häufig vorgehalten, keine Verbindung mit der objektiven Wirklichkeit, die um uns herum ein Eigenleben führt.

So wird in der Reformation der Realismus in der Sakramentenlehre relativiert, und die Sakramente werden zu reinen Symbolen. Dieser Konflikt zwischen nominalistischem und realistischem Denken wird treffend illustriert durch ein Gespräch, das Luther (1483–1546) mit Zwingli (1584–1531) führte. Zwingli betrachtet die Einsetzungsworte des Abendmahls nicht als geistige Realität. »Dies ist mein Leib« dürfe nicht wortwörtlich aufgefasst werden. Christus habe eigentlich sagen wollen: »Dies *bedeutet* meinen Leib«. Obgleich Luther nicht in der Lage ist, in diesem Gespräch diese Auffassung philosophisch zu widerlegen, hält er am Wirklichkeitscharakter der Transsubstantiation fest: »Dies *ist* mein Leib«

In England verwirft John Wycliff (1320–1384) die alte Lehre von der Transsubstantiation: Brot und Wein sind lediglich die Symbole der Anwesenheit Christi. »Es ist eine Täuschung«, schreibt Wycliff, »dass der Priester in der Messe durch die Transsubstantiation den Leib Christi schafft.« Noch radikaler wird die Messe im sogenannten Heidelberger Katechismus verurteilt: »Und ist also die Messe im Grunde nichts anderes als eine Verleugnung des einzigen Opfers und Leidens Jesu Christi und eine vermaledeite Abgötterei.«

Wir müssen uns bei all dem klarmachen, dass solche scharfen Formulierungen eine Reaktion auf die zahllosen Missstände in der damaligen Kirche darstellen, die eben auch in der katholischen Messe zum Ausdruck kam. Luther spricht sogar von »diesem Drachenschwanz, die Messe, die viel Ungeziefer und Geschmeiß mancherlei Abgötterei gezeugt hat.« (Die Schmalkaldischen Artikel, 1537)

Als Antwort auf diese Missstände werden fünf der sieben Sakramente durch die Reformation abgeschafft. Lediglich die Taufe und das Abendmahl bleiben in einer äußerst reduzierten Gestalt noch übrig. In der protestantischen Liturgie verschwinden Offertorium (Teil 2) und Transsubstantiation (Teil 3); lediglich die Schriftlesung, Gesänge, Gebete und die Predigt bleiben übrig. Ab und zu wird diesem Teil (dem ersten Teil der alten Messe) die Kommunion angefügt.

Bis ins 20. Jahrhundert hinein wurde das Abendmahl im calvinistischen Protestantismus an großen Tischen sitzend gefeiert. Damit brachte Calvin zum Ausdruck, »dass Christus (durch seinen Tod und Auferstehung) dem Menschen Ruhe gegeben hat«. Im Calvinismus lebt die Auffassung, dass die Menschheit sich nicht nur durch den Sündenfall, sondern auch durch ihren Anteil an der Kreuzigung weit von Gott entfernt hat. Durch den Glauben kann der Mensch wieder von Gott angenommen werden (sogenannte Rechtfertigungslehre). Es gibt im Protestantismus darum keinen Grund, das Opfer Christi in »unblutiger« Weise zu wiederholen, wie es die katholische Kirche formuliert. Hier kommt ein theologisches Spannungsfeld ans Licht in Bezug auf die Frage, ob das Opfer Christi »ein für alle Mal« vollzogen wurde (Protestantismus), oder ob der Mensch nicht doch einer inneren Erneuerung bedarf. Der Katholizismus sieht, dass der Mensch an der Schöpfung mitwirken kann, indem er sich innerlich reinigt und die Gnade Christi in Gestalt von Brot und Wein empfängt.

Beide Strömungen vertreten jeweils ihre eigene Interpretation dieser Ausgangspunkte, doch beide decken auch das gesamte Spektrum zwischen Über-Ergebenheit und Über-Spannung ab. Denn beide benennen, so widersprüchlich es klingen mag, auch die Sündigkeit des Menschen. Der Protestantismus tat dies explizit mit dem Begriff der »Erbsünde«: Die Menschheit hat das Opfer Christi am Kreuz zurückgewiesen. Darum können wir niemals sicher wissen, ob das, was wir tun, gut ist. Der Katholizismus tat es implizit dadurch, dass er auf »unsere Sünden, Übertretungen und Versäumnisse« hinweist, die allein durch Vermittlung der Kirche hinweggenommen werden können (Absolution). Hier kann dann »Gnade über Gnade« durch die Sakramente hinzugefügt werden. Was wir aus uns selbst heraus in die Welt stellen, ist dem untergeordnet. Ein Leben außerhalb der Kirche ist somit, will man sein »Seelenheil« erhalten, undenkbar.

Abschließend noch ein Wort zur Entwicklung der katholischen Kirche. Die katholische Liturgie wurde vom Zweiten Vatikanischen Konzil gründlich überarbeitet. Die bekanntesten Änderungen sind der Gebrauch der Volkssprache und die Wendung des Priesters zur Gemeinde. Seit Kurzem ist unter Einfluss von Papst Benedikt XVI. auch die vorkonzilische lateinische Messe wieder erlaubt, nach dem römischen Missale in der Ausgabe von Papst Johannes XXIII. aus dem Jahre 1962.[88] Für manche Menschen, die noch die alte lateinische Liturgie kennengelernt haben, wirkt die Menschenweihehandlung der Christengemeinschaft dann wie ein Rückschritt.

Die Menschenweihehandlung, der wir ein eigenes Kapitel widmen wollen, zeigt die Eucharistie in ihrer ursprünglichen Viergliedrigkeit. Die Grundform des christlichen Kultus ist klar erkennbar. Die Richtung, in welcher zelebriert wird, ist »klassisch«. Ein Vergleich mit den frühen Formen der Messe zeigt, dass wir es hier nicht mit einem »Restaurationsversuch« zu tun haben, sondern dass die Menschenweihehandlung das Urbild neu zur Erscheinung bringt.

8   Christentum und Erneuerung

Wenn wir das Thema »Erneuerung des Kultus« konkretisieren wollen, müssen wir einen Augenblick bei der Frage innehalten: Was ist neu? Christus selbst hat dieses Wort einige Male verwendet, um damit anzudeuten, dass Er etwas bringt, was zuvor noch nicht da war.

Die griechische Sprache kennt zwei Worte, um etwas Neues anzudeuten: *neos* und *kainos*. Das Wort *neos* drückt etwas aus, das neu ist im Sinne einer Summe, also quantitativ. So zum Beispiel der jeweils Nächste in einer Reihe. – Das Wort *kainos* wird für etwas benutzt, was völlig neu ist, anders als das Vorangegangene. Es ist ein qualitativer Begriff. Christus verwendet das Wort *kainos* beispielsweise in dem Satz: »Ein neues Gebot gebe ich euch« (Joh 13,34). Dasselbe Wort wird von Lukas für den »neuen Bund« benutzt, den Er beim Abendmahl schließt: »Dies ist der Kelch des neuen Bundes (*kainē diatēkē*) in meinem Blut, das für euch vergossen wird« (Lk 22, 20).

Im frühen Christentum war das Verständnis für ein neues Gebot, einen neuen Bund, den Beginn einer neuen Schöpfung, stark ausgeprägt. Mitten in einer alten, häufig dekadent gewordenen Welt war das Christentum eine sehr vitale Bewegung. Die Verfolgung der Christen im alten Rom führte nicht etwa zu einer Dezimierung oder Ausrottung, sondern vielmehr zur Gewissheit der eigenen Kraft und des eigenen Wertes. Eusebius schreibt dies unumwunden in seiner Kirchengeschichte, wenn er Julian zitiert:

Leset eure Geschichtswerke! Dort werdet ihr finden, dass Nero der Erste war, der unsere Kirche verfolgte; dass er, nachdem er ihr volles Aufblühen in Rom verhindert hatte, furchtbar gegen alle wütete. Wir wollen stolz darauf sein, dass ein solcher Mensch zuerst gegen uns eingeschritten ist. Denn wer Nero kennt, muss wissen, dass nur das, was besonders gut war, von ihm verurteilt wurde.[89]

Ein bemerkenswertes neues Element, das die Christen von ihren Vorläufern unterscheidet, ist die Kraft der Gemeinschaft. In erster Linie gilt dies für den Vollzug der Sakramente. Im Gegensatz zu den vorchristlichen Mysterien, in welchen der Einzelne während seines einsamen Weges auf seine Einweihung vorbereitet wurde, geht es bei den Sakramenten um die Gemeinschaftsbildung. Wir sehen dieses Element auch im täglichen Umgang der frühen Christen miteinander: »Alle, die sich im Glauben vereint fühlten, hatten alles gemeinsam. Die erworbenen Güter und den Besitz veräußerten sie und verteilten den Erlös an alle, je nachdem jemand Bedarf hatte« (Apg 2,42–44). Aber diese Form eines »christlichen Kommunismus« entsteht nicht aus einem Klassenkampf oder einer Diktatur, sondern »von oben her«: aus der sakramentalen Gemeinschaft.

Rudolf Steiner geht noch einen Schritt weiter, um deutlich zu machen, was das wesentlich Neue am Christentum ist:

Jesus, in dem der Logos Fleisch geworden, sollte der Initiator einer ganzen Menschheit sein. Und diese Menschheit sollte seine eigene Mystengemeinde werden. Nicht Absonderung Erwählter, sondern Zusammenschluss aller sollte stattfinden. Nach Maßgabe seiner Reife sollte jeder ein Myste werden können. Allem erklingt die Botschaft; wer ein Ohr hat, sie zu hören, der eilt herbei, ihre Geheimnisse zu vernehmen. Die Stimme des Herzens soll bei jedem einzelnen entscheiden. Nicht hineingeführt in die Mysterientempel soll dieser oder jener werden, sondern zu allen sollte das Wort gesprochen werden; der eine vermag es dann weniger stark, der andere stärker zu hören. Dem Dämon, dem Engel in der eigenen Brust des Menschen, wird anheimgegeben, wie weit er eingeweiht werden kann. Die ganze Welt ist ein Mysterientempel. [...] Keinem soll etwas vorenthalten werden; jedem soll der Weg offen stehen.[90]

Radikaler kann das Neue, das das Christentum bringt, wahrscheinlich nicht ausgedrückt werden. Damit ist ein wesentlicher Unterschied zwischen den vorchristlichen und den christlichen Mysterien angedeutet: Die Mysterien werden öffentlich.

Abgesehen von diesem Gemeinschaftselement gibt es noch eine weitere radikale Erneuerung, die Christus bringt. Sie wird unter anderem in der Apokalypse formuliert, wo (im Brief an die Gemeinde zu Pergamon, Kapitel 2,17) der Auferstandene ankündigt:

Dem, der überwindet, dem werde ich ... einen weißen Stein geben, und auf den Stein einen neuen Namen geschrieben, welchen niemand kennt, als wer ihn empfängt.

Im Altertum benutzte man solche Steine dafür, um in besonderen Entscheidungsfällen seine Stimme zum Ausdruck zu bringen. Jeder der Anwesenden musste »seinen Stein beitragen«, um über das Schicksal eines Menschen oder einer Sache zu entscheiden. In der künftigen Schöpfung (auf die dieser Text vom Überwinder hindeutet) hat der Mensch ein »Stimmrecht« erhalten: Er ist mündig geworden und kann zum Mitschöpfer der göttlichen Welt werden. Dies ist nur möglich, weil er das Ich entwickelt hat – nicht das egoistische, allzu menschliche Ich, sondern das höhere Ich, das hier durch den *psephos-leukè*, den leuchtend weißen Stein symbolisiert wird. Etwas von dieser einzigartigen Qualität erkennen wir bereits im Alltagsleben, wenn jemand seinem Werk eine eigene Qualität und eine persönliche Signatur verleiht. Carl Gustav Jung spricht in diesem Zusammenhang über die »Individuation«. Das Ich hat die Möglichkeit, etwas Neues in die Welt zu bringen, das einzigartig ist.

Eine Erweiterung und Fortsetzung der Symbolik des weißen Steins treffen wir im Brief an die Gemeinde zu Philadelphia an, in welchem Christus sagt:

Wer überwindet, den werde ich zu einer Säule machen in dem Tempel meines Gottes ... und ich werde auf ihn schreiben ... meinen eigenen Namen, den neuen [*kainos*] (Offb 3,12–13). Das menschliche Ich ist zu einem »Stützpfeiler« in Gottes Tempel geworden. Zusammen tragen diese einzelnen Säulen das Dach. Jedes Ich wird Teil der Gemeinschaft, die Christus »in Freiheit erkennt als ihren helfenden Führer« (ein Teilsatz aus dem Kanon der Menschenweihehandlung).

Damit haben wir einige wesentliche Merkmale des Christentums, wie es Christus selbst intendiert hat, in drei Schlüsselworten zusammengefasst:

Ich – Gemeinschaft – Freiheit

Anhand dieser drei Schlüsselworte können wir aufs Neue auf das Sakrament von Brot und Wein blicken – mit der Fragestellung nach einer Erneuerung des christlichen Kultus.

Im vorangegangenen Kapitel haben wir bereits kurz darauf hingewiesen, dass in der westlichen Messe im achten und neunten Jahrhundert die ersten Anzeichen einer Individualisierung auftreten. In Spanien, Italien und Irland (wo im neunten Jahrhundert die Gralsgeschichten überliefert werden) bildet sich in der Messe die persönliche Devotion heraus. Die kultischen Gebete und Texte werden in der Ich-Form gesprochen. In der alten Messe ist es eine liturgische Regel, dass der Zelebrant »durch Christus zum Vater« spricht. Jetzt entsteht jedoch eine kultische Form, in der das »Ich« unmittelbar zu Christus als »Du« spricht. Die Messe durchläuft eine Entwicklung vom »Wir« zum »Ich«.

Wie es so häufig bei neuen Entwicklungen geht, neigt sich die Waagschale nach kurzer Zeit auf die andere Seite: Es entsteht ein »Jahrmarkt käuflicher Messen.« Es ist der bekannte Schatten als unvermeidliche Nebenerscheinung des Lichts. Wenn sich das Ich ankündigt, tritt auch das Ego auf. Zusammengefasst: Erneuerung des Kultus beginnt mit Bewusstwerdung des Ichs. Doch isoliert, losgelöst von der Gemeinschaft, hat das Ich keine Bedeutung – so wie eine einzelne Säule, die nichts trägt, ohne Funktion ist. So ist auch die Erneuerung des christlichen Kultus untrennbar mit der Entwicklung des Ichs in der Gemeinschaft verbunden. Bin ich einmal ich selbst geworden, geht es darum, dieses Eigene in Freiheit der Gemeinschaft zur Verfügung zu stellen. Der griechische Ausdruck hierfür lautet *diakonia*. Rudolf Steiner hat dieses Prinzip einmal im allgemeinen Sinne in folgendem Text formuliert. Seine Ausführungen geben uns Anhaltspunkte, zu erkennen, wo sich in konkreten Gemeinschaften echte Erneuerung vollzieht:

Dadurch, dass die Menschen freiwillig ihre Gefühle zusammenstrahlen lassen, wird wiederum etwas über den bloß emanzipierten Menschen hinaus gebildet. Der emanzipierte Mensch hat seine individuelle Seele; die geht niemals wieder verloren, wenn sie einmal errungen ist. Aber dadurch, dass die Menschen sich in freiwilligen Zusammenhängen zusammenfinden, gruppieren sie sich um Mittelpunkte herum. Die Gefühle, die so zu einem Mittelpunkt zusammenströmen, geben nun wiederum Wesenheiten Veranlassung, wie eine Art von Gruppenseele zu wirken, aber in einem ganz anderen Sinne als die alten Gruppenseelen. Alle früheren Gruppenseelen waren Wesenheiten, die den Menschen unfrei machten. Diese neuen Wesenheiten aber sind vereinbar mit der völligen Freiheit und Aufrechterhaltung der Individualität des Menschen. Ja, wir dürfen sagen, sie fristen in einer gewissen Beziehung ihr Dasein von der menschlichen Einigkeit; und es wird in den Seelen der Menschen selbst liegen, ob sie möglichst vielen solcher höheren Seelen Gelegenheit geben, herunterzusteigen zu den Menschen, oder ob sie es nicht tun. Je mehr sich die Menschen zersplittern werden, desto weniger erhabene Seelen werden heruntersteigen in das Gebiet der Menschen. Je mehr Zusammenhänge gebildet werden und je mehr da Gemeinschaftsgefühle bei völliger Freiheit ausgebildet werden, desto mehr erhabene Wesensseiten werden zu den Menschen heruntersteigen, und desto schneller wird der Erdenplanet vergeistigt werden. So sehen wir, dass der Mensch, wenn er überhaupt einen Begriff bekommen kann von der Entwickelung der Zukunft, den Charakter der Gruppenseelenhaftigkeit sehr wohl verstehen muss, weil es sonst passieren kann, dass seine individuelle Seele, wenn sie sich zu lange allein emanzipiert auf der Erde, nicht den Anschluss findet, dass sie den Anschluss verpasst …[91]

Erneuerung in der Menschenweihehandlung

Diese Tatsache lässt sich nun anhand von Texten aus der Menschenweihehandlung konkretisieren. Im Jahr 1922 entsteht mit Unterstützung Rudolf Steiners die Christengemeinschaft als Bewegung für religiöse Erneuerung. In dieser Erneuerungsbewegung nimmt die Menschenweihehandlung eine zentrale Stellung ein. Das Sakrament von Brot und Wein wird in eine neue Form übersetzt und zelebriert. Die christliche Gemeinschaft tritt nicht als »allein selig machende Kirche« auf, sondern als Teil der gesamten Christenheit. Im umfassendsten Sinn des Wortes erklingt diese Tatsache im Credo der Christengemeinschaft: »Gemeinschaften, deren Glieder den Christus in sich fühlen, dürfen sich vereinigt fühlen in einer Kirche, der alle angehören, die die heilbringende Macht des Christus empfinden.« Es ist hier nicht der Ort, eingehender darzustellen, was die Christengemeinschaft anstrebt und wie diese Bewegung entstanden ist.[92]

Es wäre naiv, zu denken, dass die angestrebte religiöse Erneuerung in der Christengemeinschaft bereits vollständig realisiert wäre. Ein Mensch, der die Christengemeinschaft gut kennt, sagte mir einmal:»Es geht um den Inhalt; die Menschen sind genauso wie überall.« Kurz, dieses Neue, das mit völliger Freiheit und Respekt vor dem anderen verbunden ist, kann nur durch»trial and error« erobert werden. Freiheit für sich selbst zu beanspruchen, macht das Leben einfacher; dem Anderen Freiheit zuzugestehen, macht das Leben meistens komplizierter. Diese Freiheit impliziert nicht nur, dass die Christengemeinschaft keine Dogmen und Lehrmeinungen kennt, sondern auch dass Kinder – und sogar Erwachsene – kein Konfessionsbekenntnis ablegen. Die Mitgliedschaft ist eine Angelegenheit der Erwachsenen und ein wohlerwogener Entschluss. Ein Täufling oder ein Jugendlicher, der die Konfirmation empfängt, wird nicht als Mitglied der Kirche»einverleibt«. Der geweihte Priester hat Lehrfreiheit. Das einzig Bindende in der Christengemeinschaft sind die sieben Sakramente, die nach einem feststehenden Ritus vollzogen werden.

Mit der Entstehung dieser neuen Gemeinschaftsform, die mit dem freien Willen verbunden ist, hat auch das Sakrament von Brot und Wein einen neuen Namen erhalten: Die Menschenweihehandlung. Allein schon an dieser Tatsache können wir etwas von der Intention dieser Gemeinschaft ablesen: Die alte Messe leitet ihren Namen von dem Schlussworten ab:»Ita missa est«,»Geht, es wird entlassen.« Es handelt sich hier nicht um einen eigenständigen Namen, sondern um ein Zitat aus dem kultischen Text. Die Menschenweihehandlung beginnt und endet mit dem neuen Namen:»Lasset uns die Menschenweihehandlung würdig vollbringen« (Anfangsworte) und:»Die Menschenweihehandlung, das war sie« (Schlussworte). Dieser Name impliziert, dass wir als Mensch noch nicht»fertig« sind, dass es einer Weihe bedarf, um wirklich Mensch zu werden.

Im Altertum wusste man bereits, dass es nicht viel brauchte, und der Mensch konnte in ein Tierstadium zurückgefallen:»Homo homini lupus – Der Mensch ist des Menschen Wolf«, sagt der römische Dichter Plautus (ca. 250 v. Chr. – ca. 184 v. Chr.). Doch können wir auch die Umkehrung dieser Wahrheit realisieren: »Homo homini angelus – Der Mensch ist des Menschen Engel«? Bereits in den Schriften des Dionysius Areopagitus finden wir diese Erkenntnis: Der Mensch ist berufen, sich zu vergeistigen. Die »Deifikation« des Menschen ist unser eigentlicher Auftrag. Doch auch beispielsweise in der jüdischen Tradition des Chassidismus wird diese Aufgabe in spielerischer Weise formuliert. Von Baal Shem Tov (Rabbi Israel Ben Elieser) wird folgende Aussage überliefert:

Der Herr sagte:»Lasset uns Menschen machen nach unserem Ebenbild.« Mit wem sprach Gott, als er dies sagte? Er sprach zum Menschen selbst.»Komm, du und ich zusammen, lasset uns den Menschen schaffen, denn ohne deine Hilfe kann ich dich niemals zu einem wirklichen Menschen machen.«[93]

Was in diesem Text gesagt wird, ist in gewissem Sinne auch ein Ausdruck dessen, was in der Menschenweihehandlung geschieht. Unser unvollkommenes Menschsein wird am Altar geweiht – und die Menschenweihehandlung sagt unmissverständlich, wer uns da weiht. Dadurch wird ein Gottesdienst, der, oberflächlich betrachtet, den Menschen in den Mittelpunkt stellt, zu einer religiösen Übung.

Das eigentlich Neue in der Menschenweihehandlung ist damit jedoch noch nicht völlig umschrieben. Die Erneuerung des religiösen Lebens ist undenkbar ohne die Tatsache der Wiederkunft Christi. Indem Christus sich in anderer Weise als zuvor den Menschen offenbart, kann durch die Menschen, die seine Gegenwart erfahren, über ihn gesprochen werden. Im 20. und 21. Jahrhundert sind viele Menschen zu Zeugen dieser Wiederkunft geworden.[94]

Albert Steffen, einer der wenigen »Außenstehenden«, die Zeugen der ersten Menschenweihehandlung wurden, die am 16. September 1922 im Goetheanum in Dornach vollzogen wurde, hat in seinen Tagebüchern festgehalten, was während dieses Gottesdienstes geschah. Viel später erst, in den achtziger Jahren des vergangenen Jahrhunderts, wurden diese Tagebuchnotizen publiziert.[95] Abgesehen von dem Versuch, die überwältigende Erfahrung einer geistigen Wirklichkeit durch Worte wiederzugeben, ist dieses Tagebuchfragment auch der Versuch einer Ortsbestimmung im Sinne dieses Kapitels: Was ist neu in der Menschenweihehandlung? Wo ist der Ort der Christengemeinschaft zwischen anderen Kirchen?

Sonntag, 16. September (12 Uhr mittags):
Heute fand die erste, auf der Erde aus dem Geist heraus vollzogene Menschenweihehandlung statt, wobei der auferstandene Christus zugegen war. Rittelmeyer vollzog sie an 12 Menschen.
Dr. Steiner sagte am Schlusse folgende Worte:
Ihr habt mich gebeten, euch aus dem Geiste heraus die Möglichkeit zu geben, in berechtigter Weise zum Geistig-Göttlichen zu sprechen, das Wort Christi zu verkündigen. Es musste von mir der Mut gefasst werden, dem zu willfahren und einen Kultus zu geben, der im Sinne des Christus ist. Und eine Priester-Weihe zu zeigen, die Christus aufnimmt.
Die katholische Kirche hat diese Weihe durch die apostolische Sukzession, indem jeder Priester durch einen Geweihten geweiht wird, dieser vorher durch einen früheren, usw. bis auf Christus, der der erste war. Die reformierte (protestantische) Kirche hat den Kultus aufgegeben, sie wurde atomisiert. Sie konnte deshalb das, was mit der Weihe verbunden ist, nicht mehr geben. [...] Und so entsteht auf Ihre Bitte, Ihr Sehnen hin, für mich die Aufgabe, Mut zu fassen, eine neue, aus dem Geist heraus gebrachte Menschenweihehandlung zu bringen. Es ist dadurch die Verbindung geschaffen, die nicht historisch ist, sondern lebendig.

Steffen setzt sein (sinngemäß wiedergegebenes) Zitat Steiners mit eigenen Worten fort:

Ich darf sagen, dass Christus dabei war, denn ich schaute, als das Wort von Brot und Wein gesprochen wurde, seinen auferstandenen Lichtes-Lebens-Leib. Es ist das erste Mal, dass ich Christus als Wesen vor mir sah. Die Arme waren ausgestreckt und das Haupt umleuchtet. Und ich erlebte dann, dass er heilte und heiligte. Er war dar und ist da. Diese Gewissheit macht mich zu seinem Verkünder.

Auf die kürzest mögliche Umschreibung reduziert, können wir die Christengemeinschaft mit gewissem Recht als die »Gemeinschaft der Wiederkunft« bezeichnen. Die apostolische Sukzession, durch welche von alters her durch Handauflegung die Verbindung mit dem historischen Christentum hergestellt wurde, ist durchbrochen. Stattdessen ist eine neue Sukzession entstanden, die auf die erste Menschenweihehandlung zurückführt.

Es ist überdeutlich, dass dieses Sakrament – und das gilt auch für die anderen sechs Sakramente – nicht ohne die Hilfe und Vermittlung Rudolf Steiners hätte zustande kommen können. Etwas von dem Rätsel dieser Vermittlung kommt zum Ausdruck in einem eigenartigen Traum, den Friedrich Rittelmeyer einst hatte und den er durch Rudolf Steiner verifizieren lassen konnte. Offenbar beschäftigte auch ihn damals die Frage nach der Herkunft der Menschenweihehandlung, denn in einem seiner Hell-Träume stellte er Rudolf Steiner wörtlich diese Frage. »In jenem Gespräche im Jahre 1924 kam auch die Entstehung der Menschenweihehandlung zur Sprache. Im nächtlichen Traum hatte ich Dr. Steiner gefragt: Wie ist eigentlich die Menschenweihehandlung zustande gekommen? Dr. Steiner hatte geantwortet: ›Da musste ich an einen Ort gehen, wo die deutsche Sprache mantrisch gelehrt wird.‹ Dr. Steiner bestätigte das Erlebnis und sagte: ›Sie dürfen sich nur den Ort nicht so vorstellen, dass Sie dorthin ein Postpaket schicken können.««[96] Man kann sich fragen – und die Antwort auf diese Frage lässt sich nicht so leicht finden –, wo dieser Ort ist und wie ein Mensch je dorthin gelangen kann ...

Die Wortwahl »eine neue Sukzession« könnte zu dem Missverständnis führen, dass lediglich die erste Menschenweihehandlung volle Wirklichkeit im Sinne der Wiederkunft gewesen ist und alle späteren Gottesdienste nur eine Erinnerung oder ein Abbild davon seien. In der Menschenweihehandlung wird die Gegenwart des lebendigen, wiedergekommenen Christus herbeigeführt. In einem Gespräch mit Rittelmeyer spricht Steiner dies unmissverständlich aus: »Die Gegenwart Christi kann herbeigeführt werden, und sie wird herbeigeführt werden.« Rittelmeyer wundert sich über diese Worte und erwidert: »Das ist ja etwas Ungeheures.« Darauf antwortet Steiner: »Es ist das Selbstverständliche.«[97]

Was für uns Menschen unvorstellbar ist, ist für Christus selbstverständlich: Wo am Altar aus einer Stimmung der Ehrfurcht und Hingabe das Gebet der Christen zum lebendigen Christus erklingt, da kann Er in ihrer Mitte gegenwärtig sein. Er will es gar nicht anders. »Anwesenheit« ist die Grundbedeutung des Begriffs »Wiederkunft« im Neuen Testament: *parousia*. Dieser Begriff hat vier Bedeutungen, die wir im Deutschen nur durch getrennte Worte ausdrücken können: Anwesenheit, Ankunft, Beistand, Einwohnung.[98] In allen vier Bedeutungen geht es um die Geistes-Gegenwart, nicht um eine weit zurückliegende Vergangenheit oder eine unbestimmte Zukunft.

9 Das Sakrament von Brot und Wein

Einheit in der Vielfalt

Die vorangegangenen Kapitel haben vielleicht deutlich gemacht, dass im Zuge der Bewusstseinsentwicklung der Menschheit immer neue Kultusformen entstanden sind, die zugleich der Ausdruck eines sich verändernden Bewusstseins sind. Diese Tatsache lässt sich im Übergang von den vorchristlichen zu den christlichen Kultusformen erkennen, doch auch an den 2000 Jahren, in welchen sich das Sakrament von Brot und Wein entwickelt hat. In der Entwicklung eines Organismus sind Werturteile unangebracht: Ein Kind ist nicht weniger wert als ein Erwachsener, eine Blume oder eine Frucht ist nicht besser als eine Knospe oder ein Samenkorn. Wir haben für diese Entwicklungstatsachen den Begriff der »Metamorphose« herangezogen – ein Ausdruck, der seinen Ursprung in der hellenistischen Mysterientradition hat, und der später in die Alltagssprache übergegangen ist.[99]

In allen unterschiedlichen Kultusformen des Christentums erkennen wir – bei aller Unterschiedlichkeit – immer wieder neu den Einen, der in ihnen zur Erscheinung kommt. So wollen wir in diesem Kapitel zunächst unterschiedliche Erfahrungen vorstellen, die etwas von dieser wesenhaften Einheit vermitteln können.

Bereits im Evangelium wird von Christus selbst angedeutet, worin das Mittel besteht, ihn nach seiner Auferstehung zu erkennen. Thomas, der Zweifler, kann nur glauben, wenn er seinen Herrn sieht und berührt: »Es sei denn, dass ich in seinen Händen das

Mal der Nägel sehe und meine Finger in das Mal der Nägel lege, und lege meine Hand in seine Seite, so werde ich nicht glauben« (Joh 20,25). Daraus entwickelte sich eine feste Redensart, die ganz unserer Zeit gemäß ist:»Erst sehen, dann glauben.« Nachdem Thomas seinen Zweifel überwunden hat, indem er seinen Worten die Tat folgen ließ, sagt Christus:»Glückselig sind, die nicht gesehen und doch geglaubt haben« (Joh 20,29).

Von alters her sind dies die beiden Wege zur geistigen Wirklichkeit, die in allen kultischen Formen gegangen werden: der Weg der Sinne (sehen, hören, tasten usw.) und der Weg des Glaubens. Martin Luther erkennt auch den Glauben als Wahrnehmungsorgan an und sagt:»Der Glaube ist ein sechster Sinn, weit über alle Sinne hin.« Statt des Begriffes»Glaube« könnte man auch den Terminus»Herzensseherkraft« benutzen, der in der Himmelfahrtsepistel der Menschenweihehandlung erklingt. Doch Kultus ist eine Handlung, bei welcher die Sinne im Mittelpunkt stehen: Durch das Sehen, Hören und Berührtwerden kann sich der Inhalt offenbaren. Ich werde später noch ausführlich auf diese Tatsachen zurückkommen. In den nachfolgend geschilderten Erfahrungen können wie beiden Wege des Glaubens und des Wahrnehmens unschwer wiedererkennen.

Von Thomas von Aquin weiß man, dass er durch eine überwältigende Erfahrung am Altar wie mit einem Zauberschlag verwandelt wurde. In seiner letzten Lebenszeit, während er an seiner Schrift *Summa Theologia* arbeitet, bricht er von einem Moment auf den anderen seine gesamte Tätigkeit ab. Während er die Messe zelebriert, widerfährt ihm eine geistige Erfahrung, die dazu führt, dass er nicht weitersprechen kann. Sein Sekretär Reginald von Piperno fragt ihn später, was ihm zugestoßen sei, und Thomas antwortet:»Alles, was ich bis jetzt geschrieben habe, kommt mir vor wie Spreu im Vergleich zu dem, was ich sah und was mir offenbart wurde.« Alle Worte versagen, wenn es darum geht, die Wirklichkeit Christi am Altar auszudrücken. Es gelingt Thomas nicht mehr, sein Lebenswerk zu vollenden, er verfällt in ein monatelanges Schweigen und stirbt im Jahr 1274.[100] Hier bleibt das Geheimnis, das einem Einzelnen offenbart wurde, verborgen. Manche Priester können solche Erfahrungen mit Worten wiedergeben. Ein beeindruckendes Zeugnis dessen hinterließ der russische Starez Johannes von Kronstadt (1829–1908). Er zelebriert jeden Tag die orthodoxe Messe, 53 Jahre lang. Wenn er morgens in der Frühe zelebriert, sind normalerweise bereits 5000 Menschen in der Kathedrale von Kronstadt zugegen, um »Vater Johannes« zu hören. Bis ins hohe Alter übt er auf diese Weise viele Stunden am Tag sein Amt aus, betet, zelebriert, empfängt zahllose Besucher und erhält täglich Hunderte von Briefen. Bei seinem Begräbnis geben ihm Zehntausende das letzte Geleit. Seitdem gilt er als der »Starez Russlands«. Im Jahre 1964 wird er heiliggesprochen. Seine Bücher beschreiben in vielfacher Weise das Sakrament von Brot und Wein und seine eigenen Erfahrungen am Altar:

Das Verrichten der Liturgie ist eine gewaltige Aufgabe, eine große ethische Anstrengung für den Priester. Denn er bedarf einer sorgfältigsten, immerwährenden, nicht nur einer befristeten Vorbereitung. Er bedarf einer engelgleichen Leidenschaftslosigkeit, einer flammenden Liebe zu Gott und Mitmensch. Sein ganzes Wesen, Herz, Verstand und Wille, müssen geistig ausgerichtet sein. Sein Wille muss voll mit dem Willen Gottes übereinstimmen. Dem Priester ist ein hoher Mittlerdienst, das Mysterium der Erneuerung des Menschengeschlechts, anvertraut. Welch ein Geistes-Feuer führt er auf den Altartisch und die heiligen Gaben herab! Viele Jahrtausende harrte die Welt auf dieses gewaltige Mysterium: das Erscheinen Gottes im Leibe. Die göttliche Liturgie ist wahrhaft eine überirdische Weihehandlung, da Gott selbst dem Menschen unaussprechlich nahe und gegenwärtig ist. Nichts auf Erden ist so heilig, hehr und lebensspendend.[101]

Immer ist beim Zelebrieren des Gottesdienstes am Altar für Johannes von Kronstadt der lebendige Christus erkennbar:

Beim Gottesdienst, wie bei der Wandlung der Sakramente, sei der Priester felsenfest überzeugt: Was er denkt und spricht, geschieht unmittelbar ... Sei unerschütterlich davon überzeugt, in den Sakramenten den Leib das Blut Christi zu empfangen. So sicher ich atme, so sicher nehme ich meinen Herrn Jesus Christus in mir auf, der mein Leben, mein Atem, meine Geistes-Speise und Erlösung ist. – Wer erfasst die Größe der Gabe, die uns Christus im Sakrament der Kommunion reicht? Niemand, nicht einmal ein Engelsverstand ... Ich verlösche, ich sterbe geistig, wenn ich mehrere Tage nicht zelebriere; und entflamme, lebe auf an Herz und Seele, sobald ich zelebriere und mich zum Gebet nötige – nicht zu einem formellen, sondern zu einem geistigen, aufrichtigen, feurigen Gebet.

Nicht nur bei den großen Heiligen wie Thomas von Aquino und Johannes von Kronstadt finden wir Hinweise auf die geistige Kraft, die den Altardienst zur vollen Wirklichkeit macht. Auch der Priester, der in aller Bescheidenheit den täglichen Gottesdienst verrichtet, auch der Gläubige, der voller Ehrfurcht an der Handlung teilnimmt, kann davon berichten.

Als ich in den Achtziger Jahren des vergangenen Jahrhunderts einige Kirchen hinter dem Eisernen Vorhang besuchte, kam ich regelmäßig ins Gespräch mit Priestern der russisch-orthodoxen, rumänischen und georgischen Kirche. Ich fragte sie nach ihren eigenen Erfahrungen mit den Sakramenten. Einer von ihnen erzählte, dass er einmal am frühen Morgen zusammen mit dem Ministranten der Einzige war, der von der Gemeinde in der Kirche erschienen war. Er zelebrierte vor einer leeren Kirche. Er konnte das Gefühl der Enttäuschung nur schwer unterdrücken. In der darauffolgenden Nacht wurde die sichtbare Wirklichkeit durch einen

Traum vervollständigt: Aufs Neue sah er sich selbst am Altar. Als er sich zur Gemeinde umdrehte, war die Kirche mit einer großen Zahl von Engeln gefüllt, die die Messe gemeinsam mit ihm vollzog.

Ein Gemeindemitglied der Christengemeinschaft besuchte in Rom eine katholische Messe. Völlig unerwartet sah der Mann in dem Moment, als der Priester das geweihte Brot am Altar in die Höhe hob, die Aura des auferstandenen Christus als einen goldenen Glanz, der die Hostie umgab. In diesem Fall war die geistige Wahrnehmung unmittelbar mit der sichtbaren Wirklichkeit am Altar verbunden. Es ist eine wiedererkennbare Tatsache, die sich für die hellsichtige Wahrnehmung in vielen Varianten immer wiederholt: Wenn ein kirchlicher Kultus würdig vollzogen wird, kann am Altar Gold, geistiges Gold zur Erscheinung kommen. Von den vielen, häufig spontan auftretenden Erfahrungen mit dieser »Quintessenz«, die mir Gemeindemitglieder anvertrauten, möchte ich noch eine weitere schildern.

Einem 17-jährigen Mädchen gelangte vor dem Zweiten Weltkrieg ein Buch von Friedrich Rittelmeyer mit der Beschreibung der Menschenweihehandlung in die Hände. Die Lektüre dieses Buches erweckte ihre Neugier nach der Praxis. Mit 18 Jahren fand sie eine Adresse in Rotterdam, wo die Christengemeinschaft beheimatet war. Um einem Gottesdienst beizuwohnen, musste sie aus der Betuwe, wo sie wohnte, bereits am Vorabend nach Rotterdam reisen und dort übernachten. Die Menschenweihehandlung, die sie am nächsten Morgen zum ersten Mal erlebte, war zu viel für sie. Enttäuscht verließ sie die Kirche – in der Überzeugung, dass dies der erste und letzte Gottesdienst der Christengemeinschaft sein würde, an dem sie teilnahm. Doch es kam anders. Der Krieg brach aus. In der dramatischen Zeit, die nun folgte, lebte diese junge Frau mit einem immer wiederkehrenden Gebet: »Lasse mich in meinem Leben den Menschen begegnen, die mir etwas über Christus erzählen können.« Nach dem Krieg arbeitete diese Frau als Lehrerin an einer Schule in Hilversum. Eines Nachts träumte sie, dass sie auf dem Fahrrad von Hilversum nach 's Graveland, einem Vorort, fuhr. In ihrem Traum sprach eine Stimme, während sie über eine Brücke fuhr:»Dort wohnen deine Freunde.«Der Traum war so realistisch, dass sie zur Tat schritt: Sie fuhr einige Tage später tatsächlich mit dem Rad von Hilversum nach 's Graveland, fand die kleine Brücke – genau wie in ihrem Traum – und fuhr auf das Gelände eines großen Landgutes namens Land en Bosch, wo sich eine Kapelle der Christengemeinschaft befand. Derselbe Priester, den sie einige Jahre zuvor in Rotterdam erlebt hatte, Cornelis Los (einer der Begründer der Christengemeinschaft in den Niederlanden) stand am Altar. Als der Priester sich umdrehte, um die Kommunion auszuteilen, sah sie, dass Gold, geistiges Gold vom Altar zu jedem hinströmte, der das Mahl von Brot und Wein empfing. Diese Erfahrung gab den Ausschlag dafür, dass sie erkannte, was sich in der Menschenweihehandlung in Wirklichkeit abspielt. Die Frau verband sich für den Rest ihres Lebens mit der Christengemeinschaft. Noch an ihrem Sterbebett konnte ich ihr die Kommunion spenden und gemeinsam mit ihr die stille, starke Gegenwart des Dritten, der in unserer Mitte war, erleben.

In Peru, wo relativ viele Menschen noch Reste hellsichtiger Fähigkeiten besitzen, sagte einmal einer der Indios zu meinem dortigen Kollegen:»Ihr bringt uns mit der Menschenweihehandlung unser Gold zurück.«Er erlebte, dass Jahrhunderte nach der Tragödie des Goldraubs durch die spanischen Eroberer jetzt das geistige Gold durch die Menschenweihehandlung in seine Stadt zurückgebracht wurde. Nach dem Gottesdienst war die Aura der Stadt für seine Wahrnehmung von diesem Gold durchdrungen.

Nach den Schilderungen dieser»Erfahrungspalette«aus unterschiedlichen Zeiten und Kirchen mag deutlich geworden sein, dass sich die Gegenwart des Auferstandenen nicht auf ein bestimmtes Zeitalter oder einen bestimmten Ort beschränkt. Es bedarf keiner Theologie, um diese Tatsache zu erkennen. Nach menschlichem Ermessen können wir uns wahrscheinlich unschwer vorstellen, wie all diese unterschiedlichen Kirchen, Zeiten und Verhältnisse sich für Christus selbst darstellen. Er blickt nicht auf Dogmen, auf die Lehre, auf feste Normen und Formen. Was für ihn von entscheidender Bedeutung ist, sind die Ehrfurcht, der Glaube und die Aufmerksamkeit, die die Menschen ihm entgegenbringen. Darin kann er zur Erscheinung kommen.

Vielfalt in der Einheit

Wenn wir das Neue der Menschenweihehandlung in Bezug auf die Vergangenheit erkennen wollen, kann es hilfreich sein, die lateinische Messe zum Vergleich heranzuziehen. Bei diesem Vergleich zeigt sich rasch, dass die Menschenweihehandlung keinen radikalen Bruch mit der kultischen Vergangenheit darstellt, sondern die alte Messe metamorphosiert. Zu den Priestern der Christengemeinschaft sagt Rudolf Steiner: Zu den Priestern der Christgemeinschaft sagte Rudolf Steiner einmal sinngemäß, die Menschenweihehandlung verhalte sich zur Messe wie eine Umgestaltung, die zwar das Gültige vom Alten übernehme, zugleich jedoch jene Form angenommen habe, die in unserer Zeit aus der geistigen Welt strömt.

Die Übereinstimmung ist auch für Außenstehende erkennbar – sogar für Kritiker. So schrieb einmal ein kritischer Theologe, ein Kenner der Theologiegeschichte: »Die Engel, welche nach Ansicht der Christengemeinschaft die Weihehandlung inspiriert hätten, müssten aber eine recht gute Kenntnis der römischen Messe gehabt haben.«[102]

Obwohl diese Bemerkungen zynisch gemeint ist, ist sie dennoch richtig: Für die Engel, die den Altardienst inspirieren, ist die Sprache des Sakraments erkennbar. Die Inspirationsquelle für die Sakramente ist ursprünglich die geistige Welt – und nicht die Überlegungen von Menschen.

Im Jahr 1921 übergibt Rudolf Steiner Hugo Schuster, einem Priester der altkatholischen Kirche, eine Übersetzung der lateinischen Messe, die zugleich eine Bearbeitung darstellt, damit sich dieser meditativ und gebetsweise mit dem Text beschäftigen kann. Einem anderen Priester aus der römisch-katholischen Kirche, der ihn um eine Meditation bittet, gibt er folgende Anweisung:[103]

Im Laufe des Tages ist die Seele zu versenken in die vier Teile der Messe:

I. Evangelium, wobei man sich darunter vorzustellen hat, dass durch dasselbe für den Intellekt »Gottes Wort« zu den Menschen kommt.
II. Offertorium, wobei man sich vorzustellen hat, dass man dasjenige, was man von Gottes Wesen schon in sich hat, *freiwillig* Gott zum Opfer bringt.
III. Transsubstantiation, wobei man sich vorzustellen hat, dass sich das geopferte Menschliche in wahrhaft Göttliches umwandelt.
IV. Kommunion, wobei man sich vereinigt denkt mit Gott.

Die römisch-katholische Tradition spricht nicht von vier Teilen der Messe, sondern beschränkt sich auf eine Zweiteilung, die aus dem frühen Christentum überliefert ist:

Die Eucharistiefeier verläuft nach einer Grundstruktur, die durch alle Jahrhunderte bis in unsere Zeit gleich geblieben ist. Sie entfaltet sich in zwei großen Teilen, die im Grunde eine Einheit bilden:

- die Zusammenkunft, der *Wortgottesdienst* mit den Lesungen, der Homilie und den Fürbitten;
- die *Eucharistiefeier* mit der Darbringung von Brot und Wein, deren Konsekration in der (eucharistischen) Danksagung und die Kommunion.[104]

Wir erkennen hier die klassische Zweiteilung: der erste Teil, bei dem auch nicht getaufte Christen anwesend sein dürfen – und der zweite Teil, mit der Messe für die Gläubigen.

Auf den ersten Blick lässt sich leicht verfolgen, warum die Menschenweihehandlung selektive Teile der alten Messe umformt und andere Teile nicht gebraucht. Die lateinische Messe umfasst 41 Teile. In der Menschenweihehandlung finden wir die folgenden wieder: Teil 10–11; Teil 13–15; Teil 19–30 (ein großer Teil der Transsubstantiation), und Teil 34–38. Wir erkennen in der Menschenweihehandlung die Vormesse (sog. Staffelgebet), die am Fuß der Altarstufen gesprochen wird. Die Epistel (»Zeitengebet«), die eine bestimmte Festeszeit markiert, erscheint in der alten Messe an einer einzigen Stelle. In der Menschenweihehandlung steht sie am Beginn und am Ende des Gottesdienstes. Dadurch schafft sie die Möglichkeit, aus dem Erleben des Zeitlichen (*Zeiten*gebet) in die zeitlose Wirklichkeit des Kultus einzutreten – und wieder in das Hier und Jetzt zurückzukehren. Zusammen mit der sogenannten Vormesse kommen wir auf sieben Teile:

1 Vormesse
2 Epistel
3 Evangelienlesung
4 Opferung (Offertorium)
5 Transsubstantiation
6 Kommunion
7 Epistel

Die sieben Teile werden jeweils durch das Zeichnen eines Kreuzes auf Stirn, Kinn und Brust eingeleitet. Wiederum kann ein Vergleich deutlich machen, wo die Unterschiede liegen:

Im frühen Christentum wurde das Kreuzeszeichen lediglich auf der Stirn ausgeführt. Im achten Jahrhundert wird ein zweites

Kreuzzeichen auf den Mund hinzugefügt. Erst ab dem 12. Jahrhundert wird auch ein drittes Kreuzeszeichen auf der Brust ausgeführt. Letzteres wird auch als das »deutsche Kreuz« bezeichnet; es findet insbesondere in Mitteleuropa Verbreitung.

So senkt sich dieses Zeichen allmählich herab – es ist, als würde es immer tiefer in die menschliche Konstitution einsinken. Man kann sich vorstellen, dass diese Entwicklung mit einer immer stärker werdenden Verbindung des Menschen mit der Erde einhergeht. In der lateinischen Messe wird bei der Kreuzigung die Trinität genannt: »In nomine Patris et Filii et Spiritus Sancti«.

In der Menschenweihehandlung wird ebenfalls ein dreifaches Kreuzeszeichen über der Stirn, dem Kinn und der Brust vollführt – jetzt allerdings mit dem Akzent auf der *Wirksamkeit* (statt des Namens) der Trinität: »Der Vatergott sei in uns – Der Sohnesgott schaffe in uns – Der Geistgott erleuchte uns.«

So wie jeder Teil der Handlung mit der Bekreuzigung begonnen wird, so wird auch jeder Teil mit einer stets wiederkehrenden Formulierung in Form eines Segens abgeschlossen. Auch hier ist es fesselnd, die Übereinstimmung bei aller Unterschiedlichkeit und trotz der unterschiedlichen Formulierung zu untersuchen:

In der lateinischen Messe wendet sich der Priester achtmal segnend der Gemeinde zu, mit den Worten: »Dominus vobiscum – der Herr sei mit dir.« Der Ministrant antwortet stets: »Et cum spiritu tuo – Und mit deinem Geiste.« Diesen Gruß finden wir zum ersten Mal im Alten Testament, als Boas bei der Ernte die Schnitter mit den Worten begrüßt: »Jahwe mit euch.« Darauf antworten die Schnitter: »Jahwe segne dich« (Ruth 2,4). Offenbar hat diese wechselseitige Form der Ansprache eine Rolle bei den rituellen Bräuchen während der Ernte gespielt. Wir finden eine ähnliche Begrüßung in Psalm 129,8, wo die Schnitter und Garbenbinder einander zurufen: »Der Segen Jahwes sei mit euch« und »Wir segnen euch im Namen Jahwes«.

In der Menschenweihehandlung wendet sich der Zelebrant

ebenfalls achtmal mit einer segnenden Gebärde zur Gemeinde. Die Worte, die dabei gesprochen werden, sind eine Metamorphose des klassischen Segens:»Christus in euch.«Darauf antwortet der Ministrant:»Und deinen Geiste erfülle Er.«Mit der neuen Präposition »in« wird eine ganze Welt von Unterschieden angedeutet. Etwas Vergleichbares erkennen wir in der Christengemeinschaft beim Übergang von der Sonntagshandlung für die Kinder zur Konfirmation und zur Menschenweihehandlung wieder: Für die Kinder ist noch die Präposition»mit« an der Tagesordnung, der Zelebrant spricht während des Gottesdienstes jedes Kind einzeln an mit den Worten:»Der Gottesgeist wird mit dir sein, wenn du ihn suchest.« Auch in der Konfirmation, die um das 14. Lebensjahr herum vollzogen wird, erklingt eine ähnliche Formulierung:»Der Gottesgeist sei mit euch.« In der Menschenweihehandlung verinnerlicht sich dieser Segen zur oben angedeuteten Form:»Christus in euch.«

Ein Kind, das sie Konfirmation empfangen hatte, brachte diesen Übergang einmal in die Form eines Gedichts:

Dreizehn Jahre liegen hinter mir.
Meine Kinderzeit kommt nie mehr wieder.
Einen kurzen Weg gegangen,
einen langen Weg zu gehen –
um einen Führer in dir selbst zu finden.
Erst dann kannst du sagen:
Ich bin erwachsen.

Über die Menschenweihehandlung könnte man sagen: Sie ist der Gottesdienst für die erwachsen gewordenen Christen. Im»Kinderstadium« der Menschheit wurde sie von außen und von oben her dirigiert. Die Zehn Gebote aus dem Alten Testament sind sprechende Zeugnisse dieser Stufe. Beim sich entwickelnden Christentum geht es in zunehmendem Maße um die Stimme des individuellen Gewissens. Auch wenn es zahlreiche»Restaurationsversuche« gibt, die alten Gebote zur höchsten Autorität zu erklären – es wirkt in unserer Zeit nicht mehr. Doch der Mensch, der aus seinem persönlichen Gewissen spricht und handelt, wird glaubwürdig. Dies wird möglich durch dasjenige, was Rudolf Steiner einmal als die »Christus-Stimme des menschlichen Gewissens« bezeichnete.

Etwas völlig Neues in der Geschichte der Liturgie ist in der Menschenweihehandlung der Inhalt der Epistel (wörtlich: Briefe). Der Terminus entstammt der alten Messe, wo an dieser Stelle während des Gottesdienstes aus den Briefen des Paulus gelesen wird. In der Menschenweihehandlung erklingt hier zu Beginn und am Ende ein sogenanntes »Zeitengebet«, ein Text, in welchem das Wesen der Jahreszeit, der Festeszeit in einer völlig neuen Weise zum Ausdruck kommt. Mehr noch, die Episteln geben Antwort auf die Frage: Wie wirkt Christus, der Wiedergekommene, im Jahreslauf? In der Aufeinanderfolge der unterschiedlichen Teile der Menschenweihehandlung entsteht durch diese Episteln eine erkennbare Struktur:

1 Epistel (Zeitengebet)
2 Evangelium
3 Opferung (Offertorium)
4 Wandlung
5 Kommunion
6 Epistel

Wenn wir aus der Alltagswelt von Raum und Zeit kommen, geht die Menschenweihehandlung zu Anfang durch das Tor des Zeitengebets und betritt danach das Gebiet der Raumesweiten und der Zeitenfernen (ein Terminus aus der Opferung). Nach den vier Hauptteilen kehren wir in Raum und Zeit zurück durch das abschließende Zeitengebet. Dieses Gebet bildet auf diese Weise die Pforte zwischen dem Hier und Jetzt und der Dimension des Geistes. Häufig können Teilnehmer an der Menschenweihehandlung bemerken, dass sie am Altar in ein anderes Zeiterleben eintreten. Manchmal kann man hinterher den Eindruck haben, als habe man eine Ewigkeit am Altar verweilt. Manchmal ist es, als sei die Dreiviertelstunde, die die Menschenweihehandlung dauert, mit einem Wimpernschlag vorübergegangen. Wie auch immer: Das Zeiterleben lässt sich nicht mit dem hektischen Zeitdruck vergleichen, der uns gewöhnlich verfolgt.

Abschließend wollen wir einige spezifische Elemente und Formulierungen der lateinischen Messe und der Menschenweihehandlung miteinander vergleichen. Dadurch können wir die Tatsache der »erneuerten Messe« weiter konkretisieren.

Teil 1:
Evangelium

In dem Text, durch welchen die Lesung des Evangeliums vorbereitet wird, wird in der lateinischen Messe ein Bild aus dem Alten Testament evoziert:»Reinige mein Herz und meine Lippen, allmächtiger Gott. Wie Du einst die Lippen des Propheten Isaias mit glühenden Kohlen gereinigt hast, reinige auch mich in Deinem gnädigen Erbarmen, und lass mich so Dein heiliges Evangelium würdig verkünden.«

Es ist das Bild der Berufung des Jesaja (Jes 6,6), der erst dann zum Propheten wird, nachdem ein Seraphim mit einer glühenden Kohle vom himmlischen Altar seine Lippen gereinigt hat. Während in der römisch-katholischen Messe zum Vater gesprochen wird, wendet sich in der Menschenweihehandlung der Priester an Christus, mit der Bitte:»Mein Herz erfülle sich mit Deinem reinen Leben. [...] Lasse meinen Lippen entströmen das durch Dich gereinigte Wort.« Das drastische alttestamentarische Bild der Berufung des Propheten wird in der Menschenweihehandlung verchristlicht und verinnerlicht.

Teil 2:

Opferung

Auch im Opferungsteil erkennen wir in der Menschenweihehandlung eine Verinnerlichung der Opferhandlung. In der frühchristlichen Kirche brachten die Gläubigen Brot, Wein und andere Opfergaben zum Altar. Ab dem siebten Jahrhundert brachte der Priester selbst das Brot mit. Im Übergang vom 11. zum 12. Jahrhundert entsteht die Geldkollekte, die an die Stelle des Herbeibringens der Naturgaben rückt. Das Opfer in der Menschenweihehandlung hat zwar eine Verbindung mit dem Emporheben des mit Wasser und Wein gefüllten Kelchs, aber durch das gesamte Offertorium und die darauffolgende Transsubstantiation wird deutlich, dass es hier um das Opfer von Denken, Fühlen und Wollen geht – die Geschenke unserer Seele. In der Transsubstantiation verbindet sich mit den menschlichen Opfergaben das Opfer Christi selbst.

In der lateinischen Messe werden die Opfergaben von Brot und Wein durch das stille Gebet (*secreta*) des Priesters begleitet. Später entstehen neue Opfergebete, die Ausdruck der persönlichen Devotion sind. In der Westkirche (im Gegensatz zur Ostkirche) entstehen Gebete in Ich-Form, die manchmal direkt an Christus gerichtet sind. Überall, wo in der lateinischen Messe in der ersten Person Einzahl gesprochen wird, haben wir es mit späteren Entwicklungen zu tun. Obwohl diese Entwicklung bereits im 9. Jahrhundert in Spanien, Frankreich und Irland einsetzt, bestätigt Papst Pius V. diese Gebete offiziell erst im Jahre 1570. In der Menschenweihehandlung erkennen wir eine Fortsetzung dieser individualisierten Gebetsform in der Opferung und in der Transsubstantiation.

Teil 3:
Transsubstantiation

Ein Beispiel für diese Verinnerlichung lässt sich in der Menschenweihehandlung erkennen, wenn vom Opfer gesprochen wird, das »in Reinheit denkend, auf Heil hoffend, aus Christus handelnd« gebracht wird. Entsprechend heißt es in der lateinischen Messe: »ein reines Opfer, ein heiliges Opfer, ein makelloses Opfer« (hostiam puram, hostiam sanctam, hostiam immaculatam). Haben wir diese Verinnerlichung einmal bemerkt, werden wir sie vielfach in den unterschiedlichen Formulierungen wiederfinden.

Im Vergleich der Formulierungen bei der eigentlichen Transsubstantiation sehen wir noch einen weiteren bemerkenswerten Unterschied. Die römisch-katholische Kirche lehrt, dass die Transsubstantiation unmittelbar nach den bekannten Worten »Hoc est corpus meum – Dies ist mein Leib« stattfindet. Dem gegenüber steht die Auffassung der Ostkirche, welche die Transsubstantiation nicht als ein momentgebundenes Geschehen (das »Hokus pokus« des Volksmundes ist vom lateinischen »hoc est corpus« abgeleitet), sondern als einen Prozess sieht. Dieser Prozess beginnt mit den oben genannten Einsetzungsworten und erreicht seinen Höhepunkt in der sogenannten Epiklese,[105] der Anrufung des Heiligen Geistes. Beim Emporheben der Patena mit dem Brot und des Kelchs wird die Bitte an den Vatergott ausgesprochen, dass der Heilige Geist sich mit diesen Opfergaben verbinden möge. Der Kirchenlehrer Johannes von Damaskus (ca. 670–749) schreibt in seiner Schrift *Expositio Fidei (De fide orthodoxa)*:

Er [Gott] sprach am Anfang: »Es bringe die Erde zartes Grün hervor«, und bis jetzt bringt sie, durchs göttliche Gebot gedrängt und befähigt, ihre Gewächse hervor. Es sprach Gott: »Das ist mein Leib«. [...] Es kommt durch die Anrufung [Epiklese] die überschattende Kraft des Hl. Geistes als Regen auf dies neue Ackerfeld.[106]

In der Menschenweihehandlung wird der Prozesscharakter der Transsubstantiation – abgesehen von den Einsetzungsworten und der Epiklese – noch auf eine weitere Weise zum Ausdruck gebracht. Drei Phasen dieses Wandlungsprozesses werden in den folgenden drei Teilsätzen hörbar:

1 »Nehmet hin mit dem Brot meinen Leib.«
2 »Christus lebe im heiltragenden Brot.«
3 »Lasse sein das Brot …«

Die drei Ausdrucksweisen beschreiben einen Weg von außen nach innen – einen Prozess, der die Substanz von Brot und Wein immer mehr durchdringt, bis sie Leib und Blut Christi sind.

Während die alte Messe mehr oder weniger wörtlich die Überlieferung des Abendmahls zitiert, wird in der Menschenweihehandlung eine Weiterentwicklung dieses Mahles beschrieben. Der Evangelist Lukas schreibt, dass Jesus Christus nach seinen Einsetzungsworten den Auftrag erteilt: »Tut dies zu meinem Gedächtnis.« Das griechische Wort *anamnesis* bedeutet wörtlich: etwas sich wieder ins Innere bringen, er-innern. Dieses Wort hat sich dann bis in unser heutiges Wort »Anamnese« erhalten: das, was ein Patient in Bezug auf die Vorgeschichte seiner Krankheit erzählen kann. Dementsprechend wird in der lateinischen Messe formuliert: »in mei memoriam – zu meinem Gedächtnis«.

Rudolf Steiner hat, wie bereits erwähnt, für den altkatholischen Priester Hugo Schuster im Jahr 1919 eine deutsche Übersetzung der lateinischen Messe angefertigt. Darin wird der genannte Passus frei übersetzt mit den Worten: »Und so oft ihr ein Gleiches vollbringt, nehmet mich auf in eure Gedanken.«

Die Menschenweihehandlung setzt den eingeschlagenen Weg fort mit den Worten: »Nehmet dieses auf in euer Denken.« In den darauf folgenden Passagen wird dieser Gedankenweg weiterentwickelt. Aus den Formulierungen wird deutlich, dass der Mensch aufgerufen ist, dieses Denken zu aktivieren und zu verlebendigen:»Und so lebe in unsern Gedanken das neue Bekenntnis ...« Schließlich mündet dieser Prozess in ein objektives Denken ein, das sich im Menschen selbst ausspricht:»So denket in uns Christi Leidenstod ...« Dies ist ein Ausdruck für die verchristlichte Erinnerung, die in uns zum reinen Denken wird.

Teil 4:

Kommunion

Bezüglich des letzten Teils der lateinischen Messe hat sich eine ähnliche Entwicklung vollzogen wie beim Offertorium: In der Zeit zwischen dem 9. und 11. Jahrhundert hat sich für die einzelnen Gebete die Ich-Form herausgebildet. In der persönlichen Devotion (die in der sog. Privatmesse ihren Ausdruck findet) entstehen diese neuen Formulierungen. In der Menschenweihehandlung ist die Ich-Form jedoch kein»Priester-Reservat« mehr (ein von Rudolf Frieling geprägter Ausdruck), sondern eine Formulierung, an der jeder einzelne der Teilnehmenden beteiligt ist – nicht»exklusiv«, sondern»inklusiv«. Diese Ich-Form ist von Anfang bis Ende im Kommunionsteil präsent. Die Kommunion mit dem Kelch ist nicht länger eine Angelegenheit des Priesters, sondern Brot und Wein werden – wie es ursprünglich im Sakrament praktiziert wurde – allen Kommunikanten gespendet.

Der Weg durch die vier Teile des Altarsakraments führt vom Himmel auf die Erde, vom Geist zum Stoff. In den vier Teilen wird auf unterschiedliche Weisen kommuniziert. Der erste Teil mit der Evangelienlesung bewirkt eine geistige Kommunion: Der menschliche Geist wird angesprochen durch den Geist des Christus.

In der Opferung, in welcher die Kräfte der Seele angesprochen werden, findet eine Kommunion im Seelengebiet statt. Die Seele wird »be-geistert«, sie verbindet sich mit der Wirklichkeit des Geistes.

Im dritten Teil, während der Transsubstantiation, wird an die Lebenskräfte (Ätherkräfte) appelliert. Bis in die einzelnen Formulierungen hinein kann man in diesem Teil hören, dass der tiefere Strom der Lebensprozesse (die sich in Rhythmus und Wiederholung äußern) angesprochen wird.

Schließlich kommt im vierten Teil, der Kommunion, die geistige Wirklichkeit zum Ausdruck in den Substanzen von Brot und Wein. Hier ist Kommunion erst zur physischen Wirklichkeit geworden.

Rudolf Frieling hat einmal in einem Aufsatz den geistigen Weg durch die Menschenweihehandlung durch vier Schlüsselworte charakterisiert:[107]

Evangelium:	Geist
Opferung:	Begeisterung
Wandlung:	Durchgeistigung
Kommunion:	Vergeistigung

In dieser Formulierung wird das Charakteristikum jedes der vier Teile prägnant zusammengefasst.

10 Die Sinne im Kultus

In diesem Kapitel wollen wir uns mit den Sinnen im Kultus beschäftigen. Der Altardienst ist ein Kunstwerk, in welchem alle Sinne angesprochen werden – zumindest wenn wir sie empfänglich machen für die Bilder und Eindrücke, die vom Altar ausgehen. Durch die Bilder des Kultus hindurch entsteht eine Verbindung mit den Urbildern, die ihren Ursprung im himmlischen Kultus finden. Dies ist auch die ursprüngliche Bedeutung des Wortes »Symbol«. Das griechische Verb *syn-ballein* bedeutet wörtlich »zusammen-werfen«. Das besagt, dass das sichtbare Bild des Symbols mit dem Urbild zusammenfällt. Etwas Ähnliches drückte der Schriftsteller Gerrit Achterberg aus, als er einmal dichtete: »Symbole werden zu Cymbalen in der Stunde des Todes.« Wenn wir sterben, werden wir nicht nur »von Angesicht zu Angesicht schauen«, sondern die Symbole werden dann auch zu Klängen, die durch Mark und Bein gehen: Wir bleiben nicht länger »außen vor«.

In unserem Alltagsleben nehmen wir ständig Sinneseindrücke auf. Nur wirken diese alltäglichen Sinneseindrücke häufig nicht aufbauend, nährend, sondern ermüdend, destruktiv oder sogar vergiftet. Manche Eindrücke werden gewissermaßen in unsere Netzhaut eingebrannt. Die Bilder, die wir in uns aufnehmen, können sowohl traumatisch als auch heilend wirken.

Im Kultus bewirken die Sinnesbilder die eigentliche Entwicklungsmöglichkeit. Sie können uns Schritt für Schritt näher an die geistige Wirklichkeit heranführen. Paulus deutet diese allmähliche Umwandlung mit den Worten an: »Wir alle aber spiegeln mit aufgedecktem Angesicht die Herrlichkeit des Herrn und werden verwandelt in dasselbe Bild (griechisch: *metamorphúmetha*), immer strahlender in dem Licht, das vom Geist des Herrn ausgeht« (2 Kor 3,18). Der Altardienst führt uns Schritt für Schritt in die Richtung des Urbilds.

In diesem Kapitel wollen wir das Thema der Sinne im Kultus auf die Menschenweihehandlung einengen. Die Menschenweihehandlung appelliert eigentlich fortwährend an die Wahrnehmung. Es wäre eine Verarmung für das Kultus-Erleben, wenn wir ständig die Augen schließen würden. Besser ist es, offen, aufnahmefähig anwesend zu sein. So sagte ein Straßenkehrer einmal zu der Priesterin Martha Heimann (einer der Begründerinnen der Christengemeinschaft): »Ich setze mich in die Menschenweihehandlung, so wie andere sich in die Sonne setzen.« Das ist eine sehr zutreffende Beschreibung der hier gemeinten empfänglichen Anwesenheit.

Alle Sinne sind Tore zur physischen Wirklichkeit. Im christlichen Kultus können die Sinne zu Toren werden, die in die wahre Wirklichkeit führen, denn hinter den äußeren Bildern steht eine geistige Realität. Das Wort »Tor« impliziert die Möglichkeit, etwas zu öffnen und zu schließen. Wir brauchen diese Fähigkeiten. Wenn wir unsere Sinne immer offen und empfänglich halten würden, liefen wir Gefahr, von der äußeren Wirklichkeit überspült zu werden. Aber auch das andere Extrem birgt eine Gefahr in sich. Stellen Sie sich vor, Sie würden ständig eigene Vorstellungen in Ihre Wahrnehmung mischen – dann würde auf Dauer die Gefahr drohen, dass die Wahrnehmung verzerrt wird. Reines Wahrnehmen beinhaltet immer: aktive Empfänglichkeit und empfängliche Aktivität. Würden wir uns in der Menschenweihehandlung stets nur extrem konzentrieren, käme es auf Dauer zur Verkrampfung. Geben wir uns nur passiv den Sinneseindrücken hin, ohne sie mit einer Eigenaktivität zu verbinden, laufen wir Gefahr, dass unsere Aufmerksamkeit allmählich erschlafft. Echte Wahrnehmung entsteht, wenn eine Wechselwirkung zwischen dem Wahrnehmenden und dem Objekt besteht.

Auch im ursprünglichen Christentum spielen die Sinne eine wichtige Rolle. Christus selbst zeigt seinen Jüngern einen neuen Zugang zur Wirklichkeit, der durch die Sinne führt. Er macht deutlich, dass es nicht Aufgabe des Christen ist, die Augen vor der sichtbaren Wirklichkeit zu verschließen. Während die östliche Spiritualität die äußere Welt zur »Maya« (Sinnestäuschung) erklärt, weist der Christus uns den Weg zum reinen Wahrnehmen:

Dein Auge ist die Lichtquelle des Körpers. Folglich, wenn dein Auge unbefangen wahrnimmt, ist auch dein ganzer Körper licht. Falls es aber getrübt ist, wird auch dein Körper finster sein. Daher achte darauf, dass dein Inneres Licht nicht Finsternis sei. Wenn dein ganzer Körper licht und kein Teil davon finster ist, wird er schließlich ganz licht sein, wie wenn das Licht des Blitzes dich erleuchtet (Lk 11,34–36).

Hier steht im griechischen Urtext nicht »Lampe« oder »Leuchte«, wie immer wieder fälschlich übersetzt wird, sondern »Blitz« (*astrapè*). Es geht darum, unbefangen wahrzunehmen. Das griechische Wort *haplous* bedeutet ein-fältig. Auch die Gleichnisse, die Christus gibt, sind häufig aus der unbefangenen Wahrnehmung heraus aufgebaut.

Noch kräftiger ist Sein Appell, zu hören. Das Gehör ist das religiöse Instrument schlechthin:»Wer Ohren hat zu hören, höre« (Lk 8,9).»Achtet also darauf, wie ihr hört« (Lk 8,18). Aus dem vertieften, still gewordenen Hören kann der Glaube entstehen. Dabei geht es nicht nur um den Inhalt der Worte, um die »Botschaft«, sondern auch um den »Ton«. Unzählige Male tut Christus kund, dass wir Ihn an Seiner Stimme erkennen können. Schon allein im Gleichnis vom guten Hirten kommt dieses Motiv fünfmal vor: Die

173

Schafe hören, erkennen und folgen Seiner Stimme. Dies ist eine wichtige Tatsache, wenn es darum geht, einen Zugang zum Evangelium, dem Gebet und dem Geschehen am Altar zu finden. Kann ich versuchen, mir vorzustellen, wie diese Worte klingen, wenn Christus sie ausspricht? Kann ich mir das Vaterunser Wort für Wort von Ihm vorsprechen lassen? Wie klingen die Einsetzungsworte von Brot und Wein aus Seinem Munde? Wer sich hierin üben will, muss zwischen den Bitten des Vaterunsers, aber auch zwischen den Sätzen des Evangeliums Pausen einfügen, damit Sein Ohr lauschen kann. Noch wirksamer ist es, mehrere Tage lang mit einem einzigen Satz aus dem Evangelium zu leben, ihn gewissermaßen unter das Kopfkissen zu legen und ihn wie einen Kompass für das Alltagsleben zu konsultieren.[108]

Das Sehen am Altar

Jede Trübung durch das eigene subjektive Urteil und persönliche Emotionen beeinträchtigt die Wirklichkeit des Sehens. Darum wird im genannten Gleichnis aus dem Lukasevangelium das Wort *haplous* benutzt:»Wenn dein Auge unbefangen wahrnimmt, ist auch dein ganzer Körper licht«. Wir kennen die Redensarten, dass ein Mensch»blind vor Wut« sein kann oder dass Liebe»blind macht«. Wir wissen, dass Angst die Wahrnehmung verzerren kann. All diese Seelenregungen müssen wir zurückzuhalten und umzuwandeln versuchen, wenn wir wirklich wahrnehmen wollen.

Das Lukasevangelium geht noch über den Vergleich des Auges mit einer hellen Linse, die das Licht durchlässt, hinaus. Christus sagt zu seinen Jüngern:»Die Lichtquelle des Körpers ist das Auge.« Das will heißen, dass das Auge mehr ist als eine reine, ungetrübte Linse; das Auge kann zur Lichtquelle werden, die den Körper erleuchtet,»wie wenn das Licht des Blitzes dich erleuchtet«. Dieses innere Licht, das Licht der Einsicht und Erkenntnis, ist wie der Einschlag eines Blitzes.

Was bedeutet das für die kultische Praxis? Wir können uns beispielsweise darin üben, uns auf die Farben am Altar zu konzentrieren. Wir lassen unser Auge auf der Farbe ruhen. Dabei tasten wir die Farbe gewissermaßen ab. Oder wir tasten die Farben auf ihre Kontraste hin ab. Doch es ist günstig, von Zeit zu Zeit die Augen zu schließen und den Sinneseindruck »nachklingen« zu lassen, sodass wir gewissermaßen beim Sehen der Farben eine innere Antwort hören. Wir kennen ja nicht nur die Farben, sondern auch die Nachbilder (Komplementärfarben). Wir kennen nicht nur die Stimmung einer bestimmten Farbe außerhalb von uns, sondern auch die Stimmung der Seele. Dieses Nachklingen ist eine wichtige Tatsache auf dem Schulungsweg. In seinem Buch *Wie erlangt man Erkenntnisse der höheren Welten?* beschreibt Rudolf Steiner im Kapitel über die Bedingungen des Schulungswegs Folgendes:

Die Außenwelt ist in allen ihren Erscheinungen erfüllt von göttlicher Herrlichkeit; aber man muss das Göttliche erst in seiner Seele selbst erlebt haben, wenn man es in der Umgebung finden will. Der Geheimschüler wird darauf verwiesen, sich Augenblicke in seinem Leben zu schaffen, in denen er still und einsam sich in sich selbst versenkt. Nicht den Angelegenheiten seines eigenen Ich aber soll er sich in solchen Augenblicken hingeben. Das würde das Gegenteil von dem bewirken, was beabsichtigt ist. Er soll vielmehr in solchen Augenblicken in aller Stille nachklingen lassen, was er erlebt hat, was ihm die äußere Welt gesagt hat. Jede Blume, jedes Tier, jede Handlung wird ihm in solchen stillen Augenblicken ungeahnte Geheimnisse enthüllen. Und er wird vorbereitet dadurch, neue Eindrücke der Außenwelt mit ganz anderen Augen zu sehen als vorher. Wer nur Eindruck nach Eindruck *genießen* will, stumpft sein Erkenntnisvermögen ab. Wer, nach dem Genusse, sich von dem Genusse etwas *offenbaren* lässt, der pflegt und erzieht sein Erkenntnisvermögen.[109]

Aus dieser Passage geht deutlich hervor, wie wichtig der Nachklang in der Seele ist.

Nach dieser Verarbeitung entsteht die Möglichkeit, etwas neu zu sehen, mit anderen Augen auf dieselbe Tatsache zu blicken und den Eindruck zu vertiefen. Diese Fähigkeit können wir an allen Elementen der Menschenweihehandlung üben – den Formen, dem Licht, den Farben. Wir werden jedoch noch sehen, dass auch mit den anderen Sinneseindrücken ein ähnliches Einatmen und Ausatmen möglich ist.

Das Hören in der Menschenweihehandlung

Das Motiv des Hörens zieht sich wie ein roter Faden durch das Alte und Neue Testament. Fast 600 Mal finden wir in der Konkordanz das Wort »hören«. Es ist der Schlüsselbegriff für das religiöse Erleben. Ich möchte das im Folgenden anhand von Texten aus dem Alten und Neuen Testament illustrieren, um danach zu untersuchen, wie das Hören in der Menschenweihehandlung kultiviert werden kann.

Die religiöse Geschichte des Judentums ist undenkbar ohne das Hören. Das jüdische Volk, das sich kein Bildnis von der Gottheit machen durfte, erhielt als erstes und höchstes Gebot: »Höre, Israel, der Herr ist unser Gott. Der Herr ist einzig. Und du sollst den Herrn, deinen Gott, lieben mit deinem ganzen Herzen und mit deiner ganzen Seele und mit deiner ganzen Kraft« (Deuteronomium 6,4). Danach wird angedeutet, wie man sich dieses Gebot einprägen sollte, Tag und Nacht: »Du sollst diese Worte zum Zeichen auf deine Hand binden, und sie sollen dir zum Schmuck zwischen deinen Augen sein; und du sollst sie auf die Pfosten deines Hauses und an deine Tore schreiben.« Noch heute findet man in Israel an den Türpfosten eine kleine Kapsel, *Mesusa* genannt, in welcher dieses Gebot aufbewahrt wird. Die orthodoxen Juden tragen es wortwörtlich auf der Stirn bzw. auf den *Tefillin*, den Gebetsriemen, die sie sich um den Kopf binden, bei sich. Das religiöse Leben im orthodoxen Judentum ist undenkbar ohne das Hören.

Bei Christus verinnerlicht sich das Hören zu einem Gebet, das »in eure Herzen eingeschrieben ist«. Es ist nicht länger das äußere Gebot bestimmend, sondern das innere Zuhören: »Achtet also darauf, wie ihr zuhört.« Das ist ein Auftrag, der sich auch auf das Hören in der Menschenweihehandlung anwenden lässt. Man achte also darauf, wie man zuhört – mit welcher Intention, mit welcher Gesinnung.

Wir finden die Motive des Hörens, Sehens und Tastens als »religiöse Sinne« auch in den Johannes-Briefen: »Das da war vom Urbeginne, wir haben es gehört, wir haben es mit unseren Augen gesehen, wir haben es geschaut und mit unseren Händen getastet: Das Wort, das in sich trägt das Leben, von ihm sprechen wir« (1 Joh 1). Diese Aussage eines Augen- und »Ohrenzeugen« Christi beginnt und endet mit dem Hören. »Das da war vom Urbeginne (*archè*), wir haben es gehört, wir haben es mit unseren Augen gesehen, wir haben es geschaut«: *atheasámetha* (hiermit ist unser Wort «Theater», wörtlich: Schauplatz, verwandt). Mit diesem Wort ist mehr als das äußere Sehen gemeint. Es ist eine Form des geistigen Schauens. Und schließlich: »Wir haben es mit unseren Händen getastet: das Wort, das in sich trägt das Leben.« Auch Paulus stellt eindeutig einen Zusammenhang zwischen Religion und Hören her, wenn er sagt: »Der Glaube kommt aus dem Hören« (Röm 10,17). Durch das Hören wird der Glaube vertieft.

Die Menschenweihehandlung beginnt jedoch nicht mit einem Höreindruck, sondern mit einem sichtbaren Bild. Zuerst ist da das Bild des Ministranten, der hereinkommt, um die Kerzen zu entzünden. Beim Einzug des Priesters folgt ein Höreindruck: Dreimal erklingt ein silbernes Glöckchen.

Ein Kind, das auf die Konfirmation vorbereitet wurde und zum ersten Mal an der Menschenweihehandlung teilnahm, erlebte im Hören unterschiedliche Qualitäten. Es sagte:»Am Anfang ist es still, aber es flimmert noch. Dann wird es völlig still, und später ist es noch stiller als still.« Drei Formulierungen, um drei unterschiedliche Qualitäten von Stille auszudrücken. Die altgriechische Sprache kennt für die Qualitäten der Stille zwei Vokabeln: *siópaó* und *sigaó*. *Siópaó* bedeutet: äußerlich schweigen. Die andere Formulierung für das Schweigen, *sigaó,* wird beispielsweise in der Apokalypse verwendet:»Da trat eine Stille [ein Schweigen] im Himmel ein, etwa eine halbe Stunde.« Das Wort *sigaó* wird auch mit »heiliges Schweigen« übersetzt. Vielleicht können wir sagen, dass sich in der Menschenweihehandlung eine Stille im Sinne von *siópaó* entwickelt, dem äußeren Schweigen, die zu *sigaó,* der heiligen Stille, führt. Dies ist auch dasjenige, was Paulus mit der rätselhaften Formulierung »die Frau schweige in der Gemeinde« meint: In seiner Zeit hatte die Frau im Bereich der kultischen Handlungen noch den Auftrag, den Gefühlen der Trauer und der Freude lauthals Ausdruck zu verleihen. Dies geschah in einer Weise, die einer vertieften Andacht und inneren Stille (*sigaó*) im Wege stand. Es war nicht die Absicht des Paulus, die Frau ein für alle Mal zum Schweigen zu verurteilen; doch sie sollte ihr äußeres Wehklagen und ihre überbordende Freude zurückhalten, um aus der inneren Stille zu einem neuen Sprechen zu gelangen.[110]

Ich illustriere die Qualitäten von Stille und Lauschen durch einige Situationen aus der Menschenweihehandlung.

Ein Phänomen, das sich immer wieder beobachten lässt, ist die Tatsache, dass wir zu Beginn des Gottesdienstes anders zuhören als am Ende. Doch wir hören es auch am Sprechen des Priesters. Es fällt vor allem auf, wenn die Epistel, das sogenannte Zeitengebet, am Schluss der Handlung wiederholt wird: Dieselben Worte klingen anders. Und wir hören es auch häufig an der Musik, die anders klingt.

Eine Frau, die Jahrzehnte mit der Menschenweihehandlung gelebt hatte, hörte in den acht Malen, die der sogenannte Christusgruß erklingt, jedes Mal eine andere Nuance. Sie versuchte das mit eigenen Worten so auszudrücken:

Wenn zum ersten Mal der Christusgruß erklingt, ist da ein Gefühl der Scheu: Wer bin ich, dass mir dies zuteilwerden kann? Beim zweiten Mal: ein Gefühl des Staunens, der Verwunderung: Kann es sein, dass mir dies doch widerfährt? Beim dritten Mal: Das Licht bricht durch, die Sonne geht auf. Viertes, fünftes und sechstes Mal: Wachsendes Licht mit Gefühlen des Trostes, der Ermutigung und der Dankbarkeit. Siebtes Mal: Nach der Kommunion kommt die Erfüllung, und es ist in diesen Worten ein Jubelton zu vernehmen. Beim achten Mal: Am Ende umfasst es die gesamte Heilsbotschaft, wie sie mit dem Kultus gegeben ist.

Um die Qualitäten des Hörens in der Menschenweihehandlung zu stärken, sind verschiedene Übungen möglich:
– Das Vorhören. Wir können am Vorabend versuchen, einen Satz, der uns in Erinnerung geblieben ist, vorzuhören. Am nächsten Morgen nehmen wir diesen Satz mit in den Gottesdienst.
– Eine zweite Übung ist das sprechende Hören und das hörende Sprechen. Es gibt bestimmte Teile in der Menschenweihehandlung, die sich besonders dafür eignen, innerlich mitgesprochen zu werden. Ich denke dabei in erster Linie an das Credo und das Vaterunser. Wir können, indem wir innerlich sprechend hören, in Stille etwas zum Altardienst beitragen. Wir können dieses innere Sprechen auch bewusst von Zeit zu Zeit loslassen und versuchen, so zu hören, als würden wir den Gottesdienst zum ersten Mal erleben. Wir können auch versuchen, so zu hören, als wäre es das letzte Mal.
– Um die Qualität des Hörens zu vertiefen, ist es hilfreich, wenn wir bereits einige Zeit vor Beginn im Raum anwesend sind. Im

vorigen Kapitel erwähnten wir, dass die Menschenweihehandlung schon vorbereitet ist, noch bevor die Kerzen entzündet werden. Der Engel der Gemeinde ist bereits anwesend. Wir können das innere Ohr schärfen, indem wir beispielsweise fünf oder zehn Minuten vor Beginn der Handlung auf die Qualität der Stille hinhorchen.

Ab und zu kann uns die Wahrnehmung geschenkt werden, dass wir durch die Worte hindurch hören, wer es ist, der da eigentlich spricht. Auch dies möchte ich durch einige Beispiele illustrieren.

Als Rudolf Steiner vor der Begründung der Christengemeinschaft die Menschenweihehandlung demonstrierte, erlebte Joachim Sydow (1899–1949), einer der Gründungspriester, Folgendes:

Dr. Steiner hat nie selber die Weihehandlung zelebriert, aber er hat sie uns, wie er es nannte,»demonstriert«, das heißt er zeigte sie uns in Worten und Gesten, aber doch so, dass es ein realer Vollzug war. Die ersten vier Zeilen intonierte er mit solcher Urgewalt, dass man zutiefst erschrocken war. Worauf diese Gewalt beruhte, ist schwer zu sagen, sie war weder in der Stimmstärke noch in der Betonung begründet. Es war, als ob jedes Wort den geistigen Gehalt, den es birgt, entzauberte.[111]

Dann stellt Joachim Sydow einen Vergleich mit einem Satz aus dem Oberuferer Weihnachtsspiel her, wo es heißt:»Der Himmel kracht scho!«:

Ich empfand:»Wenn das so weitergeht, zerreißt der Vorhang, öffnet sich der Himmel. Aber dem bin ich ja noch nicht gewachsen.« Und schon ließ auch die ungeheure Intensität des Sprechers nach, um erst bei der letzten Zeile wiederzukommen. Es war, als hätte sich Dr. Steiner um unserer Schwäche willen ins Parterre begeben, als hätte er uns einmal zeigen wollen, wie es eigentlich immer sein müsste.

Was klingt in und hinter den Worten mit? Im nachfolgenden Text beschreibt ein Teilnehmer an der Menschenweihehandlung, dass er die andere Welt erst in dem Moment erlebt, als er ins Hier und Jetzt zurückkehrt:

Ich war noch nicht so oft im Gottesdienst gewesen. Ganz genau kann ich nicht erzählen, wo die Erfahrung anfing. Eigentlich muss ich sagen: Ich kann nicht erzählen, dass ich eine Erfahrung hatte, das kam erst, als ich langsam wieder in die Welt zurückkehrte. Je mehr ich zurückkam, umso erstaunter war ich darüber, und ich sah, dass ich im Gottesdienst saß und dass die Realität von allem, was mich umgab, wieder zu mir durchdrang. Dass ich weggewesen war, bemerkte ich erst im Zurückkommen, wobei ich zuerst nur himmlische Musik hörte. Dies verwandelte sich allmählich in die Worte des zelebrierenden Priesters, die wie himmlische Musik klangen. Und schließlich hatte ich die Stimme und die Gestalt des Priesters wieder vor mir.

Drei unterschiedliche Gehörseindrücke: In der geistigen Welt klingt der Gottesdienst wie himmlische Musik. Bei der Rückkehr in den Körper werden die erklingenden Worte so, als würde der Gottesdienst gesungen. Schließlich ist der Betreffende wieder auf die Erde zurückgekehrt und hört, was in diesem Moment gesprochen wird. In, zwischen und durch die Worte hindurch kann die geistige Welt hörbar werden. Diese Art des Hörens können wir üben, indem wir uns in den Pausen zwischen den Sätzen um das »Vorhören« und »Nachhören« des Textes bemühen: Was geschieht in dem Moment, da noch nicht oder nicht mehr gesprochen wird?

Es gibt zwei Momente in der Menschenweihehandlung, wo wir dies besonders gut üben können. Der eine ist die Stille Räucherung nach der Opferung, der andere ist nach der Kommunion des Priesters. Diese Momente der Stille wollen er-hört werden.

Etwas Ähnliches lässt sich durch den Nachklang der Menschenweihehandlung erfahren, wenn wir noch einen Moment im leeren Kultraum sitzen bleiben. Manchmal ist die Wirkung dieses Nachklangs sogar noch stärker als das, was wir während der Handlung erlebt haben.

Ein Teilnehmer schreibt:»In den Stunden danach höre ich bestimmte Rhythmen aus der Menschenweihehandlung, die weiterwirken, und ich bemerke, dass sich meine Atmung und mein Herzschlag verändert haben.«

Die Rhythmen und Klänge der Menschenweihehandlung können tatsächlich lange nachwirken. Wenn wir einen tiefen Eindruck durch einen bestimmten Text bekommen haben, kann es manchmal geschehen, dass dieser Satz am nächsten Morgen beim Aufwachen erklingt, wie im nachfolgenden Tagebucheintrag eines Priesters beschrieben wird:»Im Traum spreche ich mit Kraft den Schluss der Einschaltung in der Weihnachtszeit: ›Heilwirkendes ist durch Dich.‹ Am nächsten Tag während der Handlung klingt dieser Satz noch mit vielen Untertönen nach.« Wie mögen diese Sätze in der geistigen Wirklichkeit klingen?

Auch beim Hören von Musik ist mir dieses Phänomen begegnet. Wenn ich ein Konzert intensiv aufgenommen habe, höre ich noch zwei oder drei Tage danach morgens den Nachklang der Musik.

Das ist ein guter Ausgangspunkt, um zwei unterschiedliche Arten des Hörens zu üben. Auf der einen Seite können wir versuchen, uns mit großer Intensität in die Worte hineinzuversetzen, gewissermaßen in sie hineinzukriechen. Die andere Methode besteht darin, dass wir die aufgenommenen Eindrücke von Zeit zu Zeit loslassen und wieder auf uns zukommen lassen. Lassen Sie sich die Worte zusprechen. Indem wir zwischen diesen beiden Arten des Hörens hin und her pendeln, können wir dieselben Worte auf ganz unterschiedliche Weisen hören.

Wir sind selten oder nie »ganz Ohr«. Jeder kennt das Phänomen der eigenen Gedanken, die »dazwischenkommen«. Wie kann es uns gelingen, Hören und Denken auf eine Linie zu bringen? Man kann sagen, dass heute jeder Mensch eine »Ja, aber«-Konstitution hat: Wir sind keine Menschen »aus einem Guss«. Die Herausforderung besteht darin, in der Menschenweihehandlung dieses »Ja, aber« zu überwinden. Wie können wir die eigenen Gedanken, Assoziationen und Gefühle in Harmonie mit dem bringen, was wir sehen und hören?

Über einen gewissen Umweg gelange ich zu einigen Antworten. Rudolf Frieling verglich einmal das Geschehen im Gottesdienst mit »goldenen Eimern«. Jedes Wort, jeder Satz ist die Hülle für einen geistigen Inhalt. Die bekannten Worte sind nicht mehr und nicht weniger als Hüllen des geistigen Inhalts, der durch sie strömt. Das meinte Rudolf Steiner in einem Vortrag für Ärzte und Priester, als er einmal sagte: »Man vollzieht sinnliche Prozesse, in die Spirituelles hineinströmt im Sich-Vollziehen.«[112] Es geht in erster Linie nicht um das vollständige Verstehen der Inhalte, sondern um das Mitvollziehen des Kultus in einem Strom. Auch als Zelebrant kann man nicht bei einem Wort oder einem Satz innehalten. Als Mitvollziehende der Handlung können wir versuchen, innerlich mitzusprechen, sodass wir uns mit dem Strom mitbewegen. Das Eigentliche vollzieht sich also nicht durch die »Eimer« (die Worte), sondern durch den Inhalt, durch das, was durch ihn strömt.

Ein anderes Mittel, mit der Fülle von Worten und Bildern umgehen zu lernen, besteht darin, einen bestimmten Satz aus dem Gottesdienst mit nach Hause zu nehmen und ihn eine Zeit lang im Innern zu hegen und zu pflegen. Diese Sätze und Bilder eignen sich gut dazu, dass wir sie längere Zeit mit uns herumtragen, mit ihnen um-gehen. Wir können diesen Umgang mit der peripatetischen Methode vergleichen, die man in den Philosophenschulen des alten Griechenland pflegte: Im Gehen entwickelte man Gedanken. Dass auch während der Menschenweihehandlung Gedanken und Bilder in uns aufsteigen, die kaum etwas oder gar nichts mit den Inhalten des Gottesdienstes zu tun haben, ist fast unvermeidlich. Manche Gedanken können wir einfach nicht beiseiteschieben. In vielen Fällen ist es wirkungsvoller, sie mit hineinzunehmen in die kultische Handlung. Die Menschenweihehandlung ist eigentlich eine große Fürbitte: Für alle Anwesenden, für alle wahren Christen, für die Verstorbenen, für das »Leben der Welt«. Im Prinzip kann alles Bestandteil dieser Fürbitte werden. Statt die in uns aufsteigenden Gedanken an Menschen und Situationen wegzuschieben, können wir sie in das große Altargebet einbeziehen. In Zeiten des Krieges oder großer Naturkatastrophen versuche ich beim Zelebrieren der Menschenweihehandlung den Bildern, die ich in mich aufgenommen habe, einen Ort in der kultischen Handlung zu geben. Manche »Schreckensbilder«, die sich in die Netzhaut eingebrannt hatten, habe ich auf diese Weise sogar wochen-, ja monatelang mit mir in den Gottesdienst hineingenommen – bis ich die innere Wahrnehmung hatte, dass die Fürbitte sich mit dieser Wirklichkeit verbunden hatte.

Essen und Trinken im Sakrament

Die anthroposophische Terminologie unterscheidet zwischen höheren und niederen Sinnen. Die niederen Sinne nehmen physisch tastbare Eindrücke auf (wie zum Beispiel Geschmacks- und Tastsinn). Die höheren Sinne (wie Sehen und Hören) tasten im übertragenen Sinne die Eindrücke ab. Mit den Augen tasten wir Konturen und Farben der uns umgebenden Welt ab, doch mit dem Geschmacks- und Geruchssinn dringt die Welt buchstäblich noch tiefer in uns ein. Es kann zu denken geben, dass gerade der Höhepunkt des Sakraments, wo die Wirklichkeit der geistigen Welt als besonders nah erfahren wird, mit Sinneseindrücken des Essens, Trinkens und der Tasterfahrung verbunden ist.

Manchen Menschen fällt ist es nicht leicht, einen Zusammenhang zwischen den tiefsten spirituellen Erfahrungen und etwas so Alltäglichem wie Essen und Trinken zu erkennen. Doch diese Verbindung wird durch Christus selbst hergestellt, wenn Er Sein Abendmahl und seinen Tod ankündigt. Die Vorankündigungen sind so radikal, ja, so anstoßerregend, dass sich daraufhin eine Reihe von Jüngern von Ihm abwendet. In vielen Bibelübersetzungen kommt der radikale Charakter dieser Aussagen nur unvollständig zur Geltung. Auch die Übersetzung von Heinrich Ogilvie, die in der Christengemeinschaft häufig verwendet wird, wird den griechischen Formulierungen nicht ganz gerecht:

Ich Bin das lebende Brot, das aus dem Himmel herniederkam; wer von diesem Brot isst, wird für immer leben. Und das Brot, das ich geben werde, ist mein Erdenleib, den ich geben werde für das Leben der Welt. Da stritten die Juden untereinander und sprachen: Wie kann er uns seinen Leib zu essen geben? Da sagte ihnen Jesus: Amen, Amen, ich sage euch: Wenn ihr nicht den Leib des Menschensohnes esst und sein Blut trinkt, habt ihr kein Leben in euch. Wir meinen Leib verzehrt und mein Blut trinkt, hat unvergängliches Leben, und ich lasse ihn auferstehen am letzten Tage. Denn mein Leib ist wahre Speise, und mein Blut ist wahrer Trank (Joh 6,50–55).

Jesus spricht hier in voller Absicht mit Anstoß erregenden Worten. Was hier mit »meinen Leib essen/verzehren« übersetzt wird, wird im Griechischen mit den Worten *sarx* (Fleisch) und *trogein* (beißen, kauen) ausgedrückt. Ein Kommentator sagt über diese Passage, das Verb *trogein* verschärfe vorsätzlich den Stachel dieses Wortes, der das Gefühl verletze.[113] Die griechische Formulierung ist nicht nur (nahezu) unübersetzbar, sie ist auch »unverdaulich«.

Wie Anstoß erregend diese Formulierungen sind, zeigt sich an der Antwort der Jünger. Johannes fährt fort:»Hart ist dieses Wort, wer kann es anhören?« Im Griechischen steht hier das Wort *skleros* (wir kennen das davon abgeleitete Adjektiv »sklerotisch«). Und auch Jesus ist sich der Wirkung dieser Worte voll bewusst: »Jesus nahm innerlich war, dass seine Jünger darüber murrten, und er sprach zu ihnen: Fallt ihr darüber?« Hier steht im Griechischen das Wort *skandalizo*. Das griechische Wort *skandalon* bedeutet: eine Falle oder Klemme, in der man sich verfängt.

Insbesondere das Johannesevangelium weist immer wieder auf diese Verbindung des Höchsten mit dem Niedersten, des Geistigen mit dem Stofflichen hin. Auch im Prolog dieses Evangeliums geht es darum in dem Satz: »Und das Wort ist Fleisch geworden.« Hier erscheint dasselbe Wort: *Kai ho logos sarx egeneto*. Offenbar geht es dem johanneischen Christentum um diese Verbindung: Das Höchste soll nicht nur zu einer geistigen Wahrnehmung werden, es soll auch »einverleibt« werden. Doch es besteht ein wesentlicher Unterschied zur alltäglichen Erfahrung des Essens und Trinkens. Dies wird deutlich in den Schlussworten der oben angeführten Passage. Jener Unterschied kommt zum Ausdruck, wenn Jesus sagt: »Denn mein Leib ist wahre Speise, und mein Blut ist wahrer Trank.« Er unterscheidet das alltägliche Essen und Trinken, wobei Hunger und Durst immer wiederkehren, von der Kommunion, die sättigt und labt. Eine üppige Mahlzeit kann uns mit einem Gefühl der Leere zurücklassen, wie es jemand einmal treffend ausdrückte: »Ich habe nun zwar gegessen, doch an der Stelle, wo ich zuvor Hunger hatte, habe ich noch nichts erhalten …« Wir kennen in unserer Zeit, mehr noch als früher, eine Welt des Hungers und den Schein der Sättigung, die uns in Wirklichkeit noch hungriger als zuvor zurücklässt. Vermutlich stand Rudolf Steiner dieses Phänomen vor Augen, als er einmal gesagt haben soll: »In der Zukunft werden Menschen vor vollen Tellern verhungern.«

Im frühen Christentum kannte man durchaus markante, kräftige Formulierungen für die Kommunion, die illustrieren, was den Menschen wirklich nährt und labt. Der Kirchenvater Ignatius von

Antiochien (der seinen Glauben mit dem Martertod büßen musste) spricht von der Kommunion als dem *pharmakon athanasias,* dem Heilmittel zur Unsterblichkeit. Mit der Kommunion empfangen wir ein Geschenk, das uns mit der Welt der Auferstehung verbindet. Darin unterscheidet sich das Christentum von den vorchristlichen Religionen, die (noch) nicht die Verbindung mit der irdischen Wirklichkeit suchen, sondern sich eher von ihr lösen wollen. Im Christentum muss das Geistige »Fleisch und Blut« werden. Dies geschieht sichtbar, tastbar im Sakrament von Brot und Wein. Was muss Christus durchmachen, damit Er in der Kommunion erscheinen kann, jeden Tag aufs Neue? Im Augenblick der Transsubstantiation vereint Er, jeden Tag, immer neu, Sein Wesen mit den irdischen Substanzen, »Sein Wesen damit einend«, wie es in der Menschenweihehandlung formuliert wird. An unzähligen Orten auf der Welt, wo das Sakrament von Brot und Wein vollzogen wird, in unzähligen unterschiedlichen Kirchen spielt sich diese Einswerdung jeden Tag ab.

Ein beeindruckendes Dokument der Verbindung Christi mit denen, die Ihm nachfolgen, ist das Tagebuch der Gabrielle Bossis (1874–1950). Sie hat erst nach ihrem 63. Lebensjahr in aller Stille aufgezeichnet, was Christus ihr in zahllosen Eingebungen und Dialogen sagen wollte. Nach ihrem Tod wurden ihre Aufzeichnungen in verschiedenen Sprachen veröffentlicht.[114] Hier folgen einige Fragmente, die illustrieren, wie konkret und wörtlich wir uns die Einswerdung mit Christus in der Kommunion vorstellen können. So hört Gabrielle Bossis Ihn nach dem Empfangen der Kommunion sprechen:

Ich habe mich den Menschen ausgeliefert, und sie haben mit mir gemacht, was sie wollten.
Ich habe dies aus Liebe getan.
Jetzt liefere ich mich ihnen in der Eucharistie aus.
Noch immer machen die Menschen mit mir, was sie wollen.

Das tue ich aus Liebe.
Bis zum Ende.
Bis zum Ende der Zeiten.
(Band I: 19. Juli 1939, nach der Kommunion)

In der nächsten Passage kommt das Eingangsmotiv dieses Kapitels, das Essen und Trinken als tiefste Form der Verbindung mit Christus, zum Ausdruck:

Danke mir für all meine Hostien, die deinen, bis zur letzten; für die der Welt, bis zur letzten, im Moment vor dem Jüngsten Gericht. O diese Hostien – für euch erfunden, für meinen Aufenthalt, nahe bei euch. Ich sehe, dass ihr euch mit mir vereint, wie Ich meine Apostel beim letzten Abendmahl sah; Ich komme zu euch mit einem Herzen, das so bewegt ist wie damals am Gründonnerstag ... Meine armen Kleinen, die ihr nicht weiter nachdenkt, die ihr versucht seid, zu glauben, dass Ich passiv darin anwesend bin, wie auf einem Gemälde oder in einer alten Erinnerung – während Ich es doch selbst bin, lebend, in euch atmend ... Erinnere dich: Es gibt nicht mehrere Jesus-Christusse – es gibt nur einen. Er, der im Himmel ist, der, den ihr esst. Fürchtet euch nicht vor diesem Wort: »essen«. Ich habe es in das Evangelium gesetzt: Es drückt die Einheit aus, die Ich mit euch haben möchte. O esset mich! Esset mich ohne Furcht: Ihr werdet meine Liebe befriedigen, ihr werdet meinen brennenden Durst stillen. Weißt du, was das ist, Durst? Und wenn du es weißt – kennst du den Durst eines Gottes, der morgen, im Moment der Eucharistie, bereits aus Liebe gestorben sein wird?
(12. Juni 1941, franz. Ausgabe Band V, S. 177)

Zwischen den Zeilen schwingt hier die stille Erwartung mit, dass auch wir uns mit Ihm in der Kommunion vereinen mögen, dass diese Einswerdung auf Gegenseitigkeit beruhe. So sagt es der Priester in der Menschenweihehandlung nach der Kommunion mit

dem Brot:»Nehme mich hin, dafür dass Du Dich mir gegeben.«
Unsere Aufgabe besteht darin, uns in der Kommunion Ihm ganz
und gar zu geben. Gerade das starke Verlangen nach Einswerdung
bewirkt, dass wir das Geschenk der Kommunion auch wirklich
empfangen und seinen Wert entsprechend schützen können.
Nicht nur während der Eucharistie, sondern schon lange davor
sehnt sich Christus nach dieser Einswerdung:

Die ganze Nacht habe Ich in meiner Eucharistie auf dich gewartet,
um mich dir am frühen Morgen zu geben. Warum verwunderst
du dich darüber? Glaubst du an meine Gegenwart im Tabernakel?
Glaubst du an meine unendliche Liebe? Dann verbinde das eine
mit dem anderen. Und wenn du nachts erwachst, möge sich dein
Blick auf Ihn richten, der bereits im Moment der Morgendämme-
rung nach dir verlangt. Das wird deine Liebe anspornen und dein
Vertrauen in meine Kraft aufschließen.
(21. März 1946)

Bereits während des Ur-Abendmahls findet dieses tiefste Sehnen
des Christus nach Einswerdung mit dem Menschen seinen Ausdruck in einer eigenartigen Formulierung. Bei der Beschreibung
im Lukasevangelium übersetzt Ogilvie:»Wie innig hat mein Herz
danach verlangt, dieses Passahmahl mit euch zu essen.« Der griechische Text sagt hier wörtlich:»Ich habe verlangend danach verlangt (*epithymian epethymesa*), dieses Mahl mit euch zu halten.«
Mit demselben unendlich starken Verlangen wartet Er tagein, tag-
aus auf die, die Ihm folgen wollen, um jedem von ihnen Sein Geschenk zu geben.

Wir können uns den Übergang von der Transsubstantiation zur
Kommunion, vom dritten zum vierten Teil des Altardienstes, viel-
leicht folgendermaßen vorstellen: In der Wandlung kommuniziert
Christus selbst. Er nimmt Brot und Wein zu sich. Etwas Ähn-

liches finden wir im Lukasevangelium, wo geschildert wird, dass Christus nach der Auferstehung vor den Augen seiner Jünger Fisch und Brot isst. Er nimmt die Substanzen in die Hand und durchdringt sie mit seiner Gegenwart. Dies geschieht bei jedem echten Gottesdienst. Immer wieder gibt es Menschen, die etwas davon wahrnehmen. Allein schon die Andeutung dieser Wirklichkeit kann überwältigend sein. Dies beschreibt einer der Begründer der Christengemeinschaft, Rudolf Meyer. Während der Einsetzungsworte sieht er, was sich wirklich vollzieht:

Es war das erste Mal, dass ich von dem Wandlungsgeschehen der Weihehandlung leise über die Schwelle gezogen wurde. Ich sah, während ich die Hostie erhob, wie über meinen Händen, sie begleitend oder auch durchdringend, andere Hände, lichtdurchlässige, sich bewegten; und ebenso geschah es, als ich den Kelch erhob. Zuerst suchte ich es als eine optische Täuschung zu deuten. Aber es wiederholte sich an bestimmten Stellen und war nicht auszulöschen aus der Handlung. Eine starke Erschütterung, zugleich beseligend, durchdrang mich. Ich konnte nicht darüber sprechen und es auch nicht erklären. Als ich dann der Gräfin Keyserlingk das Wahrgenommene mitteilte, sagte sie sofort: »Das war doch oder Christus. Er wollte Ihnen sagen: Meine Hände sind Deine Hände.« – Solche Erlebnisse, wenn sie echt sind, haben das Gesetz in sich, nicht zu verblassen, sondern zu wachsen. 33 Jahre später hatte ich dieses sakramentale Erlebnis zu einer Erfahrung der Allgegenwart dessen ausgeweitet, der in der Wandlung gegenwärtig ist.[115]

Christus verkörpert sich – dieses Wort müssen wir wörtlich auffassen – in Brot und Wein. Wenn wir sein Mahl empfangen, stehen wir vor der Aufgabe, diese Kommunion wieder zu »vergeistigen«. Das wird in der Menschenweihehandlung mit folgenden Worten ausgesprochen: »Was mein Mund empfangen, es sei in meiner Seele ergeistet.« In diesem faszinierenden, rätselhaften Satz ist die

Trichotomie von Körper, Seele und Geist formuliert. Offenbar können wir die Kommunion nicht nur essen und trinken, sondern sie auch beseelen und vergeistigen.

Auch im Vaterunser kann, hört man genauer hin, eine stoffliche und eine geistige Kommunion gefunden werden. In der deutschen Sprache ist davon nichts zu hören – doch die ursprüngliche Sprache, das Altgriechische, lässt bei dem Satz »unser täglich (*epiousion*) Brot gib uns heute« zwei unterschiedliche Deutungen zu. Genau in der Mitte dieses Gebetes steht das besondere Wort *epiousion*: Vor und nach ihm stehen 28 andere Worte. Das Wort *epiousion* kommt in der griechischen Literatur nicht vor, es findet sich nur im Neuen Testament. Man kann dieses Wort als Ableitung des Verbs *epienai* auffassen, das »auf jemanden zukommen«, »jemandem zukommen« bedeutet. Wollte man dies im Deutschen wiedergeben, ergäbe das die ungebräuchliche Form »zukommend«. Dann bedeutet dieser Satz, dass wir um das Brot bitten, das an diesem Tag für uns bestimmt ist: das uns zukommende Brot. Doch das Wort *epiousion* kann auch aus den Worten *epi* (oben) und *ousion* (*ousia*: sein) zusammengesetzt gedacht werden. Dann ist mit dieser Form das übersinnliche Brot gemeint. Infolge dieser beiden Bedeutungen kennen wir zwei Versionen der lateinischen Übersetzung dieser Bitte. Die älteste Übersetzung spricht vom *panis quotidianus*, dem Brot, das uns täglich zukommt. Doch die Übersetzung des Hieronymus (ca. 340–420), die sogenannte Vulgata, spricht vom *panis supersubstantialem*, dem übersinnlichen Brot. Vielleicht hat Christus bewusst dieses Wort mit seinen zwei Bedeutungen für diese Bitte gewählt, um uns die Tatsache einer stofflichen und einer geistigen Einswerdung mit Ihm und dem Vater bewusst zu machen.

Wie es auch sei, Er kann Sein Ziel nur erreichen, wenn Er Himmel und Erde, Geist und Stoff miteinander in der »Hochzeit des Lammes« vereinen kann. Darin liegt nicht nur das letztendliche Ziel seiner Offenbarung: die Schaffung eines neuen Himmels und einer neuen Erde. Ganz im Kleinen vollzieht Er in jeder Altarhandlung, wo Brot und Wein konsekriert werden, aufs Neue die Hochzeit von Himmel und Erde – um in uns im Verborgenen die künftige Schöpfung vorzubereiten. Man kennt das Wort des deutschen Theologen Friedrich Christoph Oetinger:»Leiblichkeit ist das Ende der Wege Gottes.« Doch die Leiblichkeit, wie wir sie kennen, ist nicht das Ende der Schöpfung. Christus setzt die Schöpfung fort, um das Leben durch das sterbende Erdendasein hindurch zu erneuern. Die Leiblichkeit eines neuen Himmels und einer neuen Erde ist das Ende der Wege Christi. Mit ihnen endet das Zukunftsbild der Apokalypse.

Der Geruchssinn

Mit dem Geschmackssinn, der im letzten Abschnitt besprochen wurde, und mit dem Riechen und Tasten gelangen wir in jenes Gebiet der Sinneswelt, wo die Eindrücke häufig unbewusst und unterbewusst wirken. So kann ein bestimmter Geruch, noch bevor wir ihn bewusst wahrgenommen haben, uns unter Umständen weit in unsere Kindheit zurückführen. Ein Freund von mir besuchte einmal nach Jahrzehnten das japanische Konzentrationslager, in dem er als Kind untergebracht war. Er nahm den Eindruck des Ortes ohne nennenswerte Emotionen in sich auf – bis er etwas roch: Im Postamt reichte man ihm eine Büchse mit Kleister, um eine Briefmarke aufzukleben. Plötzlich wurde er von heftigen Emotionen überfallen, denn der Geruch des Kleisters erinnerte ihn an den »Brei«, den er als Kind im Lager gegessen hatte. Zusammen mit dem Duft stiegen Fetzen aus seiner Kindheit in ihm auf, und sie waren intensiver als alles, was er damals gesehen und gehört hatte. Dieser Vorfall illustriert, wie tiefgreifend manche Sinneseindrücke wirken können und wie wichtig es ist, alle Sinne mit gesunden Eindrücken zu »nähren«. Negative und ungesunde Eindrücke können sogar ein ganzes Leben lang traumatisierend wirken. Wir kennen dies von Gewalteindrücken, die die Tendenz haben, sich in die Netzhaut einzubrennen; viel tiefer noch geht die Wirkung jedoch bei den »unteren« Sinnen, weil die Eindrücke von ihnen weniger bewusst aufgenommen werden.

Rudolf Steiner spricht mit Bezug auf die Sinneseindrücke von der »kosmischen Ernährung«, er beschreibt, dass der Mensch mit jeder Wahrnehmung Elementarwesen in sich aufnimmt.[116] Nach dem Tod, bei der Lebensrückschau, verwandeln sich diese Sinneseindrücke in geistige Wesen. In der Beschreibung dieses Prozesses, die Rudolf Steiner gibt, wird deutlich, wie wichtig die Rolle des Menschen dabei ist: Er kann durch das Aufnehmen und Verarbeiten von Sinneseindrücken diesen Naturwesen helfen, sich weiterzuentwickeln – oder er kann sie durch seine negativen Gedanken und seine Gleichgültigkeit zu destruktiven Kräften werden lassen. Es ist nicht schwierig, sich vorzustellen, dass durch die zur Ruhe gekommene, vertiefte Wahrnehmung im Kultus geistige Kräfte aufgenommen werden können, die den Sinnen Nahrung geben, wodurch uns die Möglichkeit gegeben ist, dass sich diese Kräfte in uns weiterentwickeln. Was wir während des Lebens noch als »Rätselbild in einem Spiegel« aufgenommen haben, werden wir nach dem Tod »von Angesicht zu Angesicht« erkennen (1 Kor 13,12). Doch was für uns noch Zukunftsmusik ist, ist für die Gottheit bereits volle Wirklichkeit. Wenn wir das Weihrauchopfer in der Menschenweihehandlung aufsteigen lassen, nehmen wir den Wohlgeruch war. Manche Menschen sind in der Lage, etwas von der spezifischen Qualität dieses Dufts wahrzunehmen. Ein Mensch, der zum ersten Mal im Leben an der Menschenweihehandlung teilnahm, hörte, wie er beim Opfern des Weihrauchs bei sich selbst dachte: »Das ist Frömmigkeit.«

Im Alten Testament stoßen wir ein einziges Mal auf einen Ausdruck, der darauf hindeutet, dass die Gottheit die »Innenseite« des Opfers, seine Intention, wahrnimmt – zweifellos in noch stärkerem

Maße, als ein Mensch das tun würde. Als Noah nach der Sintflut Brandopfer darbringt, beschreibt das Alte Testament (Gen 8,21) Folgendes:

Als der Herr den lieblichen Duft roch, sprach er in seinem Herzen: Nicht mehr will ich hinfort den Erdboden verfluchen um des Menschen willen.

So kann ein einziges Opfer, wenn es mit der rechten Intention gebracht wird, Gott im wahrsten Sinne des Wortes »auf andere Gedanken bringen«!

Wir sind geneigt, uns alles, was mit dem Opfer zusammenhängt, symbolisch vorzustellen: So, wie der Wohlgeruch aufsteigt, so steigen auch unsere Gedanken und Gebete zur geistigen Welt empor. Doch wer über geistige Wahrnehmungen auf diesem Gebiet verfügt, sieht viel mehr als die reine Symbolik. Einer meiner Kollegen hatte einmal das Bestattungsritual zu vollziehen. Die Familie des Verstorbenen hatte große Schwierigkeiten damit, dass der Sarg mit den stofflichen Überresten beweihräuchert wurde und äußerte die Bitte, diesen Vorgang wegzulassen. Mein Kollege musste seine gesamte Überzeugungskraft einsetzen, um den Betreffenden deutlich zu machen, dass die Räucherung einen unverzichtbaren Bestandteil des Rituals darstellt. Schließlich stimmte die Familie widerwillig zu. Nach der Feierlichkeit berichtete die Ehefrau des Verstorbenen meinem Kollegen, dass sie während des Rituals unerwartet die Seele ihres Mannes gesehen hatte, als er durch den aufsteigenden Weihrauch buchstäblich emporgetragen wurde. Wer über hellsichtige Wahrnehmungen während kultischer Handlungen verfügt, sieht fortwährend die geistige Realität hinter den Ereignissen, die dem Alltagsbewusstsein als reine Symbolik erscheinen.

So ist es von alters her selbstverständlich, dass in allen Formen der weißen Magie Opfer mit einem »Wohlgeruch« dargebracht werden. Ein solches Opfer wirkt nach dem Prinzip der gegenseitigen Anziehungskraft. Weiße Magie arbeitet mit reinen, selbstlosen Sinneseindrücken und Wohlgerüchen, um helfende geistige Kräfte herbeizurufen. Umgekehrt arbeitet schwarze Magie mit den übelsten Gerüchten und anderen Sinneseindrücken, wodurch Dämonen angezogen werden. Rudolf Steiner verdeutlicht dies durch folgendes Beispiel:

Es gibt Gerüche, in denen geradezu infernalische Wirkungen dieser Wesenheiten in uns einziehen. Wenn der Mensch so etwas weiß, bekommt er einen Begriff davon, was er seinem Nebenmenschen antut, wenn er ihn zwingt, alle möglichen scheußlichen Parfüme einzuatmen. Durch Patschuli zum Beispiel gibt er den Saturngeistern schlimmster Art Zugang zum Menschen, und es gehört zu den schlimmsten Arten schwarzer Magie, auf die Mitmenschen durch Gerüche einzuwirken.[117]

Obwohl wir heute dazu neigen, diesem Gebiet keine oder kaum Aufmerksamkeit zu schenken, ist bekannt, dass beispielsweise am französischen Hof in Versailles zur Zeit Ludwigs XIII., XIV. und XV. politische Intrigen Hand in Hand gingen mit dem Einsatz bestimmter Parfums.

Wie dem auch sei: Mit Geruchseindrücken können wir sowohl im Guten wie im schlechten Sinne wirken. Auf diesem Gebiet können wir uns keinerlei Naivität erlauben. Jede bewusst angewandte Form von weißer, grauer oder schwarzer Magie arbeitet mit dieser Tatsache.

Der Tastsinn

Mit dem Tastsinn kommen wir in gewisser Weise auf dem Boden der Sinneseindrücke an. Die Tast-Erfahrung gehört zu den allerwesentlichsten Formen des Sich-Verbindens mit der uns umgebenden Welt. Das Auge bleibt in gewisser Hinsicht noch außerhalb der Wirklichkeit stehen; das Ohr kann bereits tiefer hinter die Wirklichkeit der äußeren Erscheinung vordringen. Doch mit der Tast-Erfahrung kommen wir buchstäblich und im übertragenen Sinne mit der Wirklichkeit »in Berührung«. Darum endet die Kommunion in der Menschenweihehandlung mit einer Berührung. Verschiedene Gemeindemitglieder können aus eigener Erfahrung berichten, dass diese Berührung sie noch Tage danach tastbar begleitet hat. Wir können bei dieser Berührung (die durch den Mittel- und Zeigefinger auf die Schläfe erfolgt) an eine Beschreibung der Handauflegung im Neuen Testament denken, als Christus die Kinder um sich versammelte: »Und er nahm sie in seine Arme, legte die Hände auf sie und segnete sie« (Mk 10.16). Mit dieser Handauflegung wird seine segnende Kraft übertragen – eine Kraft, die sie ihr Leben lang begleiten wird.

Rudolf Frieling, der in seinem Leben einer besonderen Handauflegung viel verdankte, hat diese Erfahrung in einer überpersönlichen Form in seinem Büchlein *Die Feier*[118] beschrieben. In einem Kapitel mit der Überschrift »Leiblichkeit als Mysterium« schreibt er dort:

Ein Mensch schaute zu einem ehrwürdigen Lehrer auf. Seine Worte bewahrte er ehrfürchtigsten Herzens, ihnen verdankte er wesentlichste Erkenntnis. Und doch wirkte es tiefer und erschütternder als alle Weisheitserschließung, dass in einem besonderen Augenblicke der Verehrte ihm die Hand aufs Haupt legte. Eine körperliche Berührung, und doch von größerer Geistkraft als die leuchtendste Unterweisung, ewig im Gedächtnis, schicksalwendend, eine segnende Macht im Leben.

In dieser behutsamen Form beschreibt Frieling den unauslöschlichen Eindruck, den die Handauflegung durch Rudolf Steiner in ihm hinterlassen hat. Mit der Handauflegung kann mehr als mit Worten oder Symbolen dem Menschen eine Kraft mitgegeben werden, die bleibend, unaufhörlich segnend wirksam ist.

Geflügelte Sinneseindrücke

Der Schlüssel zum Geschehen am Altar ist unter allen Umständen die Aktivität der Sinne. Wir sahen bereits in den zurückliegenden Betrachtungen, dass hier an alle Sinne appelliert wird – und dass die Sinneswelt uns Zugang zu einem dahinter verborgenen geistigem Gebiet eröffnet. Dies sind jedoch nicht nur die sogenannten Naturgeister oder Elementarwesen, die der physischen Welt zugrunde liegen. Von alters her wusste man, dass alle erhebenden und gesundenden Sinneseindrücke uns auch mit der Welt der Engel verbinden. Das apokryphe Henoch-Buch spricht über den Engel des Feuers, des Schnees, des Lichtes, des Mondes, das Blitzes und des Donners. Kurz, jeder Sinneseindruck der Natur verbindet den Menschen mit einem hierarchischen Wesen. Auch der Kirchenvater Ambrosius von Mailand (ca. 334–397) schrieb: »die Luft, die Erde, das Wasser, alles ist von Engeln erfüllt.« Kardinal Newman[119] benutzte in einer Predigt einmal eine bildhafte Formulierung, um deutlich zu machen, in welches Gebiet unsere Sinneswahrnehmungen hineinreichen:

Jeder Luftzug, jeder Lichtstrahl, jede Ausstrahlung von Wärme, jeder herrliche Anblick sind in ihrem Sosein die Säume ihrer Gewänder, das Wehen der Kleider derer, die Gott von Angesicht zu Angesicht schauen. Was wäre wohl der Gedanke eines Menschen, der, wenn er eine Blume, ein Kraut, einen Kieselstein oder einen Lichtstrahl untersucht, die er auf der Stufenleiter des Existierens als etwas ihm ganz Untergeordnetes ansieht, wenn er plötzlich entdeckte, dass er sich einen mächtigen Wesen gegenüber befindet, welches hinter den sichtbaren Dingen, die er untersuchte, verborgen war? Das Wesen verberge zwar seine weiße Hand, aber als Gottesdiener für diese Aufgabe habe es ihm ihre Schönheit, Anmut und Vollendung gegeben, ja, jene Dinge, die man so eifrig untersuchte, wären nichts als ihr Gewand, ihr Schmuck? Darum bemerke ich, dass wir [...] mit den drei Jünglingen sagen dürfen: O alle ihre Werke des Herrn – lobet den Herrn. Preiset Ihn und verherrlicht Ihn in Ewigkeit.[120]

Gegen Ende seines Zitates knüpft Newman an die Geschichte von den Jünglingen im Feuerofen an (Daniel 3,1–30), wo drei Märtyrer, die von König Nebukadnezar ins Feuer geworfen worden waren, durch einen Engel des Feuers (»ein Sohn der Götter«) beschützt werden.

Wir können noch einen Schritt weitergehen, wenn wir die Episteln der Menschenweihehandlung auf ihre Beschreibung der Sinneswelt hin befragen. In diesen Episteln, die für jede Festeszeit unterschiedlich sind, wird die Natur in das Christentum einbezogen. Die Sonne, das Feuer, die Wolken, die Luft, die Nacht, die Sternenwelt, die Dämmerung – alle diese Eindrücke werden ins Religiöse, zum christlichen Naturerleben vertieft. Seit Seiner Wiederkunft wirkt Christus im Gebiet der Lebenskräfte, der Ätherwelt. Dies ist zugleich das Gebiet, in welchem sich die elementarsten Naturerscheinungen offenbaren. Vergleichsweise ausgedrückt: Als Christus auf Erden lebte, konnte Er zahllose Menschen von ihren Gebrechen und Krankheiten heilen, indem Er sie berührte. Taubheit und Blindheit wurden geheilt, wenn Christus Ohr und Augen physisch berührte. Das Geschehen am Altar gibt Ihm nach Seinem Tod und Seiner Auferstehung die Möglichkeit, auch heute unsere Sinne zu berühren und geistig zu heilen.

In vielen unterschiedlichen Facetten höre ich von Teilnehmern an der Menschenweihehandlung, wie die aktive Teilnahme an diesem Sakrament Sinne, Seele und Geist nährt, stärkt und heilt. Weil sich für viele Menschen diese Wahrnehmung nicht »von Angesicht zu Angesicht« abspielt, werden häufig Vergleiche herangezogen, um deutlich zu machen, was da erfahren wird. Einige Beschreibungen sollen dies konkretisieren:

Wenn ich aktiv an einem Gottesdienst teilgenommen habe, habe ich das Gefühl, dass ich in ein Bad getaucht wurde und erfrischt wieder herauskomme.
Nach einer Menschenweihehandlung bewege ich mich anders. Es ist, als ob ich auf Flügeln liefe.

(Hier handelt es sich nicht um einen Menschen, der mit dem Kopf in den Wolken lief, sondern um eine Person, die beim Laufen bemerkte, dass Schwere und Müdigkeit aus den Gliedern verschwunden waren.) Ich zitiere aus einem Tagebuch:

Im zurückliegenden Jahr war die Wirkung der Menschenweihehandlung bis in das Physische hinein bemerkbar. Der Atem, die Körperwärme, das Herz werden im Gottesdienst zu Wahrnehmungsorganen für das Christuswesen. Die Eindrücke verdichten sich zu einem Hell-Fühlen.

Mit dieser Beschreibung befinden wir uns bereits im Grenzgebiet zwischen dem sinnlich Wahrnehmbaren und der hellsichtigen Wahrnehmung. Bei den beiden folgenden Erfahrungen gehen sichtbare und unsichtbare Welt ineinander über:

Beim Händeheben während der Opferung entsteht der Eindruck, dass der Engel der Gemeinde mir von der anderen Seite beide Hände reicht.

Die sichtbare Bewegung wird durch eine unsichtbare, aber deutlich bemerkbare Gegenbewegung ergänzt. Etwas Ähnliches nahm ein Priester war, während er bei den Einsetzungsworten des Mahls von Brot und Wein niederkniete:

Durch das Niederknien entsteht buchstäblich und im übertragenen Sinne Raum über mir. Dieser ausgesparte Raum wird jetzt von Christus selbst eingenommen, der Brot und Wein in Seine Hände nimmt.

Immer wieder finden wir in derartigen Beschreibungen Formen der Wechselwirkung zwischen demjenigen, was vom Menschen ausgeht, und dem, was ihm aus der Welt des Altars entgegenkommt. Gerade in dieser Stimmung, in welcher die Aktivität empfänglich wird und die Empfänglichkeit aktiv wird, können solche Erfahrungen auftreten.

Ich vergleiche die Menschenweihehandlung manchmal – vielleicht etwas respektlos – mit einem Eisberg: Es ist nur ein kleines Stück davon sichtbar, der größte Teil der Wirklichkeit bleibt dem Auge verborgen. Bereits dadurch, dass wir uns dieser Tatsache bewusst werden, beginnen wir, anders wahrzunehmen. Die Sinne werden religiös – das heißt: Anstelle der analytischen, kritischen und urteilenden Fähigkeiten werden Ehrfurcht, Andacht und Hingabe im Wahrnehmen entwickelt. Die tägliche Erfahrung im sozialen Leben lehrt, dass viele Menschen heute eine »Überdosis« an analytischen, kritischen und urteilenden Fähigkeiten entwickelt haben (Fähigkeiten, die eher trennen als verbinden). Qualitäten wie Ehrfurcht, Andacht und Hingabe müssen jedoch häufig lange gesucht werden.

Der bewusste Schulungsweg der Sinne in der Menschenweihehandlung führt auf Dauer dazu, dass auch im Alltag und im Arbeitsleben ein anderes Verhältnis zur Welt entsteht.

Mit diesen ergänzenden Gesichtspunkten setzen wir nun unseren Weg durch die verschiedenen Sinnesgebiete fort.

Wärmesinn

In der klassischen Elementenlehre wusste man noch, dass Wärme das Element ist, das alle Formen des Daseins durchdringt. Wärme kann sich sowohl physisch und seelisch wie auch geistig manifestieren. Auch die Sprache bringt das zum Ausdruck: Wenn wir von einem Menschen sagen, er sei »warmherzig«, dann meinen wir damit nicht, dass er körperlich warmblütig ist, sondern Seelenwärme ausstrahlt. Oder man sagt, ein Mensch »glüht vor Begeisterung«. In der Menschenweihehandlung können wir besondere Erfahrungen mit diesen drei Formen der Wärme machen. Schon allein die physische Wärme macht einen eigenartigen Prozess durch. Dies kann ich am besten anhand zweier eigener Erfahrungen beschreiben.

Einmal musste ich die Menschenweihehandlung zelebrieren, während ich Fieber hatte. Am Ende des Gottesdienstes (und in den Stunden und Tagen, die darauf folgten) stellte ich fest, dass das Fieber verschwunden war.

An einem eiskalten Wintertag musste ich in Colmar im Elsass die Menschenweihehandlung in einem ungeheizten Raum zelebrieren. Mit jedem Atemzug, mit jedem Satz stieß ich eine kleine Wolke aus. Während die Umgebungstemperatur weit unter dem Gefrierpunkt lag, bemerkte ich, dass es mir während des Zelebrierens immer wärmer wurde. Diese Wärme ist sowohl physischer wie auch seelischer und geistiger Natur. Mit dieser Form von Wärme bauen wir an einer Brücke zwischen Stoff und Geist, zwischen dem irdischen Dienst am Altar und der himmlischen Liturgie. Dies ist zugleich das Gebiet, in welchem wir die Verstorbenen erreichen, ja, ihnen sogar helfen können. Im Kamaloka, der Verarbeitungszeit, in der die Verstorbenen noch mit den Folgen ihres Erdenlebens konfrontiert werden, müssen sie Erfahrungen durchmachen, die mit Hitze und Kälte zusammenhängen – dies nicht im buchstäblichen, sondern im geistigen Sinne. Von alters her wusste man, dass wir die Verstorbenen durch selbstlose Liebe erreichen und ihnen helfen können. »Stark wie der Tod ist die Liebe«, heißt es im achten Kapitel des Hohen Liedes von Salomo.

In den Meditationen für die Verstorbenen, die Rudolf Steiner gegeben hat, klingt immer wieder das Motiv der Liebe an, die kühlt, was heiß ist, und die erwärmt, was kalt ist:

> Meine Liebe sei den Hüllen,
> Die dich jetzt umgeben –
> Kühlend alle Wärme,
> wärmend alle Kälte –
> Opfernd einverwoben!

Wärme bildet also nicht nur die Brücke zwischen Stoff und Geist, sondern auch zwischen den Lebenden und den Toten. In der Menschenweihehandlung werden die Verstorbenen angesprochen und eingeladen, den Gottesdienst mitzuvollziehen. Damit können wir sie auf ihrem Weg durch die geistige Welt begleiten und ihnen helfen. In zahlreichen Formen des Kultus spielt diese Tatsache von alters her eine wichtige Rolle.

Bewegungssinn

In seiner Sinneslehre spricht Rudolf Steiner auch vom Bewegungssinn: dem Sinnesorgan, durch welches wir unsere eigenen Bewegungen wahrnehmen. Nach der Darstellung verschiedener Aspekte dieser Fähigkeit möchte ich auch einen Abschnitt den Gesten widmen, die der Priester am Altar vollzieht.

Der Eigenbewegungssinn spielt bei der dreifachen Bekreuzigung eine Rolle, die zu Beginn jedes neuen großen Teils der Menschenweihehandlung vollzogen wird. Mit Daumen, Zeigefinger und Mittelfinger der Hand (ein klassisches Symbol der Trinität) wird ein Kreuzeszeichen über die Stirn, dem Kinn und der Brust ausgeführt. Dabei werden drei Sätze als Gebet zu Trinität gesprochen:

Der Vatergott sei in uns
Der Sohnesgott schaffe in uns
Der Geistgott erleuchte uns.

Diese Bekreuzigung darf keine flüchtige, gedankenlos ausgeführte Gebärde werden. Je mehr sie zu einer wirklichen Bitte wird, bewusst und willentlich vollzogen, umso stärker können wir in diese Bitte die anwesende Gemeinde einbeziehen (nicht ohne Grund wird dreimal im Plural gesprochen), und umso wirksamer wird sie. Was dabei geschieht, könnte man in etwa mit der Brandung vergleichen, die über den Strand rollt und, auch nachdem sich die Welle zurückgezogen hat, als Wasser in Kuhlen und Rinnen im Sand zurückbleibt. Wenn wir das Kreuzzeichen bewusst ausführen, kann die geistige Welt in diese Gebärde einströmen und sie erfüllen. Hierin liegen auch Sinn und Bedeutung der Gebärden, die der Priester am Altar vollzieht. Gabrielle Bossis, die bereits zitiert wurde, hörte, wie während der Segnung durch den Priester Christus folgende Worte sprach: »Er macht das Zeichen. Ich bin es, der dich segnet.«[121]

In ähnlicher Weise können wir uns vorstellen, dass die Dreifaltigkeit selbst eine dreifältige Gebärde vollzieht. Es fällt mir auf, dass in der siebenfachen Wiederholung dieses Kreuzeszeichens im Verlauf des Gottesdienstes diese Gegenwart immer stärker bemerkbar wird. Nach der Kommunion sind die Gebärde und die Bitte erfüllt – viel stärker als zu Beginn der Handlung.

In der Menschenweihehandlung gibt es noch zwei weitere Momente, in denen an den Eigenbewegungssinn appelliert wird. Während der Evangelienlesung steht die Gemeinde auf. Während der Kommunion tritt die kommunizierende Gemeinde vor den Altar. Dass dieses Stehen viel mehr als nur eine äußere Gebärde ist, klingt bereits durch die Worte des Ministranten hindurch, der vor Beginn der Lesung die Worte spricht: »Wir erheben unsere Seele zu Dir, o Christus.« Das Stehen während der Evangelienlesung ist eine Fingerübung für den Augenblick, da wir Auge in Auge mit Christus stehen werden. In der kleinen Apokalypse (Lk 21,36) bereitet Er diesen Augenblick mit dem Appell vor:

Wachet nun, zu aller Zeit mit betenden Gedanken, auf dass ihr die Kraft habt, euch zu erheben über alles, was geschehen soll, und zu stehen vor des Menschen Sohn.

Wenn wir begreifen, dass in der Evangelienlesung und in der Kommunion Christus selbst vor uns steht, erhält das Stehen seine volle Bedeutung und seinen Wert.

Viel mehr als diese Eigenbewegungen (die im Übrigen nicht nur mit dem Bewegungssinn, sondern auch mit dem Gleichgewichtssinn und dem Ich-Sinn zusammenhängen), kommen in der Menschenweihehandlung die Gebärden und Bewegungen des Priesters zur Geltung. In bestimmten Ausnahmesituationen kann man bemerken, wie tief die anwesende Gemeinde diese Bewegungen aufnimmt und mitlebt. Ich habe einmal erlebt, dass ein Priester mit dem Kelch in der Hand fast zu Fall kam, während er die Altarstufen bestieg. Es ging sichtbar und hörbar ein Schock durch die Gemeinde, als sich dies ereignete – so stark waren alle an dem Geschehen beteiligt, das sich am Altar abspielte. Beim Niederknien des Zelebranten gehen wir innerlich »in die Knie«. So hat jede Gebärde, jede Bewegung ihre Resonanz in der Gemeinde. Auch das gehört zu dem »würdigen Vollbringen« der Handlung. In den Gebärden ist in konzentriertester Form alles enthalten, was die Menschenweihehandlung sagen will. Über einem Mitpriester, der auf dem Sterbebett lag, hörte ich, dass er sich nun, da er nicht mehr in der Lage war, den Gottesdienst in seiner Gänze zu meditieren, auf das Einleben in die Gebärden beschränkte. Damit gelangte er zugleich zur Quintessenz der Handlung.

Auch die kultischen Substanzen vollführen während des Gottesdienstes in gewissem Sinne Gebärden: Der Kelch wird emporgehoben und wieder hingestellt. Der Weihrauch geht in Rauch auf und steigt empor. Eindrucksvoll ist die Gebärde des Rauches: Erst wirbelt er in Wolkenform nach oben. Nach der Opferung kommt dieser Rauch zur Ruhe und bildet häufig dünne Schleier, die eine träge Bewegung durch den Raum vollführen, bis sie sich auflösen. Auch das gehört zu den Bewegungen in der Menschenweihehandlung, die wahrgenommen und mitverfolgt werden können.

Gleichgewichtssinn

Bei den Bewegungen und Gebärden, die im vorangegangenen Abschnitt besprochen wurden, wird in einigen Fällen zugleich an den Gleichgewichtssinn appelliert. Nicht nur in der Gebärde, sondern auch inhaltlich ist die Kreuzigung in der Menschenweihehandlung ein Musterbeispiel für ein vollendetes Gleichgewicht: das dreifache Kreuz mit seinen vertikalen und horizontalen Balken; die Stellen auf Stirn, Kinn und Brust, die den Menschen in seinem Denken, Fühlen und Wollen ansprechen; die dreifache Bitte an die Trinität – dies alles ruft ein in sich vollendetes Gleichgewicht hervor. Das Leben mit den Inhalten der Menschenweihehandlung bewirkt auf die Dauer, dass wir von der Wirkung der Trinität durchdrungen sind; dass wir trinitarischen denken lernen. Es entsteht ein Gefühl der Balance zwischen der Vaterwelt, die der Schöpfung zugrunde liegt, und der Welt des Geistes, die uns von der Schwere befreit. Mit anderen Worten: ein Gefühl des Gleichgewichts zwischen Stoff und Geist, zwischen Schwere und Leichte, zwischen Unten und Oben. Insbesondere der sogenannte Christusgruß appelliert an den Gleichgewichtssinn. Bei dieser Gebärde, bei welcher die rechte Hand segnend gehoben wird und die linke Hand mit der gleichen Gebärde nach unten zeigt, entsteht ein Gleichgewicht zwischen oben und unten, vorn und hinten, zwischen innen und außen, zwischen rechts und links. Was wir hier als Gebärde sehen, wird noch verstärkt durch die Worte:»Christus in euch.« Sowohl die Gebärde als auch die Worte gehen von der Mitte aus und sprechen die Mitte an.

Zur Betrachtung des Gleichgewichtssinns gehören auch die vielen komplementären Bewegungen und Gebärden in der Menschenweihehandlung. Das Eintreten in den Kultusraum wird durch das Hinausgehen ergänzt; das Besteigen der Altarstufen verlangt auch ein Hinuntersteigen. Kann ich diese Gebärden innerlich begleiten? Das Abnehmen und Aufsetzen des Baretts, das Öffnen und Schließen des Ritualbuches; die kultischen Bewegungen zwischen der rechten und linken Seite des Altars – all dies spricht eine wortlose Sprache, die begriffen werden will. Während in manchen Kirchen der Weg von der linken zur rechten Seite des Altars scherzend als »von Pontius zu Pilatus« bezeichnet und in seiner eigentlichen Bedeutung nicht verstanden wird, ist diese Symbolik bereits im alten Israel bekannt gewesen: Die beiden Säulen Jachin und Boas, die vor dem Salomonischen Tempel standen, repräsentieren Tag und Nacht, Opfern und Empfangen, Geben und Nehmen. Allein schon der Klang der beiden Namen offenbart durch die Vokale und Konsonanten die beiden Qualitäten des hellen Tages (Jachin) und der dunklen Nacht (Boas). So entwickelt sich jeder wirkliche Kultus in einem Gleichgewicht zwischen Opfern und Empfangen. Wer dieses Prinzip einmal erkannt hat, kann auch unschwer nachvollziehen, warum in der Menschenweihehandlung beispielsweise die Evangelienlesung an der linken Seite des Altars abgehalten wird. Wenn wir dann diese Bewegungen zwischen der linken und rechten Seite des Altars im Innern mitvollziehen, gelangen wir im Beiwohnen der Menschenweihehandlung allmählich ins »Gleichgewicht«. Durch den intensiven Mitvollzug dieser Bewegungen im Gottesdienst werden wir »ausgeglichen« – nicht im wortwörtlichen, sondern im übertragenen Sinne des Wortes.

Wortsinn

Der Wortsinn, auch Sprachsinn genannt, ist dasjenige Sinnesorgan, das uns in die Lage versetzt, Wörter zu erkennen. Ein Niederländer, der zum ersten Mal die Menschenweihehandlung in finnischer Sprache miterlebte, war tief davon beeindruckt – obwohl er die Sprache nicht verstand und kaum begriff, wovon sie handelte. Doch die Worte, ihr Klang und ihre Rhythmen, die Art und Weise, wie sie ausgesprochen wurden, bewirkten, dass der Betreffende das Wesentliche erkannte, noch bevor er die Bedeutung der Worte begriff. Etwas Ähnliches sehen wir auch bei kleinen Kindern, die Worte aussprechen, noch bevor sie ihre Bedeutung verstehen. In der Menschenweihehandlung können wir diesen Wort- und Sprachsinn üben und dadurch einen ganz neuen Zugang zur kultischen Sprache finden. Dabei geht es darum, sich auf die Vokale, Konsonanten und den Rhythmus der Worte, kurz: auf den mantrischen Charakter der Sprache zu konzentrieren.

Rudolf Steiner hat in einem frühen esoterischen Vortrag einmal ausgesprochen, dass sich Kultus im Laufe der Menschheitsentwicklung vom »Wortmantram« zum »Gedankenmantram« entwickelt hatte:

Früher konnte nur durch Mantrams, durch den Laut, der Verkehr mit den göttlich-geistigen Welten bewirkt werden; jetzt aber kann der Mensch durch das sinnerfüllte Wort in seinem Inneren die Vereinigung mit der Christus-Kraft anbahnen. Geflügelte Boten sollen die Worte sein, die den Menschen hinauftragen in die geistigen Welten.[122]

Analog zu diesem Gedanken beschreibt Steiner die ältesten Formen des Vaterunsers (beispielsweise die aramäische oder griechische Version) als Wortmantram. Übersetzt in die Sprachen unserer Zeit wird dieses Gebet zu einem Gedankenmantram. Noch stärker differenzierte Steiner diesen Unterschied in einem Vortrag über die Entwicklung des Sprechens, in welchem er die Sprache der atlantischen Zeit als »Willenssprache« bezeichnet. In einer Zusammenfassung charakterisiert Hella Wiesberger die Ausführungen Steiners über den Entwicklungsprozess der Sprache als »das Vorrücken von einer ›Willenssprache‹ in der atlantischen Zeit zu einer ›Gefühlssprache‹ in der nachatlantischen Zeit bis in die griechische Epoche hinein, zu einer ›Gedankensprache‹ in unserer Epoche.«[123]

Diese Tatsache lässt sich in der Entwicklung der kultischen Sprache ohne Mühe wiedererkennen. Zwar gibt es noch immer Gruppierungen, die ihren Schülern den Auftrag erteilen, unverständliche Mantren zu üben (wie zum Beispiel in der Transzendentalen Meditation, TM), für die meisten Menschen ist dieser rückwärtsgewandte Weg jedoch nicht mehr zeitgemäß. Solche uralten Mantren üben zwar ihre Wirkung aus, doch der Ausübende hat dabei das Gefühl, dass er im Dunkeln tastet. Das Denken, das in unserer westlichen Gesellschaft so stark entwickelt ist, darf nicht außen vor bleiben, vielmehr muss es in das religiöse, spirituelle und kultische Handeln integriert werden.

Die alten Klang- und Wortmantren wirken auf den ganzen Menschen. Das bekannte Klangmantram AUM wird immerfort wiederholt, bis es in gewissem Sinne ein Eigenleben zu führen beginnt. Im Gegensatz dazu wirkt ein Gedankenmantram Wort für Wort nicht *auf den* Menschen, sondern *im* Menschen, weil er seine eigenen Gedanken daran entwickelt.

In der Menschenweihehandlung finden wir noch einen Rest solcher Klangmantren in alten Worten und Namen wie Ioannes (der griechischen Form des Namens Johannes), Pontius Pilatus (ein Name mit einer besonderen Bedeutung und Geschichte) oder die Namen aller himmlischen Hierarchien, die in der Weihnachtszeit am Altar erklingen. Deutlicher ist der mantrische Charakter der Sprache in den Rhythmen der kultischen Sprache zu erkennen. In der Passionszeit scheint der Rhythmus der Sätze in der Epistel und in der Einschaltung zum Stillstand zu kommen. Ein fallender Rhythmus verkörpert den schweren Weg durch das Leiden und den Tod. Dem gegenüber stehen in der Osterzeit aufwärtsstrebende Rhythmen in der Epistel und in der Einschaltung. Bei der Einschaltung gibt es den Hinweis für das kultische Sprechen: »Zu sprechen mit großer Hingabe und Wärme.« Wie in der Passion alles zum Stillstand zu kommen scheint, so fängt in der Osterzeit in den kultischen Texten alles zu strömen an.

Wenn wir uns eine Zeitlang auf diesen Aspekt der kultischen Sprache konzentrieren, wird das Erleben der Menschenweihehandlung durch Erfahrungen bereichert, die uns in eine ganz andere Welt als die des Denkens und der Begriffe führen.

Gedankensinn

Wenn wir in unserer eigenen Sprache kommunizieren, betätigen wir unseren Wortsinn kaum oder gar nicht. Alles dreht sich um die Information, die wir mit dem anderen austauschen wollen, und die Gedanken, die dabei relevant sind. Wenn wir hingegen eine uns mehr oder weniger unbekannte Sprache hören, richten wir uns auf ganz andere Qualitäten der Sprache. Nicht ohne Grund wurde jahrhundertelang die alte Messe in der lateinischen Sprache zelebriert. Hier wurde durch den mantrischen Charakter der Sprache an den Wortsinn appelliert. Der Sinn, mit dem wir Gedanken verfolgen können, spielte in dieser alten kultischen Sprache noch kaum eine Rolle.

Dies ist in der Menschenweihehandlung anders. Kein Wort, kein Satz, keine Handlung ist dem Denken entzogen. Während in der alten Messe noch das *sacrificium intellectus*, das Opfer des Intellekts, notwendig war, um einen Zugang zur kultischen Sprache zu erlangen, ist in der Menschenweihehandlung das Denken integriert: Es ist ein Bestandteil des kultischen Sprechens und Handelns. Dies zeigt sich in auffallender Weise zum Beispiel im Vergleich mit der klassischen Formulierung der Einsetzungsworte: Der Satz »Tuet dies zu meinem Gedächtnis« ist in der Menschenweihehandlung verwandelt in »Nehmet dieses auf in euer Denken.« Wir können den Gedankensinn in der Menschenweihehandlung üben, indem wir besondere Formulierungen vergleichen. So können wir uns zum Beispiel fragen, warum der Zelebrant manchmal in der Ich-Form, an anderen Stellen jedoch in der Wir-Form spricht. Außerdem erhält das Wort »ich« in den unterschiedlichen Teilen der Handlung eine unterschiedliche Bedeutung. Die Opferung entwickelt sich vom »ich« zum »wir«: »Ich bringe es, weil auch zu Dir geflossen sind meine Abirrungen ...«; »Mit mir bringen es alle, die hier versammelt sind.« Diese Bewegung vom Ich zum Wir wird noch erweitert, indem auch die Verstorbenen in das Opfer einbezogen werden. Auch während der Kommunion spricht der Zelebrant in der Ich-Form. Doch er empfängt die Kommunion nicht für sich selbst, obwohl er doch spricht: »Ich nehme das Brot ...« und »ich nehme den Wein ...«. Hier empfängt der Zelebrant die Kommunion für die Gemeinde und mit ihr: Sie ist »inklusiv« geworden.

Rudolf Steiner gebrauchte mehrmals das Wort »ganzmenschlich«, um die Aktivität des Priesters beim Zelebrieren zu charakterisieren. Der Priester muss mit allen Kräften der Seele – Denken, Fühlen und Wollen – wirksam sein. Im Vollziehen der Menschenweihehandlung wird das Denken fromm. Dies ist die eigentliche Bedeutung des Satzes: »Nehmet dieses auf in euer Denken.« Auch der Apostel Paulus, der als der »Schutzheilige des Denkens« bezeichnet wird, formuliert diese Aufgabe, das Denken zu heiligen, wenn er schreibt:»Lasst in euren Gedanken leben Christus Jesus, der von den Toten erweckt ist« (2 Tim 8).

Man stelle sich einmal vor, es gäbe auf Erden keinen Menschen mehr, der dem Christus in seinen Gedanken noch einen Platz einräumen würde. Es gäbe keinen Menschen, der von seinem Dasein wüsste. Es würde kein einziges Gebet, kein Opfer, kein Kultus mehr auf Erden stattfinden. Rudolf Frieling hat diese Möglichkeit – die heute keineswegs mehr unvorstellbar ist – einmal mit dem Zustand eines Menschen verglichen, der jegliche Erinnerung verloren hat und nicht mehr weiß, wer er ist. Der Verlust des Christus aus unseren Gedanken würde die allerradikalste Form eines kollektiven Gedächtnisverlustes darstellen, verbunden mit einer totalen Perspektivlosigkeit in Bezug auf die Zukunft. Wir würden nicht mehr wissen, woher wir stammen, wer wir sind und was unsere Zukunft wäre. So wird die drastische Äußerung, die Rudolf Steiner einmal den Priestern gegenüber machte, verständlich:»Die Menschen hören heute auf, denken zu können, wenn man den Kultus nicht hat. Das Aufhören des Denkens ist eine Zeitgefahr.«[124]

Lebenssinn

Behagen und Unbehagen, Vitalität oder Abgespanntheit, Beklemmung oder Erleichterung – all dies sind Äußerungen unseres Lebenssinnes. Jeder Mensch hat, bewusst oder unbewusst, eine Wahrnehmungsfähigkeit für Lebensqualitäten, sowohl in Bezug auf den eigenen Körper wie auch auf seine Umgebung. Unsere Umgebung kann so ausgehöhlt und öde sein, dass wir das Gefühl haben können, unsere Lebenskräfte würden quasi aufgesaugt. Eine Landschaft kann so reich und vital sein, dass allein schon ihr Anblick eine regenerierende Wirkung auf uns hat. Die deutsche Sprache kennt nicht ohne Grund den Begriff der »Augenweide«.

Der Lebenssinn ist nicht nur ein vitaler, sondern auch ein religiöser Sinn. In einem der bekanntesten Psalmen, Psalm 23, wird dies unmittelbar erlebbar:

> Der Herr ist mein Hirte,
> Mir wird nichts mangeln.
> Er weidet mich auf grünen Auen
> und führet mich zu stillen Wassern.
> Er erquicket meine Seele ...

Wie wird in der Menschenweihehandlung der Lebenssinn angesprochen? Welche Qualitäten des Lebens werden hier angedeutet?

Es handelt sich hier zunächst nicht um unser eigenes Leben oder das anderer Menschen, sondern der Mensch wendet sich mit ganzem Herzen und ganzer Seele dem reinen Leben des Christus zu (eine Formulierung aus dem Eröffnungstext der Evangelienlesung). Unter diesem Vorzeichen können auch die vielen Lebensmotive in der Kommunion betrachtet werden. Es gibt nämlich in der Menschenweihehandlung in gewissem Sinne drei Formen der Kommunion: Bei den Einsetzungsworten (im dritten Teil, der Wandlung oder Transsubstantiation) vereint Christus seine Seele mit den kultischen Substanzen. Dies könnte man als die Kommunion Christi bezeichnen: Er vereint sich mit Brot und Wein.

Während des eigentlichen Kommunionsteils empfängt der Priester die Kommunion – und zum Schluss kommuniziert die ganze Gemeinde. In der Priesterkommunion wird deutlich, dass wir zusammen mit Leib und Blut des Christus auch Sein reines Leben empfangen, wenn der Priester sagt: »Der Leib des Christus gesunde meine Seele, auf dass sie weiterlebe.« Hier knüpft die Menschenweihehandlung an die Auffassung der frühen Christen an, die die Kommunion als ein *pharmakon athanasias*, d. h. Heilmittel zur Unsterblichkeit betrachteten.

Ignatius von Antiochien, der diese Formulierung schon 117 n. Chr. verwendet, setzt sie wie folgt fort:».. dass wir nicht sterben, sondern leben in Jesus Christus immerdar.« Die Kommunion ist ein Geschenk für unsere Lebenskräfte. Nirgendwo sonst werden unsere Lebenskräfte so ernährt und gelabt wie hier. Auch in der geistigen Kommunion mit Christus ist dies eine entscheidende Erfahrung: Christus ist unser Leben. Indem wir uns mit Ihm verbinden, werden wir erst wirklich lebendig.

Der französische Schriftsteller Jaques Lusseyran, der im Zweiten Weltkrieg in der KZ-Haft während einer lebensbedrohlichen Krankheit dem Tod ins Auge blickte, hat diese Erfahrung so zum Ausdruck gebracht:

Habe ich gesagt, der Tod sei schon bei mir gewesen? Habe ich es gesagt, so war das allerdings ein Irrtum. Krankheit, Schmerz, ja, aber nicht Tod. Im Gegenteil – das Leben, erstaunlicherweise das Leben, hatte ganz und gar von mir Besitz ergriffen: Ich hatte noch nie so intensiv gelebt. Das Leben war eine Substanz in mir geworden. Sie drang mit einer Kraft, die tausendmal stärker war als ich, in meinen Käfig ein. Sie bestand nicht aus Fleisch und Blut – oh, gewiss nicht! –, nicht einmal aus Ideen. Sie kam wie eine hell schimmernde Welle, wie eine Liebkosung von Licht, auf mich zu. Ich konnte sie jenseits meiner Augen und meiner Stirn, jenseits meines Kopfes wahrnehmen. Sie berührte mich, schlug über mir zusammen; ich ließ mich auf ihr treiben. Aus der Tiefe meines Erstaunens stammelte ich Namen, oder nein, ich sprach sie sicher nicht aus, sie erklangen von selbst:»Vorsehung, Schutzengel, Jesus Christus, Gott«. Ich versuchte nicht, nachzudenken. Für Metaphysik war noch viel Zeit! Ich sog an der Quelle. Und dann trank ich, noch und noch! Diesen himmlischen Fluss wollte ich nicht lassen! [...] Es war dasselbe, stets dasselbe: *das* Leben, das mein Leben schützte.[125]

213

In unserem alltäglichen, bürgerlichen Leben sind wir alles andere als lebendig. »Du hast den Namen, dass du lebst, doch du bist eine Tote«, sagt Christus (Offb 3,1). Erst indem wir uns mit Ihm vereinen, Ihn essen und trinken, fangen wir wirklich zu leben an. Eine meiner Kolleginnen vernahm seine Stimme, während sie das Brot über dem Altar emporhob: »Weißt du eigentlich, dass Du das Kostbarste in deinen Händen hältst, was es auf der Welt gibt?« Meistens wissen wir dies nicht. Erst durch die Erkenntnis, dass wir Christus selbst empfangen, werden wir würdig, zu kommunizieren.

Ich-Sinn

Mit unserem Ich-Sinn nehmen wir das Ich des anderen Menschen wahr. Diese Fähigkeit folgt dem bekannten Prinzip: Gleiches wird durch Gleiches erkannt. Dafür müssen wir unser eigenes Ich mobilisieren. Natürlich kennen wir auch andere Wahrnehmungsformen, mit denen wir einen anderen Menschen gewahren, doch damit dringen wir nicht zum Ur-Eigenen des Anderen vor. Wenn wir jemanden lediglich in seiner physischen Gestalt wach wahrnehmen, bleiben wir buchstäblich und im übertragenen Sinne an der Oberfläche. Wenn wir uns über den anderen ärgern (»Schon wieder der ...«), sehen wir feste oder eingerostete Muster, doch uns fehlt das Auge für das Einzigartige an ihm. Kurz: Indem wir unseren Ich-Sinn mobilisieren, können wir unseren Begegnungen eine andere Qualität verleihen, durch die wir einem Teil seines Wesens auf die Spur kommen. Ich persönlich habe den Eindruck, dass wir durch den Ich-Sinn in ein Gebiet gelangen, das wir erst beim Sterben völlig bewusst betreten. Durch Erlebnisse wie Nahtoderfahrungen wird uns diese Begegnung von Ich zu Ich in ihrer reinsten Form zuteil. Der Amerikaner George Ritchie beschrieb diese Ich-Wahrnehmung während einer Nahtoderfahrung, als er aus seinem Körper herausgetreten war und ein überwältigendes geistiges Licht erblickte:

»Was bin ich froh, dass ich jetzt, in diesem Augenblick, keine physischen Augen habe«, dachte ich. »Dieses Licht würde die Netzhaut im Zehntel einer Sekunde zerstören.« Nein, korrigierte ich mich selbst, nicht das Licht. Er! Er würde zu hell sein, um ihn anschauen zu können. Denn jetzt sah ich, dass es nicht ein Licht war, sondern ein Mann, der den Raum betreten hatte, oder vielmehr ein Mann aus Licht, obwohl dies genauso wenig möglich war für meinen Verstand wie die unbeschreibliche Intensität der Helligkeit, die seine Gestalt ausmachte. In dem Moment, als ich ihn wahrnahm, bildete sich in meinem Sinn ein Befehl wie von selbst. »Steh auf!« Die Worte kamen aus meinem Inneren, dennoch hatten sie eine Autorität, wie sie meine Gedanken nie hatten. Ich sprang auf meine Füße, und als ich das tat, bekam ich die erstaunliche Gewissheit: »Du bist in der Gegenwart des Sohnes Gottes.« Und wieder entstand eine Vorstellung in mir wie von selbst, aber nicht als Gedanke oder Spekulation. Es war eine Art Wissen, plötzlich und vollständig.[126]

Die Wahrnehmung des Ichs des Christus geht mit einer Evidenz einher, angesichts derer unser nach Gründen suchender und zweifelnder Verstand nichts mehr zu sagen hat. Der Mensch, der eine solche Erfahrung gemacht hat, ist ein für alle Mal von seinen Zweifeln geheilt. Er hat eine Welt erfahren, die wirklicher ist als die sogenannte Wirklichkeit des Alltagslebens. Diese Tatsache war es, die der bekannte Psychiater Willem Zeylmans van Emmichoven zum Ausdruck bringen wollte, als er in seinen späten Jahren ein Buch schrieb, das den Titel *Die Wirklichkeit, in der wir leben* trug.[127] Er war sich der Unmöglichkeit bewusst, diese Wirklichkeit adäquat zum Ausdruck zu bringen, wovon bereits die Eröffnungssätze des Buches zeugen:

In einer bestimmten Phase meiner Entwicklung kam ich zu der Erkenntnis, dass Christus die Wirklichkeit ist, in der wir leben. Indem ich diesen Satz niederschreibe, weiß ich, dass es kaum möglich sein wird, zum Ausdruck zu bringen, was ich hiermit meine.

Um dieser Wirklichkeit gewahr zu werden, benötigen wir unseren Ich-Sinn. Dasselbe Wahrnehmungsorgan brauchen wir, um zur Wirklichkeit der Menschenweihehandlung vorzudringen. In der Menschenweihehandlung stehen wir vor Ihm. Er blickt uns an. Wenn wir vor dem Altar stehen, sind Seine Augen auf uns gerichtet. Alles, was der Priester spricht und vollzieht, ist in gewissem Sinne ein Abbild Seines Sprechens und Handelns. Die Menschen, die Ihn von Angesicht zu Angesicht am Altar sehen, können dies vielfältig bezeugen, obgleich es sich nicht leicht mit irdischen Worten ausdrücken lässt.

Eine solche Zeugin schrieb einmal über diese Begegnung: »Ich schaute eine Lichtgestalt, die ihre Hand nach mir ausstreckte. Die Hand des Priesters wurde von der Hand des Christus ersetzt.« Er handelt im Handeln des Priesters. Er spricht durch die Worte des Priesters.

Dass mit unserem Ich-Gefühl in der Menschenweihehandlung etwas Wesentliches vorgeht, können wir selbst registrieren, wenn wir die Wahrnehmung des Ichs zu Beginn des Gottesdienstes mit derjenigen am Ende vergleichen. Aus meiner eigenen Erfahrung kann ich Folgendes sagen: Im Alltagsleben pendelt unser Ich-Gefühl ständig hin und her zwischen Gefühlen der Überheblichkeit, durch die wir uns über die anderen stellen wollen, und solchen der Minderwertigkeit, wobei wir uns kleiner als der andere machen. Dies sind die beiden Schattenseiten des Ichs, mit denen wir jeden Tag konfrontiert sind. In der Menschenweihehandlung ist es so, als würde diese Waagschale, die immer hin und her schwankt, allmählich ausbalanciert. Während wir zu Beginn des Gottesdienstes diese wechselnden Gefühle wiedererkennen, entsteht allmählich ein reines Ich-Gefühl, das sich durch die Erkenntnis des Ich-selbst-Seins charakterisiert: Dies bin ich, nicht mehr und nicht weniger. Ich nehme den Raum ein, der zu mir gehört. Man könnte es als ein Gefühl der Armut und des Reichtums zugleich umschreiben. Dieses Gefühl kulminiert während der Kommunion. Dass hier mit dem menschlichen Ich etwas Außergewöhnliches geschieht, lässt sich auch an den Worten des Priesters ablesen, die zwischen der Kommunion mit dem Brot und Wein gesprochen werden: »Nehme mich hin, dafür, dass Du Dich mir gegeben.« Hier findet die Begegnung von Ich zu Ich statt, über die Rudolf Steiner zu den Begründern der Christengemeinschaft sagt: »Während der Kommunion ist das höhere Ich des Menschen anwesend.« Unser höheres Ich ist uns während unseres Alltagslebens häufig alles andere als nahe. Denn es ist nicht ununterbrochen mit dem Menschen verbunden. Das Ego, dessen wir uns bedienen, ist nur ein Schattenwurf dieses höheren Ichs – und manchmal sogar nicht mehr als eine Karikatur. Das Ego ist eine Art Krücke, deren wir uns bedienen müssen. Das höhere Ich ist, verglichen mit dem Ego, unser Rückgrat. Dass das höhere Ich in der Kommunion anwesend ist, können wir auch an dem Gefühl bemerken, dass alles Zufällige und Unwesentliche von uns abfällt und wir zu unserem eigenen Kern vordringen: Das bin Ich.

11 Kultus in der bildenden Kunst

Je weiter wir in die Vergangenheit zurückgehen, umso deutlicher wird der Zusammenhang zwischen Kultus, Kunst und Wissenschaft sichtbar. In den alten Kulturen gehen noch sämtliche Kulturformen aus dem Kultus hervor. Im Laufe der Zeit gehen Kunst, Wissenschaft und Religion zunehmend eigene Wege, sie leben sich auseinander. Aber noch heute kennen wir das unbestimmte Gefühl, dass etwas fehlt, wenn sich jemand ausschließlich mit einem dieser drei Lebensgebiete beschäftigt. Wir fühlen uns erst dann im umfassendsten Sinn als Menschen, wenn wir diese drei Gebiete bis zu einem gewissen Grad in unser Leben integriert haben, wenn also alle drei Bereiche – Denken, Fühlen und Wollen – angesprochen werden.

Natürlich appelliert die Wissenschaft in erster Linie an unser Denken. Die Kunst verfügt in besonderem Maße über die Möglichkeit, unser Herz anzusprechen. Und Religion ist zuvorderst eine Willensangelegenheit. Erst im späteren Verlauf der Entwicklung des religiösen Lebens entstehen Lebensanschauungen, Dogmen und Thesen – doch in erster Linie richtet die Religion einen Appell an unser Willensleben. Darum spielt in allen Formen von Religion die Wiederholung kultischer Handlungen eine große Rolle.

Erst in der griechischen Kultur trennen sich zum ersten Mal in der Geschichte Kunst, Wissenschaft und Religion. Davor (beispielsweise in der altägyptischen, altpersischen oder altindischen Kultur) liegen sie noch buchstäblich in einer Hand: Priester, Priesterkönige oder Pharaonen bestimmen in den alten Theokratien die Kultur. Im alten Griechenland ist die archaische Kunst noch vollständig mit dem sakralen Leben verwoben. Erst später in der griechischen Geschichte entstehen dann »weltliche« Formen von Kunst und Kultur. Dieser Entwicklungsprozess, in dessen Verlauf Kultur und Kunst aus dem Kultus hervorgehen, lässt sich anhand eines Beispiels veranschaulichen.

Vom Kultus zur Kultur

Auf der »Götterinsel« Samothrake, der Insel der Kabiren, wurde eine besondere Form des Kultus praktiziert. Der Historiker Herodot, der die Insel besuchte, berichtete, das auf dem Altar des Tempels zu Samothrake »Kruggötter« standen, die sogenannten Kabiren. Diese archaischen Göttergestalten gehören zu den sogenannten chtonischen Göttern: Die Erde ist ihre Wohnstätte. Herodot vergleicht die Kabiren mit Statuen des Gottes Hephaistos und mit phönizischen Pataiken – hohe Götter in der Gestalt von Zwergen.[128] Im Pariser Louvre finden wir einige Pataiken aus Phönizien, die tatsächlich wie seltsame Kobolde aussehen (siehe Abb. 15).

Diese Statuen wurden im Altertum im dunklen Allerheiligsten der Tempel aufbewahrt. Als Götter der unterirdischen Welt wurden sie niemals dem Tageslicht ausgesetzt. Goethe hat in seinem *Faust* in der »Klassischen Walpurgisnacht« Kabiren auf die Bühne geholt. Nereiden und Tritone (Meeresgötter) tragen auf den Wellen den riesigen Panzer einer Schildkröte herbei, darauf stehen die drei irdenen Krüge. Der Schildkrötenpanzer ist eine symbolische Andeutung der Erde, in der die Kabiren wohnen. Diese Götter kündigen ihre Ankunft mit den Worten an:

Sind Götter, die wir bringen,
müsst hohe Lieder singen.

Abb. 15: Die drei phönizischen Pataiken. Paris, Louvre.

Die Sirenen antworten:

> Klein von Gestalt,
> groß von Gewalt,
> der scheiternden Retter
> uralt verehrte Götter.

Die Kabiren sind zwar »klein von Gestalt«, doch sie gehören zu den mächtigsten, im Verborgenen wirkenden Göttern. Goethe nennt sie in seinem Faust »sehnsuchtsvolle Hungerleider nach dem Unerreichlichen«. Sie sind noch nicht »fertig«, wie die olympischen Götter, sondern sie hängen mit dem Werden von Mensch und Erde zusammen. Sie sind noch in Entwicklung. Rudolf Steiner spricht in diesem Zusammenhang von »Götterkräften, die mit dem Menschenwerden zusammenhängen« – insbesondere die drei Kabiren Axieros, Axiokersos und Axiokersa, die aus der Trinität heraus wirken.[129]

220

Der Philosoph Schelling hat sich intensiv mit den Kabiren beschäftigt. Nach ihm hat Rudolf Steiner seine Betrachtungen weiter ausgearbeitet und konkretisiert. Daraus ergibt sich das folgende Bild des Kabirenkults:

Steiner beschreibt, dass diese sogenannten Kruggötter innen hohl waren. Aus Anlass einer Aufführung der »Klassischen Walpurgisnacht« entwirft er drei Gefäße, von denen er sagt, dass sie eine künstlerische Verarbeitung der Statuen aus Samothrake seien (siehe Abb. 16).

In einen solchen Krug wurde glühende Holzkohle gelegt, auf die Weihrauchkörnchen gestreut wurden. Der Priester sprach in den Rauch hinein, der aus dem Krug aufstieg, kultische Worte.

Abb. 16: Die drei Kabiren. Entwurf von Rudolf Steiner.

Auf Samothrake kannte man eine *lingua sacra*, eine heilige Sprache, die nur in den dortigen Mysterien benutzt wurde. Wurden diese kultischen Worte in den aufsteigenden Rauch hineingesprochen, erschienen darin für den hellsichtigen Blick die Gestalten der Kabiren. Daher sagt ein altgriechisches Sprichwort:»Die Götter steigen in den Opferrauch herab.«

Hier zeigt sich das Prinzip des kultischen Handelns im elementarsten Sinne des Wortes. Drei Welten treffen auf dem Altar zusammen:

– Der Rauch steigt aus dem Gefäß auf.
– Der Priester spricht kultische Worte in den aufsteigenden Rauch hinein (in der römischen Antike sprach man von den *voces mysticae*, mystischen Stimmen). Dabei handelt es sich um mantrische Worte.
– In dem aufsteigenden, mit dem Opferwort gesättigten Rauch offenbaren sich die Götter.

Diese uralte kultische Tatsache wird bis zum heutigen Tag praktiziert, wenn in zahllosen Kultusformen auf dem Altar Weihrauch geopfert wird. Auf alten Darstellungen und schriftlichen Zeugnissen finden wir vielfach Hinweise darauf, dass sich dem hellsichtigen Blick im Opferrauch die Gottheit offenbart.

Aus dieser Beschreibung wird deutlich, wo der Ursprung sakraler Skulpturen und kultischer Gegenstände liegt. Die unterschiedlichen Kultformen wurden ursprünglich von Eingeweihten an der geistigen Welt abgelesen, die mittels Imagination, Inspiration und Intuition spricht. Danach haben diese Eingeweihten die geistigen Bilder (Imaginationen) in sichtbare Bilder »übersetzt« und das geistige Wort (Inspiration) zum kultischen Wort verwandelt. Diesen Prozess können wir Schritt für Schritt bei der Stiftung des alttestamentarischen Kultus verfolgen. Moses, der Eingeweihte des jüdischen Volkes, empfängt auf dem Berg Sinai die Anweisungen, mittels kultischer Geräte, Worte und Handlungen der Gottheit zu dienen »nach deren Urbild, dass ich dir auf dem Berg gezeigt habe« (Ex 25,40). Die jüdische Kultur bringt jedoch das Göttliche nicht mittels sichtbarer Statuen zur Erscheinung. Bereits bei der Gesetzgebung auf dem Berg Sinai ist dies eine Tatsache, die die jüdische Kultur dauerhaft begleiten wird: »Du sollst dir kein geschnitztes Bild machen, noch irgendein Gleichnis dessen, was oben im Himmel und was unten auf der Erde und was in den Wassern unter der Erde ist« (Ex 20,4).

Christus und Sein Bildnis

Diese Gepflogenheit ändert sich radikal mit dem Anbruch des Christentums. Christus selbst leitet diese Veränderung ein, als er sagt: »Wer mich sieht, hat den Vater gesehen« (Joh 14,9). Durch seine Ankunft auf der Erde wird das Unvorstellbare vorstellbar, dass Unsichtbare sichtbar, das Unhörbare hörbar. Im Credo wird von alters her diese Wende im religiösen und kultischen Leben durch die Worte angedeutet: »Homo factus est.« Mit der Ankunft Jesu Christi auf Erden ist Gott Mensch geworden. In manchen Vertonungen der lateinischen Messe bilden diese Worte häufig einen kompositorischen Höhepunkt (zum Beispiel bei Bach, Beethoven und Bruckner). Dennoch ist die äußere Erscheinung Jesu Christi nicht ausschlaggebend bei den zahlreichen Begegnungen, die Er hat. Über seine Worte ist überliefert, dass Er sie mit »Schöpfermacht« (*exousia*) und »Wirkenskraft« (*dynamis*) sprach (Lk 4,46). Die frühesten Dokumente, die uns etwas über Seine äußere Erscheinung mitteilen, schildern eine unauffällige Gestalt, etwa bei Clemens von Alexandrien:

Dass aber der Herr selbst eine unschöne äußere Erscheinung hatte, das bezeugt der Geist durch Jesaias: »Und wir sahen ihn, und er hatte keine Gestalt oder Schönheit, sondern seine Gestalt war verachtet und geringer als die der (anderen) Menschen.« [...] Aber er trug nicht die Schönheit des Fleisches, die nur auf leerer Einbildung beruht, zur Schau, sondern die wahre Schönheit sowohl der Seele als auch des Körpers, die bei der Seele in der Güte, bei dem Körper in der Unsterblichkeit des Fleisches besteht.[130]

Clemens von Alexandrien stützt sich hier auf folgendes Zitat des Proopheten Jesaja:

Er hatte keine Gestalt und keine Pracht; und als wir ihn sahen, da hatte er kein Ansehen, dass wir Gefallen an ihm gefunden hätten (Jes 53,2).

Nur bei einer einzigen Gelegenheit zeigt Christus sich in Seiner wahren Gestalt, nämlich bei der Verklärung auf dem Berg, als Er in Seinem Offenbarungsglanz (*doxa*) erscheint. Lukas benutzt dieses Wort in der Ankündigung dieses Ereignisses. Er stellt ausdrücklich einen Zusammenhang zwischen der *doxa* und der Verklärung auf dem Berg her:

Es geschah aber acht Tage nach diesen Worten, dass er Petrus und Johannes und Jakobus mitnahm und auf den Berg stieg, um zu beten. Und indem er betete, wurde die Gestalt seines Angesichts anders und sein Gewand weiß, strahlend (Lk 9,28–29).

Viele Jahre später, als Petrus auf dieses Ereignis zurückblickt, benutzt er ein außergewöhnliches Wort, um anzudeuten, was sich auf dem Berg abgespielt hat:

Denn wir haben euch die Macht und Ankunft unseres Herrn Jesus Christus nicht kundgetan, indem wir künstlich erdichteten Fabeln folgten, sondern als die da Augenzeugen seiner herrlichen Größe gewesen sind. Denn er empfing von Gott, dem Vater, die Würde und die Glorie, während von dem erhabenen Offenbarungslicht eine Stimme an ihn erging:»Dieser ist mein geliebter Sohn, in welchem ich mich offenbare«. Und diese Stimme hörten wir vom Himmel her erklingen, als wir mit ihm auf dem heiligen Berge waren (2 Petrus 1,16–18).

Petrus ist Augenzeuge und hat gehört, was die Gottheit auf dem Berge sprach. Für die Schau der Offenbarung Christi gebraucht er an dieser Stelle ein Wort, das aus den griechischen Mysterien stammt. Dieses Wort, *Epopteia* (Schau, Ansicht), wurde in den Mysterien von Eleusis im Zusammenhang mit dem höchsten Einweihungsgrad verwendet, wo der Eingeweihte die Gottheit von Angesicht zu Angesicht schauen durfte.

Selbst nach seiner Auferstehung erscheint Christus in»heiligen Hüllen«, wodurch er seinen Jüngern nicht unmittelbar erkennbar ist. In den römischen Katakomben finden wir zwar»Graffiti« (sie heißen tatsächlich seit dem Altertum so!) mit primitiven symbolischen und andeutenden Motiven. Doch der Gekreuzigte oder der Auferstandene selbst ist nicht dargestellt. Die erste Abbildung, die wir kennen, ist ein sogenanntes Spottkruzifix, das einen gekreuzigten Menschen mit einem Eselskopf darstellt (siehe Abb. 17). Man fand diese Abbildung aus den ersten Jahrhunderten unserer Zeitrechnung an der Wand einer Militärschule auf dem römischen Palatin. Neben dem Gekreuzigten erkennen wir einen Mann mit erhobenem Arm. Darunter stehen die Worte:»Alexamenos betet seinen Gott an.«

Erst ab der Mitte des dritten Jahrhunderts wird erstmals damit begonnen, Christus abzubilden. Vor dieser Zeit finden wir die Symbole des Fisches, des Ankers oder das Christus-Monogramm. Es existieren frühchristliche Abbildungen des guten Hirten, der Auferweckung des Lazarus und anderer Zeichentaten – doch da-

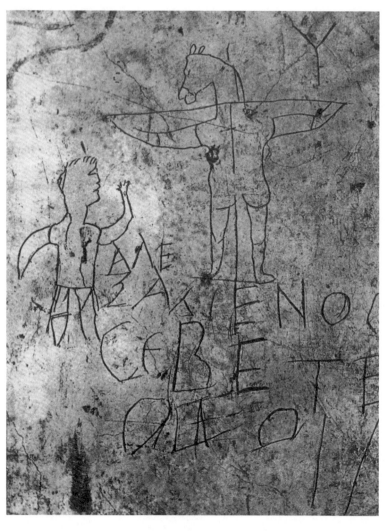

Abb. 17: Karikatur eines gekreuzigten Esels, Rom, Palatin, ca. 2. Jh.

bei handelt es sich um symbolische Darstellungen und nicht um die äußere Erscheinung.

Im Laufe der Zeit bilden sich im frühen Christentum zwei unterschiedliche Wege: Im Osten wird das Bild Christi auf die »Ur-Ikone« zurückgeführt, das sogenannte *Acheiropoieton*, das »nicht von Menschenhand geschaffene Abbild Christi«. Die Legende weiß zu berichten, dass einst Fürst Abgar von Edessa ein Schweißtuch mit dem Abdruck des Antlitzes Christi, das »Mandulion«, von Christus selbst zugesandt bekommen habe. Dieses Mandulion wurde nach Konstantinopel gebracht und im Jahre 1204 von Kreuzfahrern mit nach Europa genommen. Auch in der Legende vom Schweißtuch der Veronica (volksetymologisch umgedeutet zu *vera icon* = wahres Bildnis), die im Mittelalter entsteht, stammt die Abbildung von Christus selbst. In der östlichen Ikonenkunst beruft man sich auf den Evangelisten Lukas, der als Erster Jesus Christus abgebildet haben soll.

Ein Merkmal der Ikonenkunst besteht darin, dass man streng an bestimmten Vorbildern festhält, denen kaum Individuelles hinzugefügt wird: Es handelt sich um überpersönliche, sakrale Kunst.

Ganz anders entwickelt sich die sakrale Kunst im westlichen Christentum. Hier geht es im Laufe der Entwicklung zunehmend um eine eigene Signatur. Insbesondere seit der Renaissance spielen Auffassung, Arbeitsweise und Stil des Künstlers eine immer größere Rolle. Das sichtbare Bild wird immer mehr zum »Porträt«, wobei die Maltechnik immer stärker perfektioniert wird. Im 19. Jahrhundert ist dieses Christusbild häufig auf eine ästhetische äußere Erscheinung reduziert und gerät schließlich sogar zum Kitsch.

Diese zweifache Tradition im östlichen und im westlichen Christentum lässt sich, vereinfacht ausgedrückt, auf zwei unterschiedliche Definitionen Jesu Christi zurückführen: Das östliche Christentum orientiert sich auf den Gottessohn, während das westliche Christentum den Menschensohn ins Zentrum rückt.

Rudolf Steiner hat diese beiden Aspekte des Christentums, die jeweils eine gewisse Einseitigkeit repräsentieren, einmal in einem Ostervortrag in ihrer Wechselwirkung beschrieben.[131] Er zeigt dort, wie das westliche Christentum in eine gewisse Sackgasse geraten ist, indem es sich jahrhundertelang auf den »Schmerzensmann« und den Kreuzestod ausgerichtet hat. Dabei ist die Wirklichkeit der Auferstehung allmählich aus dem Blickfeld verschwunden. Zwar ist die Auferstehung ohne den Tod am Kreuz undenkbar, doch der Kreuzestod ohne Auferstehung wäre ein sinnloses, aussichtsloses Lebensende:

In dieser Art muss uns die Zeit, in der wir uns an den Ostergedanken erinnern können, wiederum ein innerliches Fest werden, ein Fest, an dem wir für uns selber den Sieg des Geistes über die Leiblichkeit feiern. Uns muss, weil wir ja nicht unhistorisch sein dürfen, vor Augen stehen der schmerzgeplagte Jesus am Kreuze, der Schmerzensmann; uns muss aber über dem Kreuze erscheinen der Triumphator, der unberührt bleibt sowohl von der Geburt wie vom Tode und der allein unseren Blick hinaufwenden kann zu den ewigen Gefilden des geistigen Lebens. Erst dadurch werden wir uns der wahren Wesenheit des Christus wiederum nähern.

Steiner beschreibt die Entwicklung des Christentums im Abendland als eine Bewegung, in der »die abendländische Menschheit den Christus heruntergezogen« und ihn auf den »schlichten Mann aus Nazareth« reduziert hat. Er weist darauf hin, dass in den alten Mysterien die Einweihung aus zwei Erfahrungen bestand: Nach dem Bild des leidenden Christus, mit dem sich der zu initiierende Schüler identifizieren musste, erschien das Bild des triumphierenden Christus, der den Tod überwunden hat.

Diese Zwei-Einheit erscheint ganz konkret am Altar der Christengemeinschaft. Rudolf Steiner gab den Hinweis, diese beiden Bilder – das des Gekreuzigten und das des auferstandenen Christus

– im Altarbild zu einer Einheit zusammenzufügen. Der Priester und Künstler Johannes Rath, der in den Fünfziger- und Sechzigerjahren des vorigen Jahrhunderts viele Altarbilder für die Christengemeinschaft gemalt hat, sprach in diesem Zusammenhang einmal vom »Bekenntnis zur Unmöglichkeit«: Für den Künstler ist es eine fast unmögliche Aufgabe, diese so völlig unterschiedlichen Bildelemente zu einer Einheit zu verschmelzen. In den Sakramenten der Christengemeinschaft finden wir, wenn wir dieses Prinzip einmal erkannt haben, durchgehend diese Zwei-Einheit wieder. Das Christentum, als die »nüchternste aller Religionen« – eine Formulierung von Rudolf Frieling –, hat die Aufgabe, zwei Welten miteinander zu vereinen: Sowohl die ernüchternde, irdische Wirklichkeit des Kreuzestodes wie auch die erhabene, geistige Realität der Auferstehung haben darin ihren notwendigen Ort. Auch durch das Zelebrieren der Sakramente tönt, wenn alles so ist, wie es sein soll, diese Zwei-Einheit, die wir auch als die »heilige Nüchternheit« bezeichnen könnten. Wenn nur die reine Nüchternheit zu ihrem Recht kommt, bekommt der Gottesdienst keine »Flügel«. Wenn nur die Heiligkeit dargestellt wird, hat der Gottesdienst keine »Wurzeln«. Auch beim Ministrieren und dem Mitvollzug durch die Anwesenden besteht die Aufgabe, diese zweifache Verbindung zu verwirklichen.

Bei der Suche nach passenden Abbildungen habe ich mich von der Frage leiten lassen, wo die bildende Kunst etwas von der geistigen Wirklichkeit hinter der äußeren Erscheinungsform von Kultus und Gebet sichtbar macht. Ich habe mich dabei auf Darstellungen aus älteren Epochen beschränkt, die sich auf den Text des Alten und Neuen Testaments beziehen.

Irdischer und himmlischer Kultus

Wenn auf Erden Gebete und Kultus vollzogen werden, ergeht ein Appell an die geistige Welt. Wir können diese Bewegung sogar umdrehen: Noch bevor auf Erden Kultus und Gebete vollzogen werden, ist die geistige Welt bereits am Altar wirksam. In der Kirche, wo ich regelmäßig zelebriere, stehe ich beim Betreten des Gebäudes in einer Halle unter dem Altar, der sich im ersten Stock befindet. Eine Frau aus unserer Gemeinde, die über hellsichtige Wahrnehmungen bezüglich des Kultus verfügt, beschrieb, dass sie vor jeder Menschenweihehandlung an dieser Stelle unter dem Altar gesehen habe, wie der Engel der Gemeinde den Gottesdienst vorbereitete. So war er nicht nur am Altar, sondern auch darunter und darüber mit seiner strahlenden Kraft gegenwärtig.

Die Realität des irdischen Kultus ist das Fragment einer größeren Realität, die man von alters her als den »himmlischen Kultus« bezeichnet hat. Sehr konkret und doch ganz zart haben die Brüder Van Eyck diesen himmlischen Kultus in ihrem monumentalen Gemälde *Das Lamm Gottes* (für die Sankt-Bavo-Kathedrale in Gent, vollendet im Jahr 1432) dargestellt (siehe Bild 3, S. 285). Der zentrale Bereich des Bildes stellt den Altar im Himmel dar, auf welchem das Lamm Gottes geopfert wird – wie es in der Offenbarung des Johannes im siebten Kapitel beschrieben wird:

Nach diesem sah ich: Und siehe, eine große Volksmenge, welche niemand zählen konnte, aus jeder Nation und aus Stämmen und Völkern und Sprachen, und sie standen vor dem Throne und vor dem Lamme, bekleidet mit weißen Gewändern, und Palmen waren in ihren Händen. Und sie rufen mit lauter Stimme und sagen: Das Heil unserem Gott, der auf dem Throne sitzt, und dem Lamme! (Offb 7,9–10)

Zuvor, im fünften Kapitel, wurde beschrieben, dass dieses göttliche Lamm geopfert wurde.

Die Brüder Van Eyck bildeten, wie ein Kommentator bemerkt, »die himmlische Liturgie in einem irdischen Paradies« ab.[132] Die Verbindung von irdischer Schönheit und himmlischem Glanz lässt sich in jedem Detail dieses großartigen Kunstwerks wiederfinden. Der priesterliche Dienst wird am himmlischen Altar von Engeln vollzogen. Das Lamm selbst, als der Hohepriester, opfert Sein Blut in den Kelch, der auf dem Altar steht. Ein Kreis von Engeln, einige mit den Marterwerkzeugen von Golgatha in den Händen, umringt die himmlische Liturgie.

Auch in diesem Bild (wir zeigen hier nur das zentrale Motiv mit dem Lamm Gottes) erkennen wir eine »heilige Nüchternheit«: Ein erhabener Inhalt wird mit außergewöhnlicher Präzision und Klarheit dargestellt.

Auch das Gemälde *La disputa del sacramento* von Raffael bildet die geistige Realität ab – während auf der Erde das Sakrament von Brot und Wein vollzogen wird (siehe Bild 4, S. 286). Hier versammeln sich Heilige, Theologen, Künstler und Priester um den Altar. Die Teilnehmer orientieren sich häufig auf die Mitte des Alltars, wo die geweihte Hostie steht. Nur ein Grüppchen von Ketzern, ganz links dargestellt, wendet sich demonstrativ vom Altar ab. Ansonsten sind alle Teilnehmer wahrnehmend oder denkend mit dem Altargeschehen verbunden. Über dem Altar, getragen von Engelsgestalten in Wolken, sind die großen Verstorbenen in das einbezogen, was auf der Erde geschieht: die Heiligen des Alten und Neuen Bundes. Über ihnen thront der Auferstandene mit den Wundmalen, flankiert von seinen Wegbereitern auf Erden, Maria und Johannes der Täufer. Darüber befindet sich Gottvater, umringt von mächtigen Engelsgestalten. Drei Kreise bestimmen die Komposition dieses Bildes: der größte Kreis um Christus herum, ein kleinerer um die Taube herum, während die Hostie auf dem Altar den kleinsten Kreis bildet. In gewissem Sinne gibt es noch einen weiteren Kreis, doch wir erkennen nur einen Teil seiner Strahlen: Aus einem bestimmten Punkt oberhalb des Bildes fallen diese Strahlen auf den obersten Bereich, in dem der Vater dargestellt wird. Diese Komposition erweckt den Eindruck, als hätte sich die Allgegenwart des Vatergottes zu der den Christus umgebenden Sonne verdichtet, zur Gegenwart des Geistes in Gestalt der Taube – und schließlich zur unscheinbaren, kleinen Hostie. Im transsubstantiierten Brot kommen Himmel und Erde zusammen, himmlischer und irdischer Kreis werden zu einer großen Gemeinschaft.

Wenn auf der Erde ein Opfer gebracht wird, sind die Himmlischen aufgerufen, dieses Opfer zur vollen Wirklichkeit werden zu lassen. So beschreibt es das Alte Testament beim Opfer des Manoah. Die Frau des Manoah, die kinderlos geblieben ist, fleht zu Jahwe, dass sie ein Kind bekommen möge. Dann erscheint ein »Mann Gottes«, der ihr verkündet, dass sie ein Kind gebären wird, das als Nasiräer Gott geweiht sein wird. Als sie, gemäß der Anweisung des Fremden, zusammen mit ihrem Mann ein Brandopfer darbringt, offenbart er sich in der Opferflamme: »Er aber tat ein Wunder, und Manoah und sein Weib sahen zu; und es geschah, als die Flamme von dem Altar gen Himmel emporstieg, da fuhr der Engel des Herrn in der Flamme des Altars hinauf« (Richter 13,20). Jetzt erst erkennen sie, wer der Fremdling ist, der sie besucht hat. Und jetzt erst sagt der Chronist dieser Geschichte, dass Manoah und seine Frau *sehen*, was geschieht.

Rembrandt hat diese Erzählung, in welcher sich in der kultischen Handlung eine geistige Realität offenbart, sehr sprechend und subtil wiedergegeben (siehe Bild 5, S. 287). Die Engelsgestalt ist kaum sichtbar, während sie über dem Opferfeuer emporsteigt. Zweifellos lässt sich das bereits erwähnte griechische Sprichwort »Die Götter steigen in den Opferrauch herab« hier folgendermaßen ergänzen: »Im Opferrauch steigen die Götter zum Himmel auf.« So werden die Elemente des Feuers und des Rauchs zu Vermittlern zwischen den Himmlischen und den irdischen Menschen.

Gebet und Opfer

Auch mit dem Gebet verbindet sich eine geistige Wirklichkeit, die größer und umfassender ist als das, was der Einzelne leisten kann. Ein Fresko aus Südtirol (siehe Bild 6, S. 288) bildet die Gebetsmäntel Marias und Christi ab. Unter diesen Menschen sind die Gläubigen im Gebet vereinigt, beschützt durch die Fürbitten Christi und Marias. In einem feurig roten Kreis über der Gemeinschaft der Betenden ist Gottvater dargestellt, der Pfeile zur Erde schießt. Die Pfeile prallen am Mantel des Christus ab. Manche Kunsthistoriker erkennen hierin die symbolische Andeutung einer Pestepidemie, die damals die Bevölkerung heimsuchte. Im Mittelalter betete man bei solchen Katastrophen zu Christus, Maria und dem Erzengel Raphael, die die Krankheit abwenden sollten. Die bildliche Darstellung der Fürbitte ist jedoch viel älter. Auch in einem Mosaik aus Ravenna (ca. 530) sehen wir Christus als denjenigen, der für seine Jünger betet (siehe Bild 7, S. 289). Hier handelt es sich um das Gebet der Gemeinschaft der Apostel, das durch die Fürbitte Christi noch verstärkt wird.

Rührend einfältig wird das Gebet des Einzelnen, das in die Fürbitte der Engel aufgenommen wird, in einem romanischen Relief *Betender Engel* dargestellt (siehe Abb. 18). Mit spirituellem Realismus wird der betende Mensch im Mantel des betenden Engels dargestellt. In unserem Gebet kann der Engel seine himmlische Aufgabe auf Erden verwirklichen und den Menschen überstrahlen.

Die drei großen Beispiele für Opfer in der Antike werden in einem berühmten Mosaik in Ravenna dargestellt (siehe Bild 8, S. 290). An einem Altar opfert Abel (mit dem Lamm) gemeinsam mit Melchisedek (mit Brot und Wein) und Abraham (mit Isaak). Die Gegenwart der Gottheit wird durch eine sprechende Gebärde ausgedrückt: Der Vorhang zur geistigen Welt ist geöffnet, die Hand Gottes erscheint.

Abb. 18: Erzengel Michael. Irland, Jerpoint Abbey, 12. Jh.

Schließlich wird in Rembrandts bereits erwähntem Gemälde *Der Jakobssegen* (siehe Bild 2, S. 284) die Tatsache des kultischen Handelns zurückhaltender und subtiler als zuvor wiedergegeben. Rembrandt lebte in einer Epoche, in der die geistige Realität anders ausgedrückt werden musste. Natürlich ist er ein Künstler, der das Geistige in der irdischen Wirklichkeit hervorragend wiedergeben kann. Doch er ist auch ein Kind seiner Zeit – einer Zeit, in welcher der Mensch mehr denn je auf sich selbst gestellt ist. Die Anthroposophie spricht in diesem Zusammenhang von der Geburt der »Bewusstseinsseele«: Der Mensch erlebt sich nicht mehr wie selbstverständlich als Teil eines größeren Ganzen, sondern er wird sich seiner selbst bewusst. In der Gebärde des Segens bildet Rembrandt eine geistige Realität ab, ohne die »klassischen« Bildelemente zu benutzen.[133] Nur das Licht, das aus der Hand des segnenden Großvaters Jakob strömt, die Gestalt seines Enkels Ephraim umspielt und sich in der Herzgegend verstärkt, ist noch Ausdruck einer geistigen Wirklichkeit. Seit der Zeit, in welcher Rembrandt wirkte, muss der Mensch diese Wirklichkeit in sich erleben. Er kann nicht länger mit Kräften segnen, die er nur von außen oder oben empfangen darf, sondern er muss sich diese Geisteskräfte aneignen, um sie als Geschenk an andere weiterzugeben. Dies, so scheint mir, will Rembrandt mit diesem bedeutenden Bild sagen.

Nach Rembrandt entwickelt sich in der westlichen Kunst immer mehr eine Verbindung mit bzw. Wiedergabe der physischen Wirklichkeit – bis dann, mit dem Beginn der abstrakten Malerei, das »Geistige in der Kunst« (ein Terminus, der von Kandinsky geprägt wurde) wieder zum Ausdruck kommen kann. Vielleicht führt diese Entwicklung, die noch längst nicht abgeschlossen ist, in einer ferneren Zukunft dazu, dass sich wieder Möglichkeiten eröffnen, die getrennten Welten von Kultus, Kunst und Kultur in eine neue Wechselbeziehung zueinander zu bringen.

12 Ungeborene und Verstorbene im Kultus

Beim Abhalten eines Jahreskurses über den Kultus und während des Schreibens an diesem Buches entstand bei mir allmählich der Eindruck: Wohin man in diesem Gebiet auch vordringt, immer stößt man eine Grenze, die einen vor Rätsel stellt. Dies hängt mit dem Gebiet zusammen, wo sichtbarer Kultus in eine geistige Wirklichkeit übergeht. Die Grenze zwischen diesen beiden Gebieten ist keine absolute; es ist eine »Dämmerzone«, in welcher wir mit anderen Sinnen wahrnehmen – entweder halbbewusst oder überbewusst.

In verschiedenen Kultusformen finden wir Hinweise auf die geistige Wirklichkeit, die sich hinter dieser Grenze abspielt. Es werden nicht nur Gott und der Mensch, sondern auch Ungeborene und Verstorbene, Widersachermächte, Hierarchien und die Trinität angesprochen und erhalten einen Ort in den Ritualen. In der verwirrenden Fülle unsichtbarer Welten und Wesen gibt es jedoch einen Mittelpunkt, der zugleich das Endziel jeglicher Form von Religion darstellt: Der Altardienst ist in erster Linie ein Gottes-Dienst. Es existieren manche Liturgie-Formen, bei denen es so aussieht, als ob es nichts anderes gäbe als Gott und den Menschen. Doch wenn man über diese Ausnahmen hinausblickt, erkennt man, dass in den meisten Kulturen Ungeborene, Verstorbene, Hierarchien und Widersachermächte ebenfalls ihren Ort im Altargeschehen haben.

Vermutlich ist der Ahnenkult, der in den sogenannten »primitiven Kulturen« eine wichtige Rolle spielt, zugleich die älteste Form des Kultus. Auch im frühen Christentum sind die Verstorbenen wichtige Vermittler zwischen Mensch und Gott.

Der Weg zur Geburt

Wenn man mit der Tatsache der Präexistenz vertraut ist, ist es nicht schwer, sich vorzustellen, dass sich auch die Ungeborenen, die sich auf dem Weg zur Erde befinden, mit dem Altardienst verbinden wollen.

Implizit schwingt diese Tatsache in der Verkündigung der Geburt Johannes des Täufers an seinen Vater Zacharias mit. Der Erzengel Gabriel enthüllt in dieser Verkündigung, Monate, bevor er geboren wird, wer Johannes eigentlich ist. Sowohl Zacharias als auch seine Frau Elisabeth gehören zu einem Priestergeschlecht. Obwohl sie beide einen untadligen Lebenswandel führen, hat Gott ihre Verbindung nicht mit der Geburt eines Kindes gesegnet. Nun hat das Schicksal es gefügt, dass der alte Zacharias an der Reihe ist, das Opfer im Tempel zu bringen. Im heiligen Bereich des Tempels vollzieht er das Weihrauchopfer, während die Gemeinde im Vorhof das Opfer mit ihren Gebeten begleitet. Diese beiden Elemente, das Weihrauchopfer im Innern und das Gebet der Gemeinde draußen, bilden zusammen erst das gesamte Opfer. Dann erscheint eine Ehrfurcht gebietende Engelsgestalt an der rechten Seite des Altars.[134] Dieser Erzengel, der sich als Gabriel zu erkennen gibt, verkündet ihm die Geburt eines Sohnes. Dabei nennt er einige Merkmale dieses Kindes. Johannes sei »prädestiniert«, eine große Aufgabe als Wegbereiter des Messias zu erfüllen:

Der Engel aber sprach zu ihm: Fürchte dich nicht, Zacharias, denn dein Flehen ist erhört, und dein Weib Elisabeth wird dir einen Sohn gebären, und du sollst ihm den Namen Johannes geben. Und du wirst Freude und Wonne haben, und viele werden sich über seine Geburt freuen. Denn er wird groß sein vor dem Angesicht des Herrn; weder Wein noch starkes Getränk wird er trinken und schon von Mutterschoß an mit Heiligem Geist erfüllt werden. Und viele der Kinder Israels wird er wieder zu ihrem Gott führen. Und er wird vor ihm hergehen in dem Geist und der Kraft des Elias, um der Väter Herzen den Kindern zuzuwenden und Ungehorsame zu den Gedanken der Gerechten. So wird er das Volk für den Herrn empfänglich machen (Lk 1,13–17).

Wenn wir versuchen, uns eine Vorstellung davon zu bilden, wo sich das ungeborene Kind befindet, während der Erzengel seiner Ankunft vorverkündet, ist es nicht schwierig, zu erkennen, dass es in diesem Moment bereits gegenwärtig ist. Das Ungeborene ist bereits lange vor seiner Erdenankunft mit seinen künftigen Eltern beschäftigt – eine Tatsache, die kleine Kinder heute manchmal spontan formulieren. Andererseits lebt das Ungeborene noch im »Schoß der Hierarchien«.

Man kennt hierzulande auch noch die Überlieferung, dass die Ungeborenen neun Monate lang mit ihrer physischen Geburt warten müssen, weil sie in dieser Zeit ihren Weg durch die neun Hierarchien zurücklegen. Dabei empfängt das Kind seinen Auftrag für das kommende Erdenleben. In der Taufe der Christengemeinschaft wird diese Tatsache mit den Worten ausgedrückt: »Diese Seele, die herabgesandt aus der Geist- in die Erden-Gemeinschaft.« Die Seele des Neugeborenen ist kein Zufallsprodukt, sondern sie hat in der vorgeburtlichen Geist-Gemeinschaft eine Mission empfangen, die in der irdischen Gemeinschaft verwirklicht werden muss. Wie sich diese Voraus-Verfügung zur irdischen Wirklichkeit verhält, ist ein anderes Kapitel – ganz zu schweigen von der Tatsache, dass die Individualität auch einen Eigenwillen und manchmal auch Eigensinn entwickelt.

Der weitere Verlauf des vorgeburtlichen Weges des Johannes zeigt, dass in der Welt der Ungeborenen ein umfassendes Bewusstsein existiert, sowohl für die Welt der irdischen wie auch der noch nicht geborenen Schicksalsgenossen. So beschreibt das Lukasevangelium, wie die ungeborenen Kinder an der Begegnung Marias mit Elisabeth teilnehmen:»Als Elisabeth den Gruß der Maria hörte, hüpfte das Kind in ihrem Leibe« (Lk 1,41). Der ungeborene Johannes erkennt seinen zukünftigen Schicksalsgenossen. Es ist nicht schwierig, sich vorzustellen, dass die Ungeborenen, die mit anderen Augen als wir Erdenmenschen schauen und durchschauen können, sich für echten Kultus auf der Erde »interessieren« (dieses Wort ist eigentlich zu irdisch, doch ich kann keinen besseren Ausdruck dafür finden). Denn sie haben den himmlischen Kultus zwischen der »weltenmitternächtlichen Stunde«[135] und der Empfängnis miterlebt, während sie sich auf ihre kommende Verkörperung vorbereiteten. Die Ungeborenen tragen diese Bilder in sich, während sie sich mit einer starken Sehnsucht der Erde zuwenden. Was würde es für sie bedeuten, wenn die Eltern, die in Erwartung ihres künftigen Kindes sind, einen Gottesdienst miterleben?

Eine Mutter, noch bevor sie sich der Ankunft ihres Kindes bewusst war, träumte Folgendes:

Ich träumte, dass mein Mann und ich zu einem besonderen Fest eingeladen waren. Eine Freundin wurde durch eine Stimme aufgefordert, für alle geladenen Gäste und für das Kind, das sie erwartete, zu beten. (Sie erwartete ihre erste Tochter und war im vierten Monat.) Danach wurde ich aufgefordert, ein Gebet zu sprechen, weil ich auch ein Kind erwartete. Ich wollte mich konzentrieren und besinnen, aber ich fand keine Worte, so sehr ich mich auch bemühte. Ich fühlte mich sehr unglücklich. Da bemerkte ich, dass die Decke des Saales nach oben wich und sich auflöste. Ich stand allein neben dem Taufbecken der Kirche. Vor mir saßen viele Menschen in den Kirchenbänken. Noch immer suchte ich verzweifelt nach Worten. Dann strömten von oben herab unaussprechlich schöne

Farben herein. Eine mit nichts zu vergleichende Musik begann und schwoll zu einem gewaltigen Donner an. Daraus formte sich eine Stimme. Beim Hören der Worte, die da so mächtig gesprochen wurden, erschraken wir und warfen uns auf den Boden, mit dem Gesicht zur Erde. Dann erklangen die Worte: »Er kommt aus meinem Herzen. Ich habe Wohlgefallen an ihm. Er kehrt in mein Herz zurück.« Dann wachte ich auf.

Hier ist die Ankündigung des Kindes im Traum Teil einer Liturgie, für die sich keine Worte finden lassen. Nicht nur Worte versagen hier; die Frau, die diesen Traum hat, kann eigentlich auch nicht ausdrücken, welcher Art die Farben sind, die sie dort sieht, welche Musik, welche Klänge dort ertönen. Sie wird von der Gewalt des sakralen Geschehens überwältigt, die sich im wortwörtlichen und übertragenen Sinne »über ihren Köpfen« abspielt. In diesen Bildern, Farben, Klängen und Worten offenbart sich etwas von dem Ungeborenen, das sie, noch unbewusst, in sich trägt.

Es ist eine bekannte Tatsache, dass Mütter, die ein Kind erwarten, manchmal unbezähmbare Neigungen entwickeln. Meistens handelt es sich um Züge, denen man keine oder kaum Bedeutung beizumessen braucht. Manchmal aber sagen solche Neigungen auch etwas über den Charakter des kommenden Kindes aus. Gretchen Schulze, die Gattin Heinrich Ogilvies (1893–1988), einem der Gründerpriester der Christengemeinschaft, hatte die Gabe, ihre Kinder bereits lange vor der Geburt in ihrer Eigenart wahrzunehmen. So berichtet Ogilvie in seiner Autobiografie:

1929 bekamen wir unser viertes Kind, einen Sohn. Meine Frau erkannte ihn wieder als den kleinen Jungen, der sich drei Jahre vorher ihr vorgestellt hatte mit den Worten »Ich bin Michael«. Das war geschehen, während sie wieder einmal im Tiefschlaf geistig bewusst sehend wurde; sie hatte es mir damals erzählt.[136]

Bei dreien ihrer vier Kinder hatte Gretchen Schulze Eindrücke und
»Neigungen« während der Zeit der Schwangerschaft:

- Bevor ihr Sohn Friedrich geboren wurde, wurde sie in einem
  Traum in einer großen Kathedrale herumgeführt. Als sie dann
  ihr Kind erwartete, hatte sie das starke Bedürfnis, regelmäßig
  an der Menschenweihehandlung teilzunehmen. Dieses Kind ist
  später Priester geworden.
- Als sie ihr zweites Kind erwartete, träumte die Mutter, dass das
  Ungeborene sie in ihren eigenen Körper hineinführte und ihr
  dort die Wunder des physischen Körpers und seiner Organe
  zeigte. Dieses Kind, Helmut, wurde später ein bekannter Arzt.
  Es ist, als ob der Traum ihr sagen wollte, dass er bereits vor seiner Geburt mit seiner späteren Lebensaufgabe beschäftigt war.
- Beim dritten Kind, Sonja, kann ich mich nicht mehr erinnern,
  in welcher Weise ihre Mutter ihr vor der Geburt begegnete.
- Als letzter wurde Michael geboren. Während der Schwangerschaft hat Gretchen Schulze das Bedürfnis, an Bühnenauffüh-
  rungen teilzunehmen, Abend für Abend sitzt sie auf einem
  Klappsitz im Theater. Michael wurde später Schauspieler.

Bei solchen Ereignissen ist es unmöglich, festzustellen, was von
der Mutter und was vom Kind ausgeht. Doch ich kann mir gut
vorstellen, dass in der Wechselwirkung zwischen der Mutter und
dem Ungeborenen solche Intuitionen, Träume und Handlungen
entstehen.

Ein anderes Ereignis, das mir von einer Mutter berichtet wurde,
macht deutlich, dass auch umgekehrt das Kind bereits Eindrücke
von der Mutter hat, lange bevor es geboren wird. Eine Frau unserer
Gemeinde berichtete mir, dass sie während der Schwangerschaft
wochenlang ein bestimmtes Klavierstück von Bach geübt habe. Als
das Kind geboren war, wurde das Klavier längere Zeit nicht benutzt. Erst als das Kind bereits sprechen konnte, setzte die Mutter

das Studium des Klavierstücks fort. Das Mädchen hob den Kopf und berichtete mit großer Bestimmtheit, dass es dieses Stück bereits lange kannte …

In Analogie zu solchen Erfahrungsberichten, die Mütter heutzutage in vielen Variationen erzählen können, kann man sich vorstellen, dass die Teilnahme am Gottesdienst in der Zeit vor der Geburt nicht nur für die Eltern, sondern auch für das kommende Kind eine große Bedeutung hat. Es findet hier nicht nur eine Art »vorgeburtlicher Erziehung« statt, sondern auch das Kind kann erkennen, was die Bedeutung des Lebens auf der Erde und des Ortes ist, den Christus auf der Erde hat. »Gleiches wird von Gleichem erkannt« – diese Wahrheit kann erst Wirklichkeit werden, wenn wir unseren Ungeborenen auch Eindrücke darreichen, die sie erkennen können!

Die Verstorbenen

Man kann den Eindruck haben, dass die Ungeborenen sich erst seit den letzten Jahrzehnten des 20. Jahrhunderts deutlicher manifestieren.[137] Doch Erfahrungen mit Verstorbenen sind für viele Menschen bereits seit Langem eine Selbstverständlichkeit. Dass die Verstorbenen an den kultischen Handlungen teilhaben, können wir in vielen Kulturen erkennen. Ich beschränke mich im Folgenden auf das Christentum.

Das Neue Testament beschreibt in bildhafter Sprache die Wirksamkeit der Verstorbenen, und zwar sowohl im irdischen als auch im himmlischen Kultus. So spricht der Brief an die Hebräer über die »Wolke der Zeugen«, die die Christen umgibt (Hebr 12,1). In der Passage, die dieser Stelle vorangeht, wird deutlich, wer damit gemeint ist: »Alle, die durch ihren Glauben zu Märtyrern werden« (Hebr 11,39). Dies waren nicht nur die ersten Christen, die um ihres Glaubens willen getötet wurden. Der Verfasser des Hebräerbriefs weist damit auch auf die alten Propheten hin, so zum Beispiel Jesaja: »Sie wurden zersägt« (Hebr 11,37). Jesaja flüchtete sich vor seinen Verfolgern in einen hohlen Baum. König Manasse ließ den Baum mit dem Propheten darin mittendurchsägen. Alle diese Verstorbenen, sowohl die Christen wie auch die Heiligen und Propheten der alttestamentarischen Zeit, gehören zu der »Wolke der Zeugen«, die für den Vollzug des Altardienstes unentbehrlich ist. Diese Zeugen (griechisch *martyres*, daher stammt unser Wort »Märtyrer«), die für ihren Glauben gestorben sind, vollziehen in der geistigen Welt gemeinsam mit den Hierarchien die himmlische Liturgie.

Im letzten Kapitel sprachen wir (im Zusammenhang mit dem Gemälde *Das Lamm Gottes* der Brüder Van Eyck) von der Liturgie, die von den Engeln vollzogen wird. Die Offenbarung des Johannes spricht jedoch auch von Verstorbenen, die eine priesterliche Aufgabe am himmlischen Altar wahrnehmen. So beschreibt die Apokalypse die hundertvierundvierzigtausend Knechte Gottes, die an ihrer Stirn versiegelt werden, »und sie standen vor dem Throne und vor dem Lamm, bekleidet mit weißen Gewändern« (Offb 7,9). Der Text spricht hier von *leukè stolè*, weißen Gewändern. Es handelt sich um das Priestergewand mit der Stola, dem Zeichen der priesterlichen Würde. So werden diese Verstorbenen auch in der Bamberger Apokalypse abgebildet, einem Werk der Buchkunst aus dem 9. Jahrhundert.[138] Dass es sich in dieser Passage der Apokalypse um den himmlischen Kultus handelt, wird in den meisten Übersetzungen nicht deutlich: »Sie verehren Ihn Tag und Nacht in Seinem Heiligtum/Tempel« (Offb 7,15). Das griechische Wort *latroiousi* bedeutet »Kultus darbringen«, während für Tempel oder Heiligtum das Wort *Naos* benutzt wird. Der *Naos* ist das Allerheiligste. Die Verstorbenen bringen also Gott den Kultus in seinem Allerheiligsten dar, so könnte man diesen Satz übersetzen. Das weiße Gewand, die priesterliche Umhüllung, ist dadurch entstanden, dass sie auf Erden »ihr Gewand gewaschen und strahlend weiß gemacht haben in dem Blute des Lammes« (Offb 7,14). Die

Seele hat eine Katharsis erlebt durch die Prüfungen, die sie auf Erden durchgemacht hat.

Im darauf folgenden Kapitel stellt die Apokalypse in bildhafter Sprache dar, wie irdischer und himmlischer Kultus miteinander verwoben werden und einander verstärken. Die kultische Handlung des Weihrauchopfers hat ihren Ursprung im himmlischen Kultus, doch die Opfer und Gebete der Lebenden auf Erden verstärken dieses himmlische Opfer:

Und ein anderer Engel kam und stellte sich an den Altar, und er hatte ein goldenes Räucherfass; und es wurde ihm viel Räucherwerk gegeben, damit er es den Gebeten aller Heiligen auf dem goldenen Altar beigebe, der vor dem Throne ist. Und der Rauch des Räucherwerks stieg mit den Gebeten der Heiligen auf aus der Hand des Engels vor Gottes Angesicht (Offb 8,3–4).

Aus dem irdischen Kultus steigen die Gebete und Opfer zum Himmel auf. Die Engel empfangen diese geistige Substanz, reichern sie mit ihrer Opferkraft an und bringen dieses Opfer Gott dar: eine Imagination des Vorgangs, wie sich irdischer und himmlischer Kultus miteinander verweben, bei dem die Verstorbenen eine wichtige, vermittelnde Rolle erfüllen.

Das Bild dieser aufwärts verlaufenden Opferbewegung wird durch eine absteigende Bewegung ergänzt:

Dann nahm der Engel das Weihrauchfass und füllte es bis zum Rand mit dem Feuer des Altars und warf es auf die Erde hinab. Da geschahen Donner und Stimmen, Blitze und ein Erdbeben. Und die sieben Engel, welche die sieben Posaunen hatten, machten sich bereit, um zu posaunen (Offb 8,5–6).

Was auf der Erde und im Himmel geopfert wird, ist »Grundstoff« für die weitere Entwicklung der Schöpfung. Damit kann Gott

Seine Schöpfung fortsetzen. In unserem naiven Bewusstsein stellen wir uns »Entwicklung« normalerweise so vor, dass sie stets Fortschritt und Wachstum bedeutet. Doch das Leben zeigt immer wieder, dass Entwicklung auch Zerfall, Zerstörung und Involution beinhaltet. Als ich einem steinalten Freund kurz vor seinem Tod die Frage stellte: »Wie geht es dir?«, antwortete er: »Befriedigend rückwärts!« Dies ließe sich auch von der Erdenentwicklung als Ganzer sagen: Zur weiteren Vervollkommnung ist ein »ersterbendes Erdendasein« notwendig (so eine Formulierung aus dem Credo der Christengemeinschaft). So sehen wir auch am weiteren Verlauf der Apokalypse, dass diese metamorphosierte Opfersubstanz der Lebenden, der Verstorbenen und der Hierarchien zerstörerische Kräfte auf Erden entfesselt – um den Fortgang der Welt, der letztlich im Neuen Jerusalem sein Ziel findet, zu ermöglichen. Was die Apokalypse in radikaler »Engelssprache« deutlich macht, erklingt in der Sprache der Menschenweihehandlung in menschliche Dimension übertragen, wenn vom Opfer gesagt wird, dass in ihm »das Feuer der wesenschaffenden Liebe« entstehen möge. Liebe schafft Wesen – physisch, seelisch oder geistig. Aus dieser Opferflamme kann »zeitloses Sein« erweckt werden: eine zukünftige Schöpfung, die aus dem Guten besteht, das auf Erden gewollt und geleistet wird. So werden unsere Opfer zu Bausteinen des Neuen Jerusalems, der künftigen, vergeistigten Schöpfung, von der die Apokalypse spricht.

Die Wechselwirkung zwischen Lebenden und Verstorbenen

In den Katakomben, in denen sich das frühe Christentum in Rom entfaltete, finden wir Zeugnisse für die Wechselwirkung zwischen Lebenden und Verstorbenen im Kultus. Jeder Altar war dort sowohl Grab als auch Opfertisch, an dem der Verstorbene am heiligen Mahl teilnehmen konnte. Ein jeder, der in Christus gestorben ist, wird zum Mitvollzieher des Sakraments. Auch über den Altären wird durch zahllose Darstellungen von Oranten (Betenden) auf die Anwesenheit der Verstorbenen hingewiesen. Es sind die Verstorbenen, die dort in der klassischen Gebetshaltung, mit erhobenen Händen dargestellt sind: die sogenannte Orantengebärde. Häufig steht unter solchen Fresken der Name des Verstorbenen mit dem bekannten Text: Bete für uns.

Die in Christus gestorben sind, sind die besten Helfer beim kultischen Handeln. Etwas von ihrer geistigen Kraft – und durch sie von der Auferstehungskraft Christi – kann in die kultische Handlung einströmen. Ich zitierte bereits eine zentrale Formulierung, die Rudolf Steiner benutzte, um anzudeuten, was in einer kultischen Handlung geschieht: »Man vollzieht sinnliche Prozesse, in die Spirituelles hineinströmt im Sich-Vollziehen.«[139] In dieser Formulierung geht es um Prozesse, Aktivität und Bewegung: Im Vollziehen sinnlich wahrnehmbarer Prozesse kann das Geistige (die Verstorbenen, die Hierarchien, die Trinität) »hereinströmen«.

Mit diesen klassischen Bildern und Begriffen verfügen wir über das Material, mit dem wir erkennen können, was sich in der Menschenweihehandlung abspielt. Auch dort erfüllen die Verstorbenen eine unentbehrliche Rolle. Sie beten und opfern mit uns. Jede Menschenweihehandlung ist zugleich eine Handlung mit und für die Verstorbenen. Dies wird zu Beginn der Opferung explizit ausgesprochen mit den Worten: »Mit mir mögen es [= das Opfer] bringen alle, die verstorben sind.« Jeder Verstorbene kann am Altardienst teilnehmen.

Im darauffolgenden Teil der Menschenweihehandlung, der Wandlung (Transsubstantiation), wird von den Verstorbenen gesprochen – von denen, die Christus in sich belebt haben –, verbunden mit der Bitte, dass ihr Gebetsmantel uns umhüllen möge: »Ihre schützende Kraft erstrahle uns.« In der entsprechenden Passage der lateinischen Messe werden die großen Heiligen namentlich angesprochen, verbunden mit der Bitte um Schutz und Beistand. Die Menschenweihehandlung lässt an dieser Stelle des Sakraments Raum für alle, die während ihres Lebens Christus in sich aufgenommen und belebt haben. Das sind nicht nur die bekannten Heiligen, sondern auch die zahllosen »Geheiligten«. Aus eigener Erfahrung möchte ich im Folgenden beschreiben, wie sich diese beiden Passagen aus der Menschenweihehandlung konkretisieren lassen.

Wenn wir die Verstorbenen nicht nur einige Tage oder Wochen sondern über Jahre hinweg begleiten wollen, sind die Todestage wichtige Meilensteine. Nicht ohne Grund bezeichnete man im frühen Christentum den Todestag als *Dies natalis*, den »Geburtstag« (in der geistigen Welt).

Weil ich in meinem Priesterberuf viele Verstorbene begleite, wende ich mich an einen bestimmten Verstorbenen im Besonderen im Umkreis seines Todestages. Am Abend davor rufe ich das Bild dieses Menschen so lebendig wie möglich in meiner Vorstellung wach. Mit diesem Bild, das von Erinnerungen, Zuwendung und Empathie durchdrungen ist, lasse ich meine Liebe zu ihm hinströmen:

> Meine Liebe sei den Hüllen,
> Die Dich jetzt umgeben –
> Kühlend Deine Wärme,
> Wärmend Deine Kälte –
> Opfernd einverwoben!
> Lebe liebgetragen,
> Lichtbeschenkt, nach oben!
> *(Rudolf Steiner)*

Danach lade ich den Verstorbenen ein, am nächsten Tag in der Menschenweihehandlung anwesend zu sein. Am nächsten Morgen rufe ich dieses Bild noch einmal wach, bevor der Altardienst beginnt – um danach dem Verstorbenen beim Zelebrieren oder Konzelebrieren der Handlung einen Raum zu bieten. Man kann sogar gemeinsam mit ihm die Kommunion empfangen. Gerade in diesem Moment in der Menschenweihehandlung können die Verstorbenen, wenn wir Platz für sie schaffen, uns mehr denn je nahe sein.

Zu meinem Erstaunen entdeckte ich im Laufe der Jahre, dass es auch möglich ist, auf diesem Wege mit Verstorbenen vertraut zu werden, die ich im Leben nicht kennengelernt habe. So habe ich mich zum Beispiel mit der Biografie von Walter Gradenwitz (1889–1960) beschäftigt, der zu den Gründern der Christengemeinschaft gehörte. Mein Interesse an ihm wurde durch Gemeindemitglieder geweckt, die ihn als Priester erlebt hatten. Sie beschrieben ihn als jemanden, der sich der karmischen Verbindungen zwischen Menschen bewusst war und aus dieser Erkenntnis in der Lage war, Gegensätze zwischen Menschen miteinander zu versöhnen. Er konnte souverän mit Schicksalssituationen umgehen. Aus eigener Erfahrung kannte er die Welt der Ungeborenen und der Verstorbenen. So sagte Heinrich Ogilvie über ihn: »Es wurde deutlich, dass das Tor des Todes während seines ganzen Lebens offengestanden hatte und dass sich das Tor der Geburt für ihn niemals geschlossen hatte.«

Während der Zeit, als ich mich mit diesem mir unbekannten Verstorbenen beschäftigte, wurden mir Bilder seines Lebens und seiner Persönlichkeit konkret und erkennbar. Schließlich konnte ich die Gegenwart des Verstorbenen am Altar (in der Gemeinde, wo er selbst als Priester an dieser Stelle gestanden hatte) erleben im gemeinsamen Vollzug der Menschenweihehandlung. Nun wirkte er von der anderen Seite her – um die Lebenden zu inspirieren.

In einem seiner nachgelassen Gedichte wird deutlich, wie stark er selbst am Altar mit den Verstorbenen lebte:

Totenmesse

Wenn ihr still in meine Seele tretet,
die sich weitete in eure Welt
und den Worten lauschet, die sie betet,
von des Weihedienstes Licht erhellt –
Wenn ich dann des Brotes runde Scheibe
und des Kelches Rand zum Munde hebe,
dass kristallne Klarheit sich im Leibe
ganz verbreite und die Seele lebe
in des Heiltranks reinen Liebeswellen:
fühl ich, wie nicht ich allein empfange
Zehrung, die erschließt des Segens Quellen –
Ihr auch neiget euch, und eine lange
Reihe trauter oder kaum gekannter
Toter wandert durch mich hin – Der Erde
Schranken fielen – Als ein Abgesandter
durft ich leiten euch zu Seiner Herde.

Wer Augen hat, zu sehen – oder ein Wahrnehmungsorgan, um zu
fühlen – erkennt die zahllosen Verstorbenen, die sich am Altar versammeln, um gemeinsam mit den Lebenden mit Christus zu kommunizieren. In diesem Gedicht beschreibt Walter Gradenwitz, wie
eine lange Reihe vertrauter, aber auch ihm kaum bekannter Verstorbener durch ihn »hindurchwandelt«, während er die Kommunion empfängt. Wenn wir einen uns vertrauten Verstorbenen zum
Altar einladen, ist es ein bekanntes Phänomen, dass dieser nach
einiger Zeit seine Schicksalsgenossen mitbringt. Die Verstorbenen
arbeiten nach dem Prinzip »Schwan kleb an«: Sie bilden Gemeinschaften von Schicksals-Verbundenen, die miteinander vertraut
sind. In der Psychologie spricht man von der »Anziehungskraft des
Zusammengehörigen«. Dieses Phänomen ist in der Welt der Verstorbenen noch stärker erkennbar als in der Welt der Lebenden.

Walter Gradenwitz bereitete während seines Erdenlebens vor, was er im Leben zwischen Tod und neuer Geburt tun wollte. Von dieser vollbewussten Vorbereitung zeugt nachfolgendes Gedicht, das er kurz vor seinem Tod niederschrieb:

Seelenlicht

Vielleicht, dass bald die Stunde schlägt,
dass nicht mehr den Genossen gleichen Strebens
im ird'schen Dasein ich darf nahe sein –
mag dann Erinnerung, tief eingeprägt
der Überschau des abgelaufnen Lebens,
mich stärken zu noch innigerm Verein,
dass ich mich neigen darf den stillen Taten,
die sie getreu in Christi Dienst vollbringen,
um liebestrahlend ihr Bemühn zu segnen.
Wenn so dem Tod entsprießen Geistessaaten,
kann Seelenlicht die Erdennacht durchdringen,
in dem wir Ihm, dem Kommenden, begegnen.

Im letzten Satz des Gedichts wird deutlich, dass die Verbindung der Lebenden mit den Verstorbenen nicht das Ziel des Altardienstes ist. Doch durch die Verbindung Lebender mit Verstorbenen und Verstorbener mit Lebenden kann die Begegnung mit Christus, in dessen Namen wir uns am Altar versammeln, zustandekommen.

Manchmal kleidet sich die Gegenwart Verstorbener in Bilder, die in uns aufsteigen, manchmal auch in Worte. Aus meinem Tagebuch, in dem ich solche Erfahrungen festhalte, möchte ich zwei kleine Begebenheiten zitieren, die diese Tatsache konkretisieren:

Am 24. November 2006 ist es genau 20 Jahre her, dass M. van G. verstorben ist. Ich beschäftige mich an diesem Tag einige Male mit ihr. Ebenso im Gottesdienst am nächsten Tag. Während der Einsetzungsworte sehe ich unerwartet den Saal des Letzten Abendmahls vor mir. Ich erkenne ihn nicht nur wegen einer Reise nach Israel, sondern aufgrund eines Fotos, das M. van G. mir vor vielen Jahren gab. Und zusammen mit diesem klaren Bild des Saales des Abendmahls strömen ihre Liebe und ihre Wärme zum Altar. So wirken die Verstorbenen in uns, durch uns. Der Anknüpfungspunkt ist ein kleines Geschenk, das während des Lebens mit tiefer Zuneigung übergeben wurde.

27. Oktober 2007. Todestag von K. v. d. L. Am Vorabend beschäftige ich mich kurz mit ihr und nehme mir vor, ihrer in der Menschenweihehandlung zu gedenken. Während des Gottesdienstes am nächsten Tag erklingen plötzlich während der Priesterkommunion in mir die Worte:»Herr, ich bin nicht würdig, dass du unter mein Dach eingehest, doch sprich nur Dein Wort, dann wird mein Knecht gesund.« Erst jetzt erinnere ich mich: Dies sind die Worte, die K. v. d. L. immer sprach, als ich ihr in ihrer letzten Lebenszeit die Krankenkommunion erteilte. Die Worte waren meiner Erinnerung entglitten. In einem unbewachten Augenblick, vorbereitet durch die Gedanken an die Verstorbene, kam etwas von dem Wesentlichen, was dieser Mensch während des Lebens mitteilen wollte, wieder ans Licht. So sind die Verstorbenen mit uns verbunden.

Die starke Verbindung mit den Verstorbenen und ihren Appell an uns habe ich im folgenden Gedicht in Worte zu fassen versucht:

Die Stille zittert in meinen Ohren.
Die Toten klingen –
sie sind zu groß für Worte.
In ungekannten Sprachen
singen sie
und sehn uns an.

Lass mich verstehen,
was sie mit Sterblichen
teilen wollen.
Wenngleich ich meinen Weg
allein gehe:
Wir sind viele.

Ein stärkeres Gefühl der Gemeinschaft ist nicht möglich. Was wir während des Erdenlebens mit unseren Schicksalsgenossen bis zu einem gewissen Grade verwirklichen können, das wird zwischen Lebenden und Verstorbenen unendlich verstärkt und vertieft. Eine konkrete Möglichkeit, in Seinem Namen die Gemeinschaft mit den Verstorbenen herzustellen, ist die Menschenweihehandlung.

13 Hierarchien und Widersachermächte

Der Künstler Joseph Beuys hat einmal die provozierende Aussage gemacht, im 20. Jahrhundert fänden die Mysterien im Hauptbahnhof statt.[140] Damit wollte er sagen, dass das Mysterium oder die Einweihung überall stattfinden kann, wo Menschen einander begegnen oder voneinander Abschied nehmen. Bei dieser Aussage berücksichtigte er nicht die Welt der Hierarchien und der Widersachermächte. Diese beschränken sich nicht auf den Hauptbahnhof – im Gegenteil: Sie suchen alle Orte auf, an denen Liebe oder Hass, Freiheit oder Gefangenschaft, Wahrheit oder Lüge, Ehrfurcht oder Geringschätzung herrschen. Wir können uns vorstellen, dass ein Engel sich (mit menschlichen Worten ausgedrückt) in einem geweihten Raum wohlfühlt, so wie sich der Engel einer Gemeinde mit einer bestimmten Menschengruppe in einem geweihten Raum verbindet.

Die Einseitigkeit solcher Aussagen wie die von Beuys führt heute bei manchen Strömungen dazu, dass das Kind mit dem Bade ausgeschüttet wird. So las ich einmal in einem Interview die Behauptung: »Das Christuswesen gehört nicht einer Kirche.«[141] Dies klingt genauso intolerant wie die Behauptung der Kirchen: Christus ist nur bei uns anzutreffen.

So etwas bezeichnen wir heute als Sektierertum. Sobald wir anfangen, exklusiv zu denken, schließen wir einen Teil der Wirklichkeit aus – ja, wir schließen Christus selbst aus.

Allerdings lässt sich durchaus von Abstufungen der »Anwesenheit« sprechen. Eine geistige Atmosphäre kann oberflächlich oder konzentriert, erhaben oder bewegt sein. Rudolf Steiner hat vor den Begründern der Christengemeinschaft einmal ausgeführt, was in der Messe aufgerufen wird:

Die Messe kann ebenso ein Teufelsopfer sein wie ein Gottesopfer. Sie ist nicht das unbedeutende Ding, das das evangelische Bewusstsein gern aus ihr machen möchte. [...] Sie ist nie das Nichts, das die Protestanten aus ihr machen möchten.[142]

Am Altar, in der Eucharistie, dienen wir entweder Gott oder den Widersachermächten. Das klingt ganz anders als die Behauptung: »Das Christuswesen gehört nicht einer Kirche.« Manche Menschen können sich zwar vorstellen, dass wir am Altar Gott dienen – aber dem Teufel ...? Um dies zu verstehen, müssen wir uns mit den Begriffen der weißen, grauen und schwarzen Magie auseinandersetzen.

Wenn am Altar eine sakramentale Handlung verrichtet wird, wird damit ein Appell an die helfenden oder hemmenden geistigen Mächte gerichtet. Damit betreten wir das wenig erschlossene Gebiet der Magie.

Was bewirkt der Vollzug des Kultus? Parallel zur Stiftung der Christengemeinschaft hielt Rudolf Steiner eine Reihe öffentlicher Vorträge. Darin kommt der essenzielle Unterschied zwischen dem kultischen Handeln und dem Alltagshandeln zur Sprache – und auch hier wird deutlich, dass der Kultus etwas *Wesenhaftes* schafft:

[Es] wird, wenn wiederum der Kultus in der richtigen Weise verstanden werden kann, der Eingeweihte seinen Schülern klarmachen können, dass die Kultushandlung etwas ist, was im Vergleiche zu den äußeren Taten, die sonst der Mensch mit Hilfe von Werkzeugen verrichtet – und auch bei den Kultushandlungen spielen Werkzeuge ja eine Rolle –, eine ungeheuer viel größere

Bedeutung im Zusammenhang mit dem Kosmos, mit dem Universum hat. Einstmals wird der Eingeweihte an den ... wieder richtiggestellten Kultushandlungen seinen Schülern folgendes klarmachen können. Er wird ihnen sagen können: Wenn Ihr eine Kultushandlung verrichtet, so ist das ein Appell an die geistigen Mächte des Universums, ein Appell an diejenigen Mächte, die gerade durch das, was der Mensch tut, sich mit der Erde verbinden sollen.[143]

Das rituelle Wort, die kultische Handlung, die durch den Eingeweihten am himmlischen Kultus abgelesen wurde, hat die Fähigkeit, geistige Wesen hereinzurufen. An anderer Stelle gibt Steiner einige Beispiele für solche Evokationen:

Wir bevölkern den Astralplan fortwährend mit Wesenheiten, indem wir dies oder jenes tun. Denken wir uns diesen Gedanken klar aus, dann haben wir den Sinn der kirchlichen Zeremonie: nämlich nicht beliebige Dinge vorzunehmen auf dem physischen Plan, sondern solche, die sinnvoll sind, wodurch sinnvolle Wesenheiten auf dem Astralplan entstehen. Wenn man zum Beispiel mit Weihrauch räuchert, macht man etwas Planvolles; man verbrennt bestimmte Stoffe und schafft Wesenheiten von einer bestimmten Sorte. Wenn man ein Schwert nach vier Seiten durch die Luft führt, schafft man ein bestimmtes Wesen. Ebenso der Priester, wenn er bestimmte Handbewegungen macht bei bestimmten Lauten, wie zum Beispiel bei o, i, u, verstärkt durch die Wiederholung: Dominus vobiscum. Der Klang ist regelmäßig angeordnet, die Luft wird in bestimmte Erschütterungen gebracht, die dadurch verstärkt werden, dass man bestimmte Handbewegungen macht, und es wird eine Sylphe [ein Luftwesen] hervorgerufen.[144]

Hier wird deutlich, dass kultische Handlungen etwas Wesenhaftes schaffen. Wir sprechen auch von magischen Handlungen, wenn geistige Wesen angerufen werden. Dabei müssen wir lernen, drei unterschiedliche Gebiete zu unterscheiden: Weiße, graue und schwarze Magie.

Das Merkmal der weißen Magie besteht darin, dass sie eine Form des Denkens, Sprechens und Handelns ist, die mit Liebe, Freiheit und Selbstlosigkeit verbunden ist. Man kann sogar sagen: Je selbstloser sie durchgeführt wird, umso wirksamer ist die magische Handlung. Dasselbe lässt sich auch über die Wirkung des Gebets sagen: Je selbstloser ein Gebet gedacht, gebetet und gesprochen wird, umso kräftiger ist seine Wirkung. Magie wirkt mit den Mitteln von Kultus, Gebet und Meditation. Das Ziel der weißen Magie ist die Vervollkommnung, die Vergeistigung der Erde. In der zukünftigen Schöpfung, die das Neue Testament als das »Neue Jerusalem« bezeichnet, kommt dieses Ziel erst in seiner Gänze zur Erscheinung.

Die künftige, vergeistigte Schöpfung ist ganz vom Göttlichen durchdrungen. In unserer irdischen Welt müssen wir jedoch ausgesparte, geweihte Räume schaffen – früher waren dies die Mysterienstätten –, damit das Göttliche zur Geltung kommen kann. Tempel, Kirchen und Orte der Stille, Meditationsräume, Moscheen und Synagogen: Solange an solchen Orten Ehrfurcht, Andacht und gegenseitiger Respekt herrschen, kann die geistige Welt dort Oasen des Friedens schaffen. Mehr noch: Wer hinter die äußeren Erscheinungsformen des Kultus zu blicken vermag, der wird den Engel der Gemeinde erkennen.

So wird es im nachfolgenden Text von Dagny Wegener beschrieben, die ein Buch über ihre hellsichtigen Wahrnehmungen veröffentlichte, die ihr während eines langen Lebens zuteilwurden:

Wenn Menschen an einem Sonntagmorgen an einem Gottesdienst teilnehmen, still die Kirche betreten, sich im Inneren zu Ruhe bringen, der Orgel lauschen und dem Pfarrer zuhören, der aus den Evangelien liest, so kann eine Andachtsstimmung entstehen. Das ist eine Atmosphäre, die die geistige Welt liebt. Es geschah also an einem Sonntag, da tauchte plötzlich wieder ein zartes geistiges Wesen auf, das zunächst ganz schattenhaft war. Ich konnte es gar nicht recht erkennen. Dieses schattenhafte Wesen war dann öfter da. Ich fragte nicht viel, wer das wohl sein könnte, weil ich inzwischen gelernt hatte, dass die geistige Welt Neugier nicht mag und sich dann sofort ganz zurückzieht.

Dann kam die Karwoche vor etwa zwei Jahren, und dieselbe Gestalt, die ich schon öfter nur ganz schwach gesehen hatte, erkannte ich jetzt als einen Engel. Er stand auf einmal als *strahlende* Gestalt neben dem Altar. Seine Augen leuchteten. Er blieb nur einen Moment am Altar. Dann schwebte eher – ganz schnell und leicht –, die Arme über der Brust gekreuzt, vor die erste Reihe und sah den ersten dort sitzenden Menschen einen Moment voller Güte an, um dann zum nächsten zu gehen. Mit diesem wunderbaren Ausdruck in den Augen schwebte er von einem Menschen zum anderen und sah jeden an.

Ich habe mir hinterher überlegt, dass es knapp drei Sekunden gewesen sein mögen, aber man kann ja in ganz kurzer Zeit auch schon einen Menschen wahrnehmen. So musste ich denken: Es *war* ja, es *ist* ja der Engel der Gemeinde, ein anderer könnte das gar nicht so tun. Das war mir einfach dann blitzartig klar geworden: Dieser Engel nahm uns alle wahr, jeden Einzelnen. Und so hat er wohl sämtliche Menschen, die an dem Gottesdienst teilnahmen, wahrgenommen, und ich durfte miterleben, wie er diese ganze Reihe entlangschwebte und mit gütigen Augen jeden Einzelnen ansah. Er kam dann weiter zur zweiten Reihe, in der ich saß, sodass ich seine Augen in meinem Gesicht geradezu fühlte. Ich kann nur sagen, dass es ein tief bewegender Eindruck war, nun das Gefühl zu haben und zu wissen: Das hier *ist* der Engel der Gemeinde, der teilnimmt an uns, die wir auch an diesem Gottesdienst teilnehmen. [...] Ich bin sicher, dass in jeder Kirche, gleich welcher Konfession, die sich mit Andachtsstimmung erfüllt, in der wirklich die Evangelien gelesen werden, wo beispielsweise die Politik draußen gelassen wird und nur das Christliche die Kirche durchströmt, auch ein Engel der jeweiligen Gemeinde da ist und die Menschen ansieht in der Hoffnung, auch von ihnen wahrgenommen zu werden.[145]

Schwarze Magie

Gegenüber den vielen Formen weißer Magie, die die Fähigkeit haben, bestimmte Elementarwesen (wie die Sylphe in der Beschreibung oder Steiners) und Hierarchien (wie der Engel der Gemeinde, wie ihn Dagny Wegener erlebte) herbeizurufen, steht die schwarze Magie, die imstande ist, dämonische Elementarwesen und Hierarchien herbeizurufen. So wie Freiheit, Liebe und Selbstlosigkeit das Charakteristikum der weißen Magie sind, so charakterisieren Unfreiheit, Hass und Egoismus die schwarze Magie. Und so wie die weiße Magie das Ziel hat, Gott zu dienen, so besteht das Ziel der schwarzen Magie darin, die Widersachermächte anzubeten und ihnen zu dienen. Im Gegensatz zur Vergeistigung der Erde, die die weiße Magie anstrebt (das Neue Jerusalem), besteht das Streben der schwarzen Magie darin, die Erde zu einem »Babylon« zu machen. Mit diesem Namen deutet die Apokalypse (im 17. Kapitel) auf jenen Teil der Menschheit hin, der sich zum Sklaven der Materie gemacht hat. So wie das Himmlische Jerusalem aus dem Himmel zur Erde herabsteigt, so ist Babylon die Stadt, die von unten nach oben gebaut wurde, um den Himmel zu erstürmen und die Kräfte der physischen Welt triumphieren zu lassen.

Ein Merkmal der schwarzen Magie besteht darin, dass alle Elemente des Altardienstes dafür benutzt werden, das Böse anzurufen. So kennt man in der Satanskirche eine Messe, die von geweihten Satanspriestern zelebriert wird. So wie bei der Weihe eines Laien zum Priester in einer christlichen Kirche wird hier der Schüler nach ausgiebiger Vorbereitung durch einen Schwarzmagier geweiht.

Obwohl sich die Widersachermacht in unserer Welt breitmacht und es so aussehen kann, als habe sie die gesamte Erde in ihrem Griff, sagt die Apokalypse über sie:»Das wilde Tier ... schickte sich an, aus dem Abgrund heraufzusteigen, doch geht es seinem Untergang entgegen« (Offb 17,8). Dass diese Macht des Bösen, so überwältigend sie auch auftritt, gegenüber dem Guten letztendlich machtlos ist, wird auf eindrucksvolle Weise von einer Zeugin beschrieben, die als erfahrene Expertin auf dem Gebiet der schwarzen und der weißen Magie gelten kann. Ulla von Bernus (1913–1998) war jahrelang Satanspriesterin, hat in den deutschen Medien im großen Stil schwarze Magie propagiert – und ist dann von einem Tag auf den anderen von der schwarzen zur weißen Magie übergelaufen. In einem ausführlichen Interview erzählt sie:

Ich hatte eine geistige Begegnung mit einem Bekannten, der zu diesem Zeitpunkt bereits verstorben war. [...] Ich hatte folgendes Erlebnis: Wir gingen beide durch einen dunklen Gang, ich voraus, er hinter mir. Schließlich öffnete sich der dunkle Gang zu einer Art Platz, allerdings blieb alles in eine Art Dämmerlicht gehüllt, etwa wie vom Übergang des Tages in die Nacht. Mit einem Male, wir standen und schauten in das Dämmerlicht, begann es Weizen zu regnen. Unendlich viel Weizen regnete vom Himmel, vor uns und auf uns herunter. Und dann kam das Golgatha-Erlebnis, ganz klar, allerdings nicht die drei Kreuze, sondern nur Christus am Kreuz. Und Christus sprach mit lauter Stimme:»Am Ende bin doch ich der Sieger.«[146]

Ohne große Machtdemonstration wird hier deutlich, dass die Widersachermacht dem Guten gegenüber letztendlich machtlos ist. Diese Erfahrung hat Ulla von Bernus auf die Fährte der weißen Magie gebracht. Seither trat sie in der Öffentlichkeit auf – nicht nur, um aus eigener Erfahrung zu beschreiben, dass die schwarze Magie eine Sackgasse ist, sondern auch, um so eindringlich wie möglich vor der grauen Magie zu warnen, die heute in allerlei Varianten auftritt. In den Medien, in allen möglichen okkulten und halb-okkulten Strömungen, in Wissenschaft, Kunst und Religion, in zahlreichen Formen von Betäubungs- und Suchtmitteln dringt gegenwärtig graue Magie in unsere Gesellschaft ein. Interessant ist das Heilmittel, das Ulla von Bernus in ihrem Interview nennt, mit dem wir uns gegen diese Einflüsse schützen können:»Das Wissen um diese Dinge ist das Wichtigste.«

Während die Widersachermächte sich auf viele Weisen maskieren, ist die wichtigste Waffe im Kampf gegen diese Mächte die Erkenntnis. Widersachermächte wirken schädlich, solange wir nichts wissen oder wissen wollen. Das Halbbewusste und Unbewusste ist ihr Arbeitsfeld.»Der Schlaf der Vernunft gebiert Ungeheuer«, so lautet der Titel einer Radierung des spanischen Künstlers Francisco de Goya (1746–1828). Auf dieser Radierung ist ein Mensch dargestellt, der an einem Tisch eingeschlafen ist. Über ihm und um ihn herum sammelt sich ein Heer von Dämonen und tierischen Gestalten (siehe Abb. 19).

Vor diesem Hintergrund – die Taktik der Widersachermächte und die Waffe des Bewusstseins – erhält der bekannte Appell Christi,»Wachet und betet«, noch eine ganz andere Dimension, als man sich gemeinhin vorstellt. Wachsamkeit, um die Wirkung des Bösen zu durchschauen, und das Gebet zum höchsten Führer, der das Böse bereits von innen her besiegt hat – diese beiden Waffen geben uns die Kraft, uns im Kampf zu behaupten. Bevor das Neue Jerusalem Wirklichkeit wird, ist noch ein langer Weg zurückzulegen, auf dem wir, äußerlich betrachtet, nur wenig gegen die Macht und die Gewalt des Bösen ausrichten können. Am Tiefpunkt des Weges wird das Böse sogar so stark, dass nicht nur normale Menschen, sondern auch die Heiligen dadurch gequält und getötet werden:»Auch wurde es ihm gegeben, mit den Heiligen zu streiten und sie zu überwinden. Über jeden Stamm, jedes

Abb. 19: Francisco de Goya, Der Schlaf der Vernunft gebiert Ungeheuer.
Radierung, 1797. © akg-images

Volk, jede Zunge und jede Nation wurde ihm Vollmacht gegeben«
(Offb 13,7). Die einzige Waffe, die in dieser Vernichtung noch
Widerstand gebietet, ist die Geduld. *Hypo-menein*, wörtlich: darunter bleiben, aushalten – das ist das erlösende Wort in diesem
beunruhigendsten Kapitel der Apokalypse:»Hier erweist sich die
Geduld und der Glaube der Heiligen« (13,18). Mit anderen Worten: Es ist nicht nur unmöglich, das Böse auszurotten – es ist auch
nicht der Zeitpunkt dafür! Erst am Ende der Erdenentwicklung
trennen sich die Wege von Gut und Böse definitiv. Vor dieser
Zeit muss, zusammen mit Frucht dieser Entwicklung, auch das
Unkraut wuchern.

Himmlische Hierarchien

Kultus ist in jeglicher Hinsicht ein Mittel, geistige Kräfte hervorzu-
rufen – sowohl zum Guten wie zum Bösen. Dass am Altar auch die
Gegenwart und der Priesterdienst der Hierarchien herbeigerufen
werden kann, illustriert folgende Begebenheit, die im Mittelalter
die Menschen tief berührt hat. Im Jahr 1022 besucht Kaiser Heinrich II. das Michaelsheiligtum auf dem Monte Gargano in Italien.
In der Grotte, wo sich der Erzengel bereits früher offenbart hat,
nimmt er an der Messe teil. Man erzählt ihm, dass dieser Raum
nachts von keinem Menschen betreten werden darf, weil dann
Michael selbst mit seinen Engeln am Altar die himmlische Liturgie vollziehe. Bereits früher hatte der Erzengel einem gewissen
Lorenzo, einem der heiligen Männer, die dort wohnten, mitgeteilt:
»In der Nacht werde ich selbst, der Herr dieser heiligen Stätte, die
Messe zelebrieren.« Heinrich II. lässt sich trotz aller Warnungen
nachts in der Höhle einschließen. In der Nacht erscheint ihm Michael mit seinen Heerscharen und zelebriert den Dienst am Altar.
Doch als er das Ewige Evangelium (siehe Apokalypse 14,6) ergreift und es dem Kaiser übergibt, bebt dieser an allen Gliedern.

Daraufhin spricht Michael: »Fürchte dich nicht, du Auserkorener Gottes. Nimm dieses Zeichen des himmlischen Friedens und der himmlischen Freude.« Dabei berührt er die Hüfte des Kaisers. Dieser überlebt zwar diese überwältigende Erfahrung, doch es ist bekannt, dass er seitdem hinkte. – Diese Geschichte erinnert an den Erzvater Jakob und seine nächtliche Begegnung mit dem Engel, der ihn an seine Hüfte schlägt, sodass er für den Rest seines Lebens lahmt (Genesis 32,22–32).

An der nächtlichen Begegnung des Kaisers wird deutlich, dass der Altardienst, den Menschen auf Erden verrichten, nur ein Abbild der überwältigenden Liturgie der »Göttersöhne« ist. Gott kleidet sich, so sagt Dionysius der Areopagit in seiner Schrift über die Hierarchien, in »heilige Umhüllungen«. Diese Umhüllungen schwächen das unerträglich blendende Licht der Gottheit ab, um es für den Menschen erkennbar zu machen. Umgekehrt besteht die Aufgabe des Menschen darin, schrittweise die Leiter der Hierarchien zu erklimmen, um schließlich eins mit der Gottheit zu werden. Dionysius bezeichnet diesen Prozess als »Deifikation«, Vergöttlichung oder Gottwerdung.

Die Hierarchien zelebrieren unablässig im »heiligen Lichtgewand«. Psalm 29 schildert, wie die »Söhne der Götter« (*bene elim*) dem Herrn den Kultus »im heiligen Lichtgewand« darbringen. (Die Elberfelder Übersetzung hat hier »in heiliger Pracht«, Luther sagt »in heiligem Schmuck«.) Im Psalm 96, wo gleichfalls der himmlische Kultus besungen wird, erklingen fast dieselben Worte – doch es gibt einen wesentlichen Unterschied: Hier wird die Formulierung vom »heiligen Lichtgewand«, die an das weiße Priestergewand erinnert, nicht für die Engel, sondern für die Menschen benutzt. »Betet den Herrn an in heiligem Festschmuck!«, sagt die Neue Genfer Übersetzung (Ps 96,9). Dass es sich hier wiederum um eine Form von Kultus handelt, geht aus dem vorangehenden Vers hervor: »Bringt dar dem Herrn die Ehre seines Namens, bringt Gaben dar und geht ein zu seinen Vorhöfen!«

Bildhaft gesprochen heißt das: Während der gereinigte Mensch in den Vorhöfen des göttlichen Tempels opfern darf, vollziehen Engel die himmlische Liturgie im Heiligen. Im Allerheiligsten jedoch steht der Hohepriester der Menschheit, Christus, und opfert sich selbst für uns.

Das Zelebrieren an einem Altar auf der Erde ist der Anfang einer »goldenen Kette«. *Aurea catena*, so nannten die Alchimisten die geheimnisvolle Verbindung zwischen Himmel und Erde. Jede Hierarchie auf der Jakobsleiter ist ein unentbehrliches Glied in dieser goldenen Kette. Der Mensch sorgt dafür, dass diese goldene Kette auch die Erde berühren kann. Denn ohne ihn wäre die Kette zerbrochen – und die Erde mit ihren Naturreichen bliebe unerlöst.

Zum Abschluss dieses Kapitels möchte ich noch die ausführliche Beschreibung einer Erfahrung anführen, die ein Mensch spontan in der Menschenweihehandlung machen konnte. Er schaute, was sich in der Welt der Hierarchien abspielt, während auf der Erde der Dienst am Altar vollzogen wird:

Kurz nach Beginn der Menschenweihehandlung am Sonntag, dem 16. März 1986, »sah« ich, dass das ganze Geschehen von einer großen Schar von Engeln beobachtet wurde. Sie bildeten gewissermaßen eine Kuppel über dem Altar, dem Priester, der Gemeinde, und sie blickten auf uns herab mit einer sehr entspannten, friedvollen und zugleich sehr konzentrierten (doch nicht fixierten) Aufmerksamkeit. Ihre Zahl ließ sich nicht bestimmen, weil ihre Formen hier und dort ineinander übergingen; es existierten jedoch unterschiedliche Lichtintensitäten. Sie standen auch nicht in einer festen »Aufstellung«, sondern bildeten ein »geordnetes Chaos«, das den Eindruck einer großen Harmonie und Schönheit machte. (Vergleichbar mit der natürlichen Schönheit von Wolken am Himmel.) Die ganze Atmosphäre, die Formen und vor allem die Art, wie sie auf uns blickten, erinnerte stark an bestimmte Gemälde, beispielsweise von Leonardo da Vinci.

Im weiteren Fortgang der Handlung lösten sich die einzelnen Formen in Farbmuster auf, deren Farbe und Form sich ständig wandelte. Es waren pastellartige Töne: zart und doch intensiv. Ab und zu entstanden in dieser Kuppel aus sich bewegenden Farben Öffnungen, oder besser gesagt: Durchgänge, vor allem in der Nähe des Altars. Diese wurden eigentlich durch die Körper von Engelwesen gebildet: Ihre Haltung drückte dann vollkommene Hingabe aus, und dadurch entstand (buchstäblich und symbolisch) ein Durchgang nach oben. In diesem Gang herrschte ein Licht mit einer ganz besonderen Qualität, für das sich nur schwer die rechten Worte finden lassen. Vielleicht so: sehr freundlich, einladend, wohltuend. Es hatte auch eine andere Zusammensetzung als unser »irdisches« Licht.

Es vermittelte den Eindruck von Harmonie und Freude: weniger eine ekstatische Freude, sondern mehr eine Freude, erfüllt von Dankbarkeit, Andacht, Friede und Liebe.

Soweit meine Erfahrung, die übrigens völlig spontan, ohne irgendeine vorherige Absicht, einfach »da war«.

Der Verfasser benutzt Formulierungen, die illustrieren, wie schwierig es ist, eine geistige Erfahrung, die sich fortwährend metamorphosiert, in irdische Worte zu kleiden. Für die Wahrnehmung entsteht eine vollendete Harmonie zwischen »oben« und »unten«, zwischen Geist und Körper, zwischen Empfangen und Schenken.

Ich wurde durch diese Beschreibung an den Schluss eines Spruchs erinnert, den die Kinder bis zur fünften Klasse in der Waldorfschule jeden Tag sprechen. In den beiden Schlusssätzen ist das gesamte Prinzip von Gebet, Spruch und Kultus zusammengefasst:

Von Dir stammt Licht und Kraft,
Zu Dir ström' Lieb' und Dank.

Mit diesen Worten ist das A und O des Kultus ausgesprochen: Wenn ein Mensch zu verstehen beginnt, was er von der Gottheit empfangen hat, beginnt etwas zu Gott zurückzuströmen. Unsere sichtbare und unsichtbare Welt ist von Licht und Kraft erfüllt. Und wir Erdenbürger und Himmlischen, Menschensöhne und Göttersöhne sind Ihm Liebe und Dank schuldig. Was von uns, aus eigener Initiative geboren, zurückströmt, ist neu für die göttliche Welt. Die Bildsprache der Psalmen benutzt dafür den Ausdruck »das neue Lied«. Der bereits zitierte Psalm 96, der das Priesteramt des Menschen beschreibt, beginnt mit den Worten: »Singet dem Herrn ein neues Lied.« Mit unserem Gebet, mit unseren Opfern, die in der widerspenstigen Wirklichkeit des Erdendaseins aufflammen, bringen wir der Gottheit etwas dar, was zuvor noch nie geschaffen worden war. Im neuen Lied findet die Schöpfung ihren Fortgang und ihre Zukunft. Dafür wird auf der Erde die Heilige Handlung vollzogen.

14 Die Zukunft des Kultus

Wache über deine Gedanken,
bald werden sie deine Worte.
Wache über deine Worte,
bald werden sie deine Taten.
Wache über deine Taten,
bald werden sie deine Gewohnheiten.
Wache über deine Gewohnheiten,
bald werden sie dein Charakter.
Wache über deinen Charakter,
bald wird er dein Schicksal.

An diesem anonymen Gedicht lässt sich Schritt für Schritt nach-vollziehen, wie wir unsere Zukunft zu entscheidenden Teilen selbst bestimmen. Diese Bestimmung beginnt mit den Gedanken, die wir denken. Es ist ein bekanntes Phänomen, dass Gedanken – nach-dem sie ein Stadium der »Salonfähigkeit« erreicht haben – früher oder später Wurzeln bilden, ein Eigenleben zu führen beginnen und zu Realitäten werden. Alles, was wir denken, sprechen und tun, schafft früher oder später eine Wirklichkeit.

Wir können den Appell dieses Gedichts auch auf das kultische Denken, Sprechen und Handeln anwenden. Alles, was wir am Altar denken, sprechen und tun, schafft eine Wirklichkeit, die nicht nur für das Hier und Jetzt, sondern auch für die Zukunft von Bedeutung ist.

Mit anderen Bildern und Worten hat der Apostel Paulus dies in seiner bekannten Hymne an die Liebe (1 Kor 12,13) ausgedrückt: »Jetzt sehen wir in einem Spiegel ein Rätselbild, einst jedoch von Angesicht zu Angesicht.« Was mit unserer Liebe am Altar geschieht, hat bis zu einem gewissen Grad den Charakter eines Rätselbildes in einem Spiegel. Wir sahen bereits, dass sich die volle Wirklichkeit unserer Opfer, unserer Gebete, Gedanken und Kultushandlungen in der geistigen Welt abspielt. Nicht die Lebenden, sondern die Verstorbenen sehen von Angesicht zu Angesicht. Dies gilt in besonderem Maße für den Kultus.

Äußerst konkret hat Rudolf Steiner diese beiden »Ansichten« des Kultus in einem Vortrag aufgezeigt, in welchem er das Begräbnisritual der Christengemeinschaft beschreibt:

Meine lieben Freunde, wenn hier ein Spiegel ist, hier irgendein Gegenstand oder ein Wesen, so sehen Sie hier das Spiegelbild darin. Sie haben zwei, das Wesenhafte und das Spiegelbild. So haben Sie zwei, wenn ein Totenkult sich abspielt. Dasjenige, was der Kult ist, der vor dem Sarge durch den Priester gehalten wird, das ist nur ein Spiegelbild. Das ist ein wirkliches Spiegelbild und wäre nicht eine Realität, wenn es nicht ein Spiegelbild wäre. Was spiegelt es? Dasjenige, was der Priester hier tut, indem er vor der Leiche steht, seinen Kultus verrichtet, das hat sein Ursprungsbild in der anstoßenden übersinnlichen Welt, wo, während wir hier vor dem physischen Leibe und dem eigentlich noch immer anwesenden Ätherleibe den irdischen Kultus verrichten, der himmlischen Kultus verrichtet wird von der anderen Seite, von den Wesenheiten der anderen Seite des Daseins, wo das Seelisch-Geistige empfangen wird mit dem Empfangskultus, wie wir hier mit dem Abschiedskultus vor der Leiche stehen. Nur dann ist ein Kultus eine Wahrheit, wenn er diesen realen Ursprung hat. [...] Verrichten wir einen wahren Totenkult, so korrespondiert diesem Totenkult die übersinnliche Handlungsweise. Das wirkt zusammen. Und ist Andacht, Wahrheit, Würdigkeit in dem Totengebet, so klingen in dem Totengebet die Gebete der Wesenheiten der höheren Hierarchien in der übersinnlichen Welt mit. Sie vibrieren mit. Da spielt geistige Welt und physische Welt zusammen.[147]

Insbesondere durch unsere Opfer schaffen wir etwas für die Zukunft. Ohne Opfer ist in gewissem Sinne keine Zukunft möglich. Dies gilt bereits für das Alltagsleben. Wenn Eltern keine Opfer für ihre heranwachsenden Kinder bringen, so fehlen diesen Kindern Chancen und Möglichkeiten für die Zukunft. Nicht nur für die Entwicklung der Kinder ist dies eine Notwendigkeit; für die geistige Welt sind Opfer die Bausteine für die zukünftige Schöpfung. Dies kommt auch zum Ausdruck im Schlusssatz der Opferung in der Menschenweihehandlung, den wir bereits im vorigen Kapitel besprachen: Aus dem Opfer möge »zeitloses Sein« entstehen. Indem er opfert, erwirbt der Mensch sich ein Daseinsrecht in der geistigen Welt: Er darf »da-sein«.

Obwohl dieses zeitlose Dasein das letzte Ziel und die höchste Perspektive unserer Kultushandlungen und Opfer darstellt, wissen wir sehr wohl, dass der Weg zu diesem Ziel mit Hindernissen gepflastert ist. Bevor die Macht der weißen Magie zur Erscheinung kommt und das Gute ein felsenfestes Dasein führt, muss die Macht des Bösen unverhüllt auftreten. Wir finden diese Tatsache in zahllosen Prophetien und Apokalypsen ausgesprochen. Der Prophet Daniel gehört zu den Ersten, die dieses Schreckensbild der Zukunft voraussehen. Er erkennt in einer Vision eine Zukunft, in welcher Gott das tägliche Opfer vorenthalten wird. Anstelle dieses Opfers wird der »Gräuel der Verwüstung« aufgerichtet (Dan 12,11). Was will uns dieses rätselhafte Bild sagen? Für gewöhnlich stellt man sich hier ein historisches Ereignis vor, dass sich im Jahr 168 v. Chr. abgespielt hat: Der König Antiochus IV Epiphanes (Mithridates, 176–164 v. Chr.) errichtet sein eigenes Standbild im Allerheiligsten des jüdischen Tempels, nachdem er Jerusalem erobert hat. Christus selbst greift in seiner sogenannten Ölberg-Apokalypse auf diese Prophetie zurück, wenn er sagt:

Wenn ihr aber den Gräuel der Verwüstung stehen sehet, wo er nicht sollte – wer dies liest, der merke auf – alsdann sollen diejenigen, die in Judäa sind, ihre Zuflucht auf den Bergen suchen … (Mk 13,14)

Der griechische Ausdruck, den Christus hier benutzt, liefert noch einen weiteren Anknüpfungspunkt: *to bdelygma eremoseós*, das Schreckensbild der Absonderung.[148] In dem Wort *eremoseós* erkennen wir unser Wort »Eremit«, Klausner. Das Ego macht sich breit, es nimmt den Platz Gottes ein und lässt alle Formen der Gemeinschaft wie Treibsand zerfallen. Dies geschah zum ersten Mal, als Antiochus Epiphanes sein Standbild im Allerheiligsten errichtete – als ob er damit sagen wollte: Gott – das bin ich! In zahllosen Varianten haben die römischen Cäsaren es ihm nachgemacht. Bis zum heutigen Tag wiederholt sich die Geschichte. Doch der allerletzte Höhepunkt des Gräuels der Verwüstung ist die Erscheinung des Antichrist, auf die Daniel mit seinem Bild hinweist. Gleichzeitig schaut er bereits die Erscheinung des Menschensohnes, der in den Wolken kommt. Die apokalyptische Gewalt und Tragik Seiner Wiederkunft schwingt in den Worten mit, die Daniel aus dem Munde des Menschensohnes vernimmt: »Und es ist kein einziger, der mir wider jene mutig beisteht, als nur Michael, euer Fürst« (Dan 10,21). Mit diesem Bild endet die Prophezeiung des Daniel: Christus am einen Ufer eines breiten Flusses, der Himmel und Erde voneinander trennt, Michael am anderen. Doch die Brücke, die beide Ufer miteinander verbindet, muss erst noch gebaut werden.

Bei Christus geht dem Gräuel der Verwüstung die Prophezeiung der Verwüstung des Tempels voran. In seiner Zeit war der Untergang des Tempels so etwas wie das Schreckensbild des Untergangs der Welt. So erlebte man es damals beim Brand des Tempels zu Ephesus und bei der Verwüstung des jüdischen Tempels durch die Römer im Jahre 70 nach Christus. Wie die Ölberg-Apokalypse mit dem Bild der Verwüstung des Tempels anhebt, so endet sie mit dem Untergang der physischen Welt:

Himmel und Erde werden vergehen,
aber meine Worte werden nicht vergehen (Mk 13,31).

Das Bild des Gräuels der Verwüstung meint mehr als den Gipfel des Egoismus und der Machtentfaltung. Es ist auch mehr denn je das aktuelle Bild des Menschen, der durch seine Habgier und seinen Leichtsinn die Erde verwüstet, die Meere und die Luft verschmutzt. Es ist ein »Standbild, das errichtet wurde, wo es nicht hingehört«. Christus macht darauf aufmerksam, dass der (Vor-) Leser sich dessen bewusst sein soll: Es ist das Bild des Menschen, der die Gottheit verbannt und sich selbst an deren Stelle setzt: der Antichrist.

Antikultus und Antichrist

Bei Daniel erscheint der Name noch nicht – und dennoch können wir in der Bildsprache seiner Apokalypse die Wirksamkeit des Antichrist erkennen: Ein Tier, ein Ziegenbock, macht sich so groß, dass es die Sterne vom Himmel raubt, um sie zu zertreten. Selbst wider den Herrn der Heerscharen (den Anführer des Heeres der Hierarchien) macht er sich groß:»Und diesem wurde das regelmäßige Opfer entzogen, und die Stätte seines Heiligtums wurde niedergetreten, und unrechtmäßig wurde für das regelmäßige Opfer ein anderer Opferdienst eingesetzt. Und die Wahrheit warf es zu Boden, und was es unternahm, das tat es mit Erfolg« (Dan 8,11). Hier entsteht das Bild eines Anti-Kultus, des Mysteriums des

Antichrist, wie Paulus es später nennt. Paulus sieht in seinen Visionen ein ähnliches Bild. Bemerkenswert ist, dass er die Bildsprache Daniels in seinem Brief an die Thessaloniker (2 Thess 2) fortsetzt und differenziert. Man gewinnt beim Lesen den Eindruck: Was Daniel noch als weit entfernte, unbestimmte Bilder schaute, das ist für Paulus schon ganz nah, es ist konkreter geworden. Was sich abspielen wird, bleibt das »Mysterium des Chaos«, wörtlich: *anomia*, Gesetzlosigkeit. Doch in der zeitlichen Perspektive erkennt Paulus unterschiedliche Phasen in diesem Prozess:

Denn zuerst muss der große Abfall kommen und der Mensch des Chaos sich enthüllen, der Sohn des Verderbens, der Widersacher, der sich erhebt über alles, was als Gott oder heilig verehrt wird, und der sich schließlich in Gottes Tempel setzt und wie ein Gott auftritt. (Paulus benutzt hier das Wort *Naos*, das ist das Allerheiligste des Tempels.) [...] So wisst ihr auch, was ihn jetzt noch zurückhält, bis er sich zu der für ihn bestimmten Zeit erfüllen kann. Das Mysterium des Chaos ist bereits wirksam; nur muss die Macht, die es bis jetzt noch zurückhält, aus dem Weg geräumt werden. Dann erst wird der Mensch des Chaos unverhüllt auftreten. Doch der Herr wird ihn mit dem Atem seines Mundes hinwegfegen und durch die strahlende Erscheinung (griechisch: *Epiphaneia*) Seiner Gegenwart vernichten (2 Thess 2,3–8).

Hier ist in einer »kleinen Apokalypse« das gesamte Drama des Antichrist, sein Auftreten, seine Machtentfaltung und sein Fall, zusammengefasst. Natürlich ist dieses Auftreten nicht das solistische Werk eines Einzelnen; der Antichrist empfängt seine Wirkungskraft von den Widersachermächten.

Im letzten Kapitel zitierten wir bereits Ulla von Bernus. Sie hat diesen Widersachermächten viele Jahre lang »von Angesicht zu Angesicht« gegenübergestanden, bis sie durch die Erscheinung des Gekreuzigten zur Erkenntnis der Schein-Macht des Bösen gelangte. Sie beschreibt die aktuelle Situation vor und hinter den Kulissen folgendermaßen:

Im Augenblick hat Satan den Planeten Erde voll im Griff, und von ihm geht eine starke Faszination aus. Da ihm die weiße Seite die Möglichkeit gibt, bis zu einem gewissen Punkt zu wirken, tut er das natürlich. Deshalb sind ihm derzeit kaum Grenzen gesetzt. Die Menschen spüren das, und deswegen folgen ihm viele nach, angefangen mit der größten schwarzmagischen Stümperei. Von morgens bis abends werden die Menschen durch die Medien berieselt, und vieles davon kommt von der schwarzen Seite. [...] Das meiste, was aus den Medien kommt, ist schwarzer Natur. Dies geht in das Unterbewusstsein der Menschen. [...] Die Menschen verlernen, wirklich scharf zu denken oder sich scharf zu konzentrieren. Das habe ich auch in meinen Lehrgängen gemerkt, dass nur die wenigsten Menschen geneigt sind, rein geistige Wege zu gehen. Die meisten Streben nach einfachen mausgrauen Praktiken. Von dem Moment an, wo ich meinen Schülern mitgeteilt habe, dass es vor allem auf einen rein geistigen Weg ankommt, fallen circa 90% ab, weil es für sie zu unbequem ist. [...] Satan ist der Herr des Chaos. Deswegen wird auch demnächst eine Katastrophe kommen. Wie weit er es allerdings schaffen wird, das werden wir sehen. Aber die weiße Seite wird das nicht verhindern, sie wird nicht eingreifen, denn der Wille des Menschen ist frei.[149]

Hier formuliert eine Zeitgenossin das, was Paulus als das »Mysterium des Chaos« bezeichnete. Weil Ulla von Bernus auch Schüler ausbildete und die Welt mit anderen Augen betrachtete, sah sie, dass häufig Menschen durch zu wenig Bewusstsein zu Opfern grau- und schwarzmagischer Praktiken werden.

Wir brauchen keine Propheten zu sein, um zu erkennen, dass das Christentum in der Zukunft schwere Prüfungen zu durchstehen haben wird. Von allen Seiten kommen die Stimmen, die am liebsten allem, was am Altar geschieht, ein Ende machen würden. Wir kennen aus der Geschichte verfolgte Religionen, Schutzkirchen, Flüchtlinge durch Religionskriege. In unserer Zeit geht es nicht mehr ausschließlich um Gruppierungen, die einander bekämpfen oder nach dem Leben trachten. Es ist nicht eine einzige Person, die als Antichrist auftritt, vielmehr treten antichristliche Wirkungen massenhaft und häufig anonym auf. Die ernüchternde Perspektive ist, dass das Christentum äußerlich gesehen auf verlorenem Posten kämpft. Die Apokalypse lässt keinen Zweifel darüber bestehen, dass dies ein zukünftiges Stadium des Christentums sein wird.

Im vorigen Kapitel betrachteten wir bereits die Passage, in der berichtet wird, dass es dem Tier aus dem Meer gegeben sein wird (von wem?) »mit den Heiligen zu streiten und sie zu überwinden. Über jeden Stamm, jedes Volk, jede Zunge und jede Nation wurde ihm Vollmacht gegeben« (Offb 13,7). Offenbar existiert eine noch höhere Macht als das Tier. Jemand, der die Zeiten ordnet und der bestimmt, wann die Macht des Widersachers einen Höhepunkt erreicht und wann sie zu Ende ist. Der Anti-Kultus ist in seiner allerperversesten Gestalt personifiziert im Bild der »Hure Babylon«:

Und die Frau war bekleidet mit Purpur und Scharlach und übergoldet mit Gold und Edelgestein und Perlen, und sie hatte einen goldenen Becher in ihrer Hand, voller Gräuelgestalten und unreinen Wesen, die aus ihrer Unzucht hervorgingen. [...] Und ich sah die Frau trunken vom Blut der Heiligen und vom Blut der Zeugen Jesu (Offb 17,4–6).

Der Kultus der Widersachermächte bedient sich eines Schreckensbildes von Kelch und Kommunion: Die Christen werden bekämpft, gemartert und getötet, damit ihr Blut getrunken werden kann. Schwarze Magie wirkt bevorzugt mit solchen Mitteln. Das ABC der schwarzen Magie besteht aus dem bewussten Quälen und Töten lebendiger Wesen:

Der weiße Magier will den anderen Seelen das geistige Leben geben, das er in sich selbst trägt. Der Schwarzmagier dürstet danach, zu töten, Leere um sich her zu schaffen in der Astralwelt, weil diese Leere um ihn her das Feld für ihn schafft, auf dem er seine egoistischen Leidenschaften entfalten kann. Dazu bedarf er der Kraft, derer er sich bemächtigt, indem er die Lebenskraft alles Lebendigen an sich reißt, das heißt, indem er tötet. Deshalb lautet das erste Gesetz der schwarzen Magie: Man muss das Leben besiegen.[150]

Der himmlische Tempel

Wie durch den Anti-Kultus der Widersachermächte eine Welt der Destruktion hervorgerufen wird, so ruft die Gottheit durch den Kultus in Gottes Tempel die zukünftige Schöpfung hervor: Der Tempel im Himmel erscheint – »und die Lade seines Bundes wurde sichtbar« (Offb 11,19). So könnte man sagen: Das Innere Gottes kommt zur Erscheinung. Die Bundeslade, die vom jüdischen Volk durch die Wüste getragen wurde, enthielt drei kultische Gegenstände, die ein Zukunftsversprechen beinhalten: die steinernen Tafeln mit den mosaischen Gesetzen, den grünen Stab des Aaron und die goldene Schale mit Manna, dem himmlischen Brot. In der Bildsprache des Alten Testament heißt das: Die steinernen Tafeln sind der Ausdruck des physischen Leibes, der in der Zukunft zum »Geistesmenschen« umgewandelt werden kann. Die physische (mineralische) Welt wird vergeistigt. Der grüne Aaronsstab – das ist die Welt der Lebenskräfte, die vergeistigt werden zum »Lebensgeist«. Das Manna schließlich ist der Ausdruck der

Seelenkräfte, die zum »Geistselbst« umgewandelt werden.[151] Wenn die Bundeslade im Himmel sichtbar wird, so offenbart sich im Innern der Gottheit der zukünftige Mensch. Diese außergewöhnliche Zukunftsperspektive wird in der Menschenweihehandlung in der Epistel zur Adventszeit formuliert, dort, wo vom Menschenwerden gesprochen wird, welches Gotteswerden in sich birgt. Dies ist eines der Geheimnisse, die durch die Bundeslade symbolisch zum Ausdruck kommen.

Auch der Schluss der Apokalypse, der das Ende der Erden-Entwicklung andeutet, ist in ein kultisches Bild gekleidet: Das Neue Jerusalem erscheint als »das Zelt Gottes unter den Menschen«. Was war dieses Zelt (griechisch: *skene*) Gottes? Das Tabernakel war der Ort, an dem Gott auf Erden wohnte, solange das Volk Israel hier die Gottheit verehrte und ihr opferte. Später ging diese Funktion auf den Salomonischen Tempel über. Im Prolog des Johannesevangeliums erscheint das Wort *skene* wieder in dem Passus: »Und das Wort ist Fleisch geworden und hat unter uns sein Zelt aufgeschlagen« (zumeist wird hier übersetzt: »gewohnt«). So wie Er einst, während Seines Erdenlebens, unter uns gewohnt hat, so wird uns in einer fernen Zukunft Gottes Wohnstatt bleibend umhüllen: Das Zukunftsbild des Tabernakels erscheint im siebten Kapitel der Apokalypse, wo Johannes hört, dass Gott Sein Zelt über Seinem Volk ausspannen wird. Hier liegt ein subtiler Unterschied zum Schlussbild des Tabernakels im 21. Kapitel:

Apokalypse 7,16:
Und der auf dem Thron sitzt, wird sein Zelt *über* ihnen (*ep'autos*) ausspannen.

Apokalypse 21,3:
Siehe das Zelt Gottes *unter* (*met autón*) den Menschen. Er wird in ihrer Mitte wohnen, und sie, ein jeder von ihnen, werden sein Volk sein.

276

Die Kluft zwischen Gott und den Menschen ist aufgehoben. Der Prophet Daniel würde sagen: Die Brücke über den breiten Fluss ist errichtet. Johannes formuliert radikal neu:»... und sie werden sein Angesicht schauen« (Offb 22,4). Einst musste man, abgesondert von Gott, konstatieren:»Wer Gott sieht, stirbt.« So, wie wir heute (noch) sind, können wir Seinen Anblick nicht ertragen. Vielleicht sehen wir etwas von Seinem Abglanz, ein Rätselbild, in einem Spiegel. Doch wenn ein Teil der Menschheit in Zukunft vergeistigt wird, werden diese Menschen Ihn von Angesicht zu Angesicht schauen. Im Neuen Jerusalem ist die Zweiteilung zwischen irdischem und himmlischem Kultus aufgehoben. Durch seine Deifikation kann der Mensch an der himmlischen Liturgie teilnehmen. Darum beschreibt die Apokalypse, dass in der Stadt kein Tempel sein wird. Hier, auf Erden, ist eine Stadt ohne Tempel etwas Schreckliches – nicht nur für die Menschen, sondern zweifellos auch für die geistige Welt. Im Neuen Jerusalem ist kein Tempel,»denn Gott und das Lamm sind ihr Tempel« (Offb 22,22).

Bis jetzt mag es den Anschein haben, als ob lediglich diejenigen, die sich zu Christus bekennen, den Weg zu dieser künftigen Schöpfung finden werden. Doch die Apokalypse fügt hinzu:»Und man wird die Glorie und die geistigen Werte (griechisch *timai*, Ehrengaben, Tribute) der Heidenvölker (*ethnón*)) in die Stadt bringen« (Offb 21,26). Erst jetzt zeigt sich, dass»viele Wege nach Rom« führen, dass auch andere legitime Wege zum Neuen Jerusalem führen. Implizit war das bereits in der Bildsprache der Apokalypse ausgesprochen worden: Nicht eines, sondern zwölf Tore und Wege bilden den Zugang zu dieser Stadt.

Neue Gemeinschaftsformen

Um bereits jetzt etwas von der Zukunft des Kultus zu erfahren, benötigen wir am Altar die Hilfe der Verstorbenen. Hier liegt, so mein Eindruck, ein großes Zukunftspotenzial des Altarsakraments. Können wir Mittel entwickeln, um gemeinsam mit den Verstorbenen das Sakrament zu vollziehen? Der Altardienst kann nicht von einem Einzelnen, sondern muss von einer Gemeinschaft getragen sein. Natürlich beginnt das bei einer sichtbaren Gemeinde auf der Erde, doch es kann sich zu einer Gemeinschaft mit den Verstorbenen und *durch* die Verstorbenen hin entwickeln: zur Gemeinschaft mit den Hierarchien und der Trinität.

Die Verstorbenen spielen in der Apokalypse eine besondere Rolle. Sie treten zuerst als »Seelen (*psychai*) unter dem Opferaltar« auf (Offb 6,9). In jenem Augenblick in der Entwicklung sind sie noch machtlos. Sie leiden unter den Nachwirkungen ihrer Verfolgung und ihrer Martern auf der Erde: »Wie lange noch, Herrscher, Heiliger und Wahrhaftiger, zögerst du, zu richten und unser Blut zu rächen an denen, die auf der Erde wohnen?« (Offb 6,9). In diesem Seufzer schwingt noch die Ungeduld der allzu menschlichen Sichtweise mit, die nicht in der Lage ist, entscheidende Augenblicke zu erkennen. Hier empfangen die Verstorbenen das weiße Gewand – und den Auftrag, in Ruhe zu warten, bis ihre Zahl vollständig ist.

Danach erscheinen die Verstorbenen in verschiedener Gestalt: als die große Menschenschar in weißen Gewändern vor dem Thron (Offb 7,9), als Sänger und Harfenspieler vor dem Thron (Offb 14,23), als Reiter auf weißen Pferden (Offb 19,14) und schließlich als Könige und Priester Christi (Offb 20,4–6). Hier wird aufs Neue, wie zu Beginn der Apokalypse, von »Seelen« gesprochen. Jetzt kommt ihr Anteil in der Apokalypse erst voll zu seinem Recht. So darf man sich auch vorstellen, dass ihre schützende Kraft in der Zukunft immer stärker wirksam werden wird für diejenigen, die sich im Gebet und im Kultus mit den Verstorbenen vereinen.

Für das Sakrament gilt, dass die Kraft in der Gemeinschaft liegt. Der Priester zelebriert aus dem Ich heraus, wenn er den Dienst würdig vollbringt. Dieses Ich muss jedoch überpersönlich, aus der Kraft der Gemeinschaft, handeln. Rudolf Steiner hat diese künftige Gemeinschaftsbildung (die nicht nur in den Sakramenten, sondern auch im Priestertum aller Gläubigen zum sakramentalen Handeln werden kann) einmal wie folgt charakterisiert:

Vereinigung bedeutet die Möglichkeit, dass ein höheres Wesen durch die vereinigten Glieder sich ausdrückt. Das ist ein allgemeines Prinzip in allem Leben. Fünf Menschen, die zusammen sind, harmonisch miteinander denken und fühlen, sind mehr als 1 + 1 + 1 + 1 + 1, sie sind nicht bloß die Summe aus den fünf, ebenso wenig wie unser Körper die Summe aus den fünf Sinnen ist, sondern das Zusammenleben, das Ineinanderleben der Menschen bedeutet etwas ganz Ähnliches, wie das Ineinanderleben der Zellen des menschlichen Körpers. Eine neue, höhere Wesenheit ist mitten unter den fünfen, ja schon unter zweien oder dreien. »Wo zwei oder drei in meinem Namen vereinigt sind, da bin ich mitten unter ihnen.« Es ist nicht der eine oder andere und der dritte, sondern etwas ganz Neues, was durch die Vereinigung entsteht. Aber es entsteht nur, wenn der Einzelne in dem andern lebt, wenn der Einzelne seine Kraft nicht bloß aus sich selbst, sondern auch aus den anderen schöpft. Das kann aber nur geschehen, wenn er selbstlos in dem andern lebt. So sind die menschlichen Vereinigungen die geheimnisvollen Stätten, in welche sich höhere geistige Wesenheiten herniedersenken, um durch die einzelnen Menschen zu wirken, wie die Seele durch die Glieder des Körpers wirkt. [...] Daher spricht der Geisteswissenschaftler nicht bloß von abstrakten Dingen, wenn er von dem Volksgeist oder von der Volksseele oder von dem Familiengeist oder von dem Geiste einer andern Gemeinschaft spricht. Sehen kann man diesen Geist nicht, der in einer Vereinigung wirkt, aber da ist er, und er ist da durch die Bruderliebe der in dieser Vereinigung wirkenden Persönlichkeiten. Wie der Körper eine Seele hat, so hat eine Gilde, eine Bruderschaft auch eine Seele. [...] Es ist das nicht bloß bildlich gesprochen, sondern als volle Wirklichkeit zu nehmen. Zauberer sind die Menschen, die in der Bruderschaft zusammenwirken, weil sie höhere Wesen in ihrem Kreis ziehen. [...] Höhere Wesen manifestieren sich da. Geben wir uns in der Bruderschaft auf, so ist dieses Aufgeben, dieses Aufgehen in der Gesamtheit eine Stählung, eine Kräftigung unserer Organe. Wenn wir dann als Mitglied einer solchen Gemeinschaft handeln oder reden, so handelt oder redet in uns nicht die einzelne Seele, sondern der Geist der Gemeinschaft. Das ist das Geheimnis des Fortschritts der zukünftigen Menschheit – aus Gemeinschaften heraus zu wirken.[152]

Das Neue Jerusalem, die künftige Schöpfung, ist das Produkt solcher Gemeinschaftsformen. Zwölf Wege führen zu den zwölf Toren der Stadt. Zwölf Engel stehen an den Toren. Die Namen der zwölf Stämme Israels sind auf die Tore der Stadt geschrieben, während die Gemeinschaft der zwölf Apostel das Fundament der Mauern bildet. Mit der Zwölf schließt und rundet sich der Kreis der Gemeinschaft, das will die Apokalypse mit dieser Bildsprache sagen. Augustinus bezeichnet die Zahl 12 als das Symbol der Gemeinsamkeit.

In der Christengemeinschaft beginnt der Altardienst mit den Worten: »Lasset uns die Menschenweihehandlung würdig vollbringen.« Dies ist kein *Pluralis Majestatis*, wo der Priester wie ein König für sich selbst spricht. Das Wort »uns« schafft Raum für alle, die sich am Altar versammeln – sichtbar und unsichtbar, nah und fern, Lebende und Verstorbene, Menschen und Engel, für alle, die zu Christus aufblicken und ihm dienen wollen.

Dieses Prinzip gilt für jede Gemeinschaftsform, in welcher der Einzelne zu sich selbst und zum anderen kommen darf. Solche Gemeinschaften sind Bestandteile der zwölf Wege, die zu den zwölf Toren führen.

Das Neue Jerusalem verdankt sein Daseinsrecht Einzelnen, die ein starkes Ich in den Dienst desjenigen stellen, der mitten unter ihnen wohnen will:

Als ein jeder von uns
auf sich zurückgeworfen war,
wuchs ich langsam
wie ein klarer Kristall
in der Kluft der Einsamkeit.
Jetzt können wir endlich
wieder zusammenkommen
in kristallklarer Vielfalt.
Ein neuer Himmel
wölbt sich über uns.
Am Tisch ist Platz
für Brot und Wein.
Einig in Verschiedenheit
werden wir mehr denn je
zusammensein.

Bastiaan Baan

Bild 1: Rudolf Steiner, Druidenstein (1923). Pastellzeichnung.

Bild 2: Rembrandt, Jakobssegen (1665).
Gemäldegalerie Alter Meister, Kassel.

Bild 3: Jan und Hubert van Eyck, Lamm Gottes (1432).
Sankt-Bavo-Kathedrale, Gent.

Bild 4: Raffael, La Disputa del Sacramento (1509/10).
Vatikan, Rom.

Bild 5: Rembrandt, Das Opfer des Manoah (1641).
Gemäldegalerie Dresden.

Bild 6: Maria und Christus mit Gebetsmänteln (um 1400).
St. Prokulus bei Naturns / Südtirol.

Bild 7: Christus betet für seine Jünger (um 530).
San Apollinaire Nuovo, Ravenna.

Bild 8: Opferung durch Abel, Melchisedek und Abraham (um 530).
San Apollinaire in Classe bei Ravenna.

Anmerkungen

1 Flensburger Hefte Nr. 108: *Kultus: Ursprung, Gegenwart, Zukunft.* *Gespräche zwischen Bastiaan Baan und Verena Staël von Holstein.* Flensburg 2010.

2 A. Faivre, *Access to Western Esoterism*, Albany 1994.

3 So wird beispielsweise im »Traumlied des Olaf Asteson«, das aus der Zeit um etwa 400 n. Chr. stammt, die Gjallarbrücke beschrieben, die über den Abgrund führt.

4 Ein Terminus aus der Alchemie.

5 Ein Terminus des Dionysius Areopagita, des Verfassers einer christlichen Hierarchienlehre.

6 Zitiert nach: Rudolf F. Gädeke, *Die Gründer der Christengemeinschaft. Ein Schicksalsnetz.* Dornach 1992, S. 281.

7 In der lateinischen Messe des Missale Romanum lautet dieser Text wir folgt: Sanctus, sanctus, sanctus Dominus Deus Sabaoth. Pleni sunt coeli et terra gloriae tuae. – Der ursprüngliche Text bei Jesaja (6,3) lautet: Heilig, heilig, heilig, Herr der Heerscharen, die Fülle der ganzen Erde (ist) seine Herrlichkeit!

8 Eine Mythe ist eine erzählende Überlieferung universaler Themen wie die Schöpfung der Welt oder das Leben nach dem Tod.

9 Vom Griechischen *megas* (groß) und *lithos* (Stein).

10 Herodot, *Historien* 1,II (Euterpe), 35.

11 Diesen Begriff habe ich ausführlich in meinem Buch *Alte und neue Mysterien* (Stuttgart 2010) ausgearbeitet. Siehe dort insbesondere das Kapitel »Die ägyptischen Mysterien«.

12 Vgl. Jahrbuch des Römisch-Germanischen Zentralmuseums 5/2007, S. 217–264.

13 Diese Ergebnisse wurden mit freundlicher Genehmigung des Autors Allard Mees abgedruckt.

14 Erschienen bei Forgotten Books, ²2008 (Text zugänglich unter www.forgottenbooks.org).

15 Annie Gerding, *Zwerge, Gnome und Fantome. Begegnungen mit Naturwesen.* Stuttgart 2009.

16 Aus einem Bericht Rudolf Steiners über seine Englandreise in Dornach am 9. September 1923, in: *Initiationswissenschaft und Sternenerkenntnis. Der Mensch in Vergangenheit, Gegenwart und Zukunft vom Gesichtspunkt der Bewusstseinsentwickelung* (GA 228). Dornach ³2002, S. 86.

17 Rudolf Steiner, *Das Miterleben des Jahreslaufes in vier kosmischen Imaginationen* (GA 229), Vortrag vom 12. Oktober 1923 (Die Johanni-Imagination). Dornach ⁸1999.

18 Vgl. H.-W. Schroeder, *Von der Wiederkunft Christi heute.* Stuttgart 1991, S. 176.

19 Rudolf Steiner, *Rhythmen im Kosmos und im Menschenwesen. Wie kommt man zum Schauen der geistigen Welt?* (GA350), Vortrag vom 11. September 1923. Dornach 1991, S. 276.

20 Wir beziehen uns im Folgenden auf die Darstellung von Rudolf Frieling in *Psalmen* (Gesammelte Schriften zum Alten und Neuen Testament Bd. 2). Stuttgart ²1999, S. 68ff.

21 Rudolf Steiner, *Anthroposophische Leitsätze. Der Erkenntnisweg der Anthroposophie. Das Michael-Mysterium* (GA 26). Dornach ¹⁰1998, Leitsatz Nr. 112»Menschheitszukunft und Michael-Tätigkeit«.

22 Vom Griechischen *plassoo*, formen, kneten.

23 Im Altertum verband man diesen Begriff mit dem Gott Pan.

24 »Die Legende von der Christrose« in: Selma Lagerlöf, *Geschichten zur Weihnachtszeit.* München ¹⁵2011.

25 So eine Formulierung aus dem Credo der Christengemeinschaft.

26 Rudolf Steiner, Vortrag vom 13. Mai 1908 in: *Das Hereinwirken geistiger Wesenheiten in den Menschen* (GA 102). Dornach ⁴2001, S. 153.

27 Rudolf Steiner, *Esoterische Betrachtungen karmischer Zusammenhänge. Dritter Band: Die karmischen Zusammenhänge der anthroposophischen Bewegung* (GA 237). Dornach ⁸1991, S. 35.

28 Schwarzer Hirsch, *Ich rufe mein Volk. Leben, Visionen und Vermächtnis des letzten großen Sehers der Ogalalla-Sioux. Authentische Aufzeichnungen des Indianer-Forschers John Neihardt.* Göttingen ¹³2008.

29 Kofi Edusei, *Für uns ist Religion die Erde, auf der wir leben. Ein Afrikaner erzählt von der Kultur der Akan.* Stuttgart ²1995.

30 Prometheus bedeutet: der vorausdenkt; Epimetheus ist der, der hinterherdenkt.

31 Für die Darstellung der Opfer von Abraham, Isaak und Jakob habe ich dankbar auf eine Studie von Rudolf Frieling zurückgegriffen: »Von Bäumen, Brunnen und Steinen in den Erzvätergeschichten«, in: *Studien zum Alten Testament* (Gesammelte Schriften zum Alten und Neuen Testament Bd. 1). Stuttgart 1983.

32 Siehe hierzu Emil Bock, *Moses und seine Zeit*, Stuttgart ⁸1996. Darin die Kapitel »Die Geburt der Messias-Erwartung« und »Der Brennende Dornbusch«.

33 Das hebräische Wort *mitsraïm* bedeutet »Bedrängnis«.

34 Simon Philip de Vries, *Jüdische Riten und Symbole*, Hamburg 2005.

35 Agrippa von Nettesheim, *Die magischen Werke*. Wiesbaden ⁴1997, S. 269.

36 Rudolf Steiner, Vortrag vom 28. Dezember 1907 in Köln in: *Mythen und Sagen. Okkulte Zeichen und Symbole* (GA 101). Dornach ²1992, S. 230f.

37 Rudolf Frieling, »Der Bau der Stiftshütte und der Weltenbau« in: *Studien zum Alten Testament,* a.a.O., S. 58ff.

38 Emil Bock, »Der Salomonische Tempel« in: *Könige und Propheten* (Beiträge zur Geistesgeschichte der Menschheit Bd. 3). Stuttgart ⁵1977, S. 142.

39 Vgl. hierzu die klassischen 7 Planeten und die 12 Tierkreiszeichen.

40 Vgl. hierzu: Bastiaan Baan, *Der Herr der Elemente. Naturwesen in christlicher Sicht.* Stuttgart 2006, Kapitel »Der Weg durch die Elemente in den alten Mysterien«.

41 Purpur, eine dunkelrote Farbe, war lange Zeit den Königen und Kardinälen vorbehalten. Man gewann sie aus einer Drüse der Purpurschnecke.

42 Rudolf Steiner, *Wege zu einem neuen Baustil* (GA 286). Vortrag vom 12. Dezember 1911. Dornach ³1982.

43 W. L. Holladay, *The Psalms through three thousand years.* Minneapolis 1993, S. 168ff.

44 Diesen Psalmvers treffen wir in vergleichbaren Worten an in der Menschenweihehandlung der Christengemeinschaft, während der ersten Räucherung im zweiten Teil, der Opferung.

45 Vgl. hierzu Frank Teichmann, *Der Mensch und sein Tempel. Megalithkultur in Irland, England und der Bretagne.* Stuttgart 1999, S. 208f.

46 Adonis ist das Sinnbild des Pflanzenwachstums. In Byblos wurden alljährlich Feste gefeiert (Adonai), bei denen des Todes und der Auferstehung des Adonis gedacht wurde.

47 Hans Peter van Manen, *Das vierte Geheimnis. Das Grundmotiv von Goethes Märchen und die Tempellegende im Lebenswerk Rudolf Steiners.* Dornach 1997.

48 Aus dem Gedicht Marie Steiners »Isola San Giulio. Der Heilige und der Menschheitsführer« (1927), in: Hella Wiesberger, *Marie Steiner-von Sivers. Ein Leben für die Anthroposophie. Eine biographische Dokumentation.* Dornach 1988, S. 488.

49 Hella Wiesberger (Hrsg.), *Marie Steiner. Briefe und Dokumente, vornehmlich aus ihrem letzten Lebensjahr.* Privatdruck, Dornach 1981.

50 Hella Wiesberger, *Rudolf Steiners esoterische Lehrtätigkeit.* Dornach 1977, S. 266.

51 Rudolf Steiner, *Die Tempellegende und die Goldene Legende als symbolischer Ausdruck vergangener und zukünftiger Entwicklungsgeheimnisse des Menschen* (GA 93). Dornach 1991, Vortrag vom 23. Oktober 1905 (Fußnote Seite 344).

52 Tertullian, »Über die Prozessreden gegen sämtliche Häresien«, in: *Tertullians sämtliche Schriften. Aus dem Lateinischen übersetzt von Dr. Karl Ad. Heinrich Kellner. 2. Bd.: Die dogmatischen und polemischen Schriften.* Köln 1882, S. 35.

53 Hymne an Mithra. Zitiert nach *Avesta. Die heiligen Schriften der Parsen. Übersetzt von Friedrich Spiegel, Dritter Band* . Leipzig 1863, S. 80/81.

54 Plutarch, *De Iside et Osiride*, Abschnitt 46 und 47.

55 Eines der berühmtesten Mithräen befindet sich in Italien auf dem Monte Gargano. Nach der Ausrottung der Mithras-Religion entstand hier das bekannteste Michael-Heiligtum des Mittelalters. Ganz Europa pilgerte am 29. September dorthin, um das Michaelsfest zu begehen. Siehe hierzu: Bastiaan Baan, *Alte und neue Mysterien. Von der Seelenprüfung zur Lebenseinweihung* , Stuttgart 2010, dort insbesondere das Kapitel »Die Mithras-Mysterien und Michael«.

56 Rudolf Steiner, *Bausteine zu einer Erkenntnis des Mysteriums von Golgatha* (GA 175). Dornach ³1996, S. 317.

57 Rudolf Steiner, *Okkultes Lesen und okkultes Hören* (GA 156). Dornach ³2003, S. 193.

58 Rudolf Steiner, *Bausteine zu einer Erkenntnis des Mysteriums von Golgatha. Kosmische und menschliche Metamorphose* (GA 175). Dornach ³1996, S. 343.

59 Siehe hierzu: Bernardin Goebel, *Auf sieben Stufen zum Altar. Besinnung auf die Weiheliturgie.* Regensburg 1962.

60 Die Evangelisten verwenden bemerkenswerte Formulierungen, um diese Umformung auszudrücken. Matthäus (17,2) benutzt das Wort *metamorphōtē,* das mit unserem Wort »Metamorphose« verwandt ist. Alle Evangelisten sprechen von der *doxa* (Glorie, Majestät, Herrlichkeit, Erscheinung; Lateinisch: gloria, claritas, majestas, honor) seines Wesens. Rudolf Frieling übersetzt dieses Wort konsequent als »Wesens-Erstrahlung« (»Die Verklärung auf dem Berge«, in: *Gesammelte Werke Bd. 4, Studien zum Neuen Testament,* Stuttgart 1986).

61 Hieronymus, *De viris illustribus (Berühmte Männer,* Bd. 2) Mühlheim ²2011.

62 Vgl. hierzu Emil Bock, *Cäsaren und Apostel (Beiträge zur Geistesgeschichte der Menschheit Bd. 4),* Stuttgart ⁶1983. Dort insbesondere das Kapitel »Jakobus, der Bruder des Herrn: die Einsetzung des christlichen Kultus«.

63 Die sieben Sakramente sind: Taufe, Konfirmation, Messe/Menschenweihehandlung, Beichte, letzte Ölung, Priesterweihe, Trauung.

64 Augustinus, *Tractatus in Johannis Euangelium 120, 2.*

65 Von diesem Vortrag existiert keine Nachschrift. Wir verfügen nur über Aufzeichnungen von Mathilde Scholl, die uns Anhaltspunkte geben. Der Vortrag über die Bedeutung der Messe im Sinne der Mystik wurde erstmals abgedruckt in *Beiträge zur Rudolf Steiner Gesamtausgabe,* Heft 110/Ostern 1993, Seite 3ff.

66 Rudolf Steiner, *Bausteine zu einer Erkenntnis des Mysteriums von Golgatha* (GA 175). Vortrag vom 24. April 1917 über »Mithras-Mysterien und Eleusinien«. Dornach ³1996, S. 323.

67 Odo Casel, *Das Gedächtnis des Herrn in der altchristlichen Liturgie.* Freiburg 1918.

68 Rudolf Steiner, *Das Sonnenmysterium und das Mysterium von Tod und Auferstehung. Exoterisches und esoterisches Christentum* (GA 211). Dornach ³2006, S. 140.

69 Rudolf Steiner, *Die Mysterien des Morgenlandes und des Christentums* (GA 144). Dornach ⁴1985.

70 Apuleius, *Metamorphosen*, 11,23,7, in der Übersetzung von R. Helm.

71 Clemens Alexandrinus, *Protreptikos*, 12,120,1–2. In: *Des Clemens von Alexandreia ausgewählte Schriften*, Bd. 1 (Bibliothek der Kirchenväter, 2. Reihe, Band 7), Kempten und München 1934.

72 Clemens Alexandrinus, *Protreptikos*, 11,112,1.

73 Es gibt solche Katechesen von Kyrill von Jerusalem, Ambrosius von Mailand, Chrysostomos und Theodor von Mopsuestia.

74 Vgl. hierzu: Georg Kretschmar, »Die Geschichte des Taufgottesdienstes in der alten Kirche« in: Karl Ferdinand Müller und Walter Blankenburg (Hrsg.), *Leiturgia: Handbuch des evangelischen Gottesdienstes*, Band 5 (Der Taufgottesdienst), Kassel 1964, sowie Odo Casel, *Die Liturgie als Mysterienfeier*, Freiburg i. Br. 1923.

75 Plinius verwendet hier für diesen Gesang das Wort »carmen« (quod essent soliti stato die ante lucem convenire carmenque Christo quasi deo dicere secum invicem). Das bedeutet in seiner Sprache einen »Zauberspruch«, durch welchen die Götter herbeigerufen werden, eine Art magischer Invokation.

76 *Der Briefwechsel zwischen Plinius d. J. und Trajan (hier: Brief Nr. 10). In: Adolf Martin Ritter*, Alte Kirche. Kirchen- und Theologiegeschichte in Quellen, Band 1*, hrsg. von Heiko A. Oberman. Neukirchen-Vluyn 1977.*

77 Theodor Schermann hat diese Hinweise zusammengestellt und untersucht in seinen *Studien zur Geschichte und Kultur des Altertums; Ergänzungs-Band 3, Teil 2: Frühchristliche Liturgien*, S. 186. Reprint New York 1968.

78 Mehr zu diesem Thema in: *Vom Kultus-Erleben*. Stuttgart 1964; Alfred Schütze, *Kultus und Gegenwartsbewusstsein*. Stuttgart 1950; Ekkehart Meffert (Hrsg.), *Kultus und Erkenntnis. Vom erkennenden Verstehen des christlichen Kultus*. Stuttgart 2006.

79 Anna Katharina Emmerich, *Das bittere Leiden unseres Herrn Jesu Christi*. Aschaffenburg ¹³1982, S. 76ff.

80 *The Metamorphosis of The Eucharist*. New York 1954.

81 Die deutsche Sprache weist beziehungsreich eine enge Verwandtschaft zwischen »horchen« im Sinne von auf etwas oder jemanden »hören« und »Gehorsam« auf.

82 Abt Pirmin, der Begründer des Klosters Reichenau, stellt zu jedem

der zwölf Sätze des Credos den Namen eines Apostels. Siehe hierzu Adolf Müller und Arnold Suckau, *Werdestufen des christlichen Bekenntnisses.* Stuttgart 1974, S. 41ff.

83 Hegesippus, zitiert in der *Kirchengeschichte* des Eusebius von Cäsarea, II, 23. In: Eusebius, *Ausgewählte Schriften Band II: Kirchengeschichte.* Aus dem Griechischen übersetzt von Phil. Häuser. Bibliothek der Kirchenväter, 2. Reihe, Band 1, München 1932.

84 Brief des Ignatius an die Epheser, Kap. 20. In: *Die sieben Briefe des Ignatius von Antiochien.* Die Apostolischen Väter. Aus dem Griechischen übersetzt von Franz Zeller. Bibliothek der Kirchenväter, 1. Reihe, Band 35. München 1914.

85 Cyprian von Karthago, Brief Nr. 57, Kap. 2 und 4. In: *Des heiligen Kirchenvaters Caecilius Cyprianus Briefe.* Aus dem Lateinischen übersetzt von Julius Baer. Bibliothek der Kirchenväter, 1. Reihe, Band 60. München 1928.

86 Gregor I. der Große (um 540 bis 604), Papst ab 590, Kirchenlehrer, Heiliger, pflegte und renovierte den Kirchengesang (Gregorianischen Gesang).

87 Basilius: »Die Türen, die Türen! Lasst uns in Weisheit versammelt sein!«

88 Vgl. hierzu das Apostolische Sendschreiben »Summorum Pontificium« aus dem Jahr 2007.

89 Eusebius, zitiert von Tertullian in seiner *Kirchengeschichte*, 2. Buch, Kap. 25.

90 Rudolf Steiner, *Das Christentum als mystische Tatsache und die Mysterien des Altertums* (GA 8). Dornach ⁹1989, S. 143.

91 Rudolf Steiner, *Das Hereinwirken geistiger Wesen in den Menschen* (GA 102), Vortrag vom 8. Juni 1908. Dornach ⁴2001, S. 195ff.

92 Eine gute Einführung bieten Hans-Werner Schroeder, *Die Christengemeinschaft. Entstehung, Entwicklung, Zielsetzung,* Stuttgart ²2001, sowie Alfred Heidenreich, *Aufbruch. Die Gründungsgeschichte der Christengemeinschaft.* Stuttgart 2000.

93 Schmuel Avidor Hacohen (Hrsg.), *Ratlos war der Rabbi nie. Chassidischer Humor.* Gütersloh 1981.

94 Vgl. auch: Hans-Werner Schroeder, *Von der Wiederkunft Christi heute. Verheißung und Erfüllung.* Stuttgart 1991.

95 Zitiert in Thomas Stöckli (Hrsg.), *Wege zur Christus-Erfahrung. Das ätherische Christus-Wirken,* Bd. 3. Dornach 1992, S. 261.

96 *Erinnerungen an die Begründungsereignisse der Christengemein-schaft*, Kapitel »Unveröffentlichte Gespräche mit Dr. Steiner von Friedrich Rittelmeyer«, Stuttgart 1984, S. 332.

97 Zitiert nach Hans-Werner Schroeder, *Vom Erleben der Menschenwei-hehandlung. Der Kultus und die zwölf Sinne.* Stuttgart 1997, S. 165ff.

98 Nach Emil Bock, *Das Evangelium. Betrachtungen zum Neuen Testa-ment*, Stuttgart ³2009, S. 943.

99 Vgl. hierzu Ernst Lohmeyer, »Die Verklärung Jesu nach dem Mar-kus-Evangelium«, In: *Zeitschrift für Neutestamentliche Wissen-schaft und die Kunde der Älteren Kirche*, Jahrgang 21, Nr. 1, 1922, S. 207

100 Josef Pieper, *Kurze Auskunft über Thomas von Aquin.* München 1963.

101 Zitiert nach Alla Selawry, *Johannes von Kronstadt. Starez Russ-lands.* Basel 1981, S. 71f.

102 Rudolf Frieling, *Messe-Studien.* Interner Manuskriptdruck. Stuttgart o. J., S. 40.

103 In: *Beiträge zur Rudolf Steiner Gesamtausgabe*, Heft 110. Ostern 1993, S. 11.

104 Katechismus der katholischen Kirche (KKK), Fassung 1992, Teil 2, Artikel 3 (Das Sakrament der Eucharistie), Absatz 1346.

105 Griechisch: *epiklèsis*

106 *Des Johannes von Damaskus genaue Darlegung des orthodoxen Glaubens.* Aus dem Griechischen übersetzt von Dionys Steinhofer (Bibliothek der Kirchenväter, 1. Reihe, Band 44). München 1923, IV. Buch, 13. Kapitel.

107 Rudolf Frieling, »Die Weihehandlung als Geistesweg«. In: *Vom Kul-tuserleben*, Stuttgart 1983.

108 Diese Methode habe ich eingehend beschrieben in meinem Buch *Christliche Meditation. Eine Einführung.* Stuttgart 2008.

109 Rudolf Steiner, *Wie erlangt man Erkenntnisse der höheren Welten?*. Dornach ²⁴1993.

110 Vgl. hierzu Hans-Werner Schroeder, *Die Episteln der Menschen-weihehandlung.* Stuttgart 2009, Seite 105f., Anm. 33.

111 Joachim Sydow, *Aus der Begründungszeit der Christengemeinschaft.* Basel ²1989, S. 55f.

112 Rudolf Steiner, *Das Zusammenwirken von Ärzten und Seelsorgern. Pastoral-medizinischer Kurs* (GA 318), (Vortrag vom 8. September 1924). Dornach ⁴1994, S. 17.

113 Vgl. hierzu: Eberhard Nestle, *Sprachlicher Schlüssel zum Griechischen Neuen Testament.* Gießen 1977.

114 Gabrielle Bossis, *Er und ich (Geistliches Tagebuch I – III).* Kevelaer 2006 bis 2010.

115 Zitiert nach: *Die Christengemeinschaft* 1976, Jg. 48, S. 55.

116 Rudolf Steiner, *Geisteswissenschaftliche Grundlagen zum Gedeihen der Landwirtschaft* (Landwirtschaftlicher Kurs). Dornach [8]1999, Vortrag vom 16. Juni 1924.

117 Rudolf Steiner, *Natur- und Geistwesen. Ihr Wirken in unserer sichtbaren Welt* (GA 98). Dornach [2]1996, S. 207.

118 Rudolf Frieling, *Die Feier. Betrachtungen über das kultische Leben.* Stuttgart 1928.

119 John Henry Newman (1801–1890), englischer und Theologe und Rekonvertit zum katholischen Glauben.

120 Zitiert nach Alphons Rosenberg, *Engel und Dämonen. Gestaltwandel eines Urbildes.* München [3]1992, S. 320.

121 Bossis, a.a.O., Band I, S. 44.

122 Rudolf Steiner, *Aus den Inhalten der Esoterischen Stunden. Gedächtnisaufzeichnungen von Teilnehmern 1904–1905* (GA 266a). Dornach 1995, S. 543.

123 Hella Wiesberger über die Ausführungen Steiners zum Entwicklungsprozess, den das menschliche Sprechen seit seiner Entstehung in der atlantischen Zeit bis heute durchgemacht hat (im Vortrag vom 13. April 1923 in Dornach, enthalten in GA 224). Siehe Rudolf Steiner, *Seelenübungen I* (GA 276). Dornach [2]2001, S. 50.

124 Rudolf Steiner, *Vorträge und Kurse über christlich-religiöses Wirken,* Bd. 4 (GA 345), Vortrag vom 12. Juli 1923. Dornach 1994.

125 Jacques Lusseyran, *Das wiedergefundene Licht.* Stuttgart [8]1977, S. 199.

126 George Ritchie / Elizabeth Sherill, *Rückkehr von morgen.* Marburg [39]2010, S. 45f.

127 W. F. Zeylmans van Emmichoven, *Die Wirklichkeit, in der wir leben.* Frankfurt a.M. 1986.

128 Der Name »Kabiren« ist mit dem hebräischen Wort *ka-bir* verwandt, dass »mächtig, groß« bedeutet. Doch auch unser Wort »Kobold« geht möglicherweise auf denselben Stamm zurück. Siehe hierzu Hartmut Ehrhardt, *Samothrake.* Stuttgart 1984, S. 101.

129 Rudolf Steiner, *Geisteswissenschaftliche Erläuterungen zu Goethes*

Faust. Band 1: Faust, der strebende Mensch (GA 273). Dornach 1981, Vortrag vom 17. Januar 1919.

130 Clemens von Alexandrien, *Paidagogus*, Buch III, 1,3. In: *Des Clemens von Alexandreia ausgewählte Schriften Bd. 1* (Bibliothek der Kirchenväter, 2. Reihe, Band 7). Kempten und München 1934.

131 Rudolf Steiner, *Die Verantwortung des Menschen für die Weltentwickelung durch seinen geistigen Zusammenhang mit dem Erdplaneten und der Sternenwelt* (GA 203), Vortrag vom 27. März 1921. Dornach ²1989.

132 Harold van de Perre, *Van Eyck – Das Lamm Gottes. Das Mysterium Schönheit.* Eupen 1996.

133 Vgl. hierzu auch die Betrachtungen zu diesem Bild im 7. Kapitel dieses Buches, wo von der Handauflegung als kultischer Gebärde die Rede ist.

134 Die Beschreibung, die der Evangelist Lukas von dieser Erscheinung überliefert, hat zu einer besonderen Formulierung in der lateinischen Messe geführt. Dort wird während des Opfers vom Erzengel Michael gesprochen, der zur Rechten des Räucheraltars steht (*stantis a dextris altaris incensi*).

135 Ein Terminus aus der Anthroposophie Rudolf Steiners: Die Mitte der Zeit zwischen Tod und neuer Geburt. Hier erwacht der Drang zu einer neuen Inkarnation. Siehe dazu Rudolf Steiner, *Inneres Wesen des Menschen und Leben zwischen Tod und neuer Geburt* (GA 153), Vortrag vom 13. April 1914. Dornach ⁶1997.

136 Heinrich A. P. Jakob Ogilvie, *Jakob, wo bist Du? Lebensbericht.* Privatdruck, Zeist/NL, S. 34.

137 Vgl. hierzu Dietrich Bauer, Max Hoffmeister, Hartmut Görg, *Gespräche mit Ungeborenen. Kinder kündigen sich an.* Stuttgart ⁶2006.

138 Ernst Harnischfeger, *Die Bamberger Apokalypse.* Stuttgart 1981, Abbildung 14.

139 Vgl. Anm. 58.

140 In einem Interview mit Peter Brügge, in DER SPIEGEL, 4. Juni 1984 (www.spiegel.de/spiegel/print/d-13508033.html). Vollständig lautet das Zitat:»Die Mysterien finden im Hauptbahnhof statt, nicht im Goetheanum.«

141 *Motief, maandblad voor antroposofie,* Mai 2008 (in einem Artikel über Danielle van Dijk).

142 Rudolf Steiner, *Vorträge und Kurse über christlich-religiöses Wir-*

ken, Bd. III (GA 344), Vortrag vom 7. September 1922. Dornach 1994, S. 49f.

143 Rudolf Steiner, *Die Grundimpulse des weltgeschichtlichen Werdens der Menschheit* (GA 216), Vortrag vom 29. September 1922. Dornach, ³1988, S. 215f.

144 Rudolf Steiner, *Grundelemente der Esoterik* (GA 93a), Vortrag vom 30. Oktober 1905. Dornach ³1987.

145 Dagny Wegener, *Blick in eine andere Welt. Begegnung mit Verstorbenen und geistigen Wesen*, Stuttgart 1997.

146 Wolfgang Weirauch und Ulla von Bernus, »Schwarze und weiße Magie. Von Satan zu Christus«, in: Flensburger Hefte, Nr. 12, Winter 1995.

147 Rudolf Steiner, *Esoterische Betrachtungen karmischer Zusammenhänge, Bd. 2* (GA 236), Vortrag vom 27. Juni 1924. Dornach ⁶1988, S. 284f.

148 Heinrich Ogilvie übersetzt dies ins Niederländische interpretierend als »das Gräuelbild des leeren Ichs, welches geistige Wüsten schafft«.

149 Ulla von Bernus, a.a.O. S. 26f.

150 Rudolf Steiner, *Kosmogonie. Populärer Okkultismus. Das Johannes-Evangelium. Die Theosophie an Hand des Johannes-Evangeliums* (GA 94), Vortrag vom 2. Juni 1906. Dornach ²2001.

151 Zu den drei Begriffen Geistesmensch, Lebensgeist und Geistselbst siehe Rudolf Steiner, *Theosophie* (GA 9), Kapitel 4.

152 Rudolf Steiner, *Die Welträtsel und die Anthroposophie* (GA 54), Vortrag vom 23. November 1905 in Berlin. Dornach ³1989.

Bastiaan Baan

Alte und neue Mysterien

Von der Seelenprüfung zur Lebenseinweihung

271 Seiten, geb.

Es gibt heute einen regelrechten Tourismus zu den großen Einwei-
hungsstätten der Antike. Ägyptens Pyramiden, die Externsteine,
prähistorische Höhlen – die Prüfungen und Riten, die sich hier
einst abspielten, waren nur wenigen Auserwählten vorbehalten.
Heute sind solche Erfahrungen im Prinzip jedem Menschen zugänglich.

Bastiaan Baan beschreibt anschaulich, was sich in den alten Mysterienstätten abspielte und schlägt die Brücke zu Erfahrungen und
Zeugnissen von Zeitgenossen, die heute Ähnliches erleben. Dabei
zeigt sich, dass trotz aller Parallelen zu den alten Kulturen gegenwärtig »Initiation« einen ganz neuen Charakter angenommen
hat: »Die Mysterien finden im Hauptbahnhof statt«, schrieb Joseph
Beuys 1979.

Ein spannendes und anregendes Buch, das Urerfahrungen der
Menschheit mit dem modernen Lebensgefühl verbindet.

URACHHAUS